Manténgase en forma

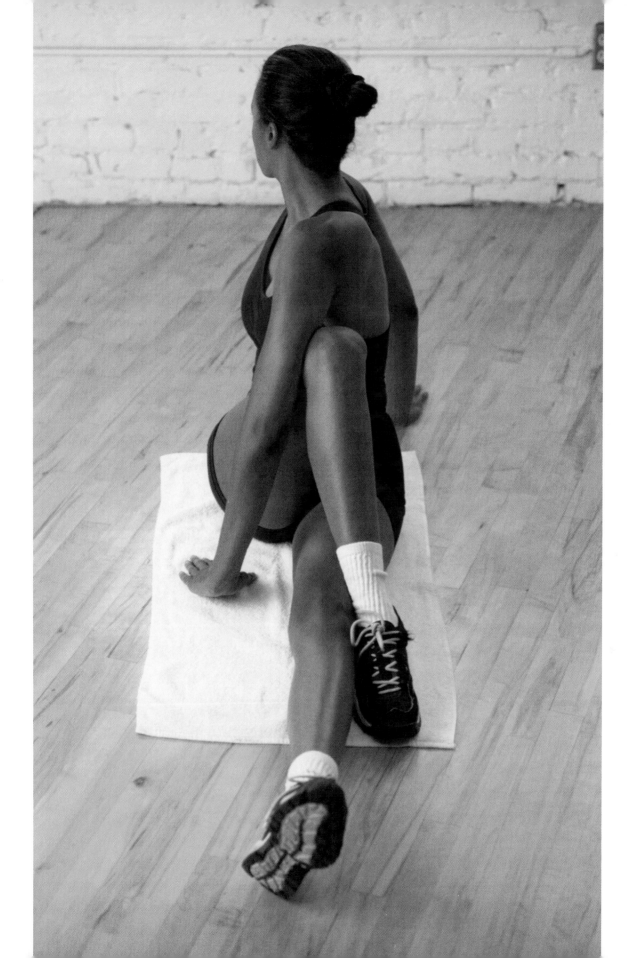

Manténgase en forma

Guía práctica de ejercicios para disfrutar de un cuerpo esbelto y sano

Laura Muñoz-Delgado, Joan Rodríguez, Silvia Tremoleda, Ignasi Gaya
Dirección: Gustau Raluy

Agradecimientos:

Lídia Guerrero, Miquel Sánchez-Osorio, Javier Güemes, Albert Bossy, Francesc Raluy. Esports Santos, Dani Rosal (Sport concept); Guillermo Lladó (Firofoto).

Gracias especiales a los responsables de los pabellones polideportivos de La Bonaigua (Sant Just Desvern) y Francesc Calvet (Sant Joan Despí), Barcelona, por la cesión de sus instalaciones para el reportaje fotográfico.

y Adalia Iglesias (Tai chi y Chi kung)

Manténgase en forma

Colaboraciones redacción:
    Joan Rodríguez («La electroestimulación»),
    Sílvia Tremoleda («Nutrición y deporte»)
    Ignasi Gayá («Natación», textos iniciales)

Modelos: Cristina Martínez, Mariona Otero, Joan Jonama, Josep Navarra, Sergi Pérez , Xavier Llobet
    Guillermo Ferrara, Eliana Alonso (imágenes de yoga y de masaje holístico)

Fotografías: archivo Océano Ámbar, Firofoto, Stock Photos, Cordon Press,
    Raimon Pla (Fotomòbil), M&G Studios, Becky Lawton, Cristina Reche

Ilustraciones: Carles Baró, Xavier Bou

Edición: Mònica Campos, Esther Sanz
Dirección de arte y edición gráfica: Montse Vilarnau
Maquetación: Clicart
Edición digital: José González

ISBN: 84-7556-265-5

Actividad física para todos

Técnicas de masaje

Yoga y ejercicios energéticos

Actividad física y salud

El deporte a lo largo de la vida

Stretching

Caminar

Fitness

La natación

Bicicletas y Ciclismo

Correr

Gimnasia en casa

La electroestimulación

Los pies: huella y carrera

Visión y deporte

Nutrición y deporte

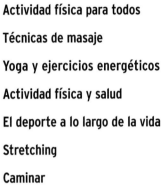

Nota editorial

Cada vez más los médicos recomiendan hacer actividad física. Y cada vez hay más personas que la practican y hay más conciencia de ello. Pero en general a la gente le es difícil comenzar y desarrollar un programa con constancia. A veces el hacer ejercicio se convierte un trabajo más, una obligación.

La motivación para hacer ejercicio es muy sencilla, potente e indicada para todos: el ejercicio es esencial para gozar de una buena salud, equilibrio personal y larga vida. Además, el cuidado del «maniquí» que nos alberga es algo hoy en día más valorado. En las relaciones humanas, y casi sin darnos cuenta, se ha convertido en un elemento que dice mucho sobre nosotros mismos y sobre cómo utilizamos el tiempo o cómo cuidamos los detalles que pueden resultar más agradables a los demás.

Antes de llevar a cabo cualquier actividad física, lo mejor es elegir lo que más nos guste y preparar un programa personalizado que se adapte a las posibilidades de cada cual. Recuerde que cada persona, a través de su cuerpo, revela su propia historia. En la columna vertebral, por ejemplo, se suelen manifestar muchas dolencias debido a bloqueos y contracturas producidas sobre todo por tensiones emocionales. Es por ello que necesita ser cuidada desde una edad temprana, para que el paso por la vida sea placentero y sin dificultades.

Por eso hemos preparado este libro, que contiene ejercicio físico y deportes adecuados a todos los niveles y para todas las edades. Aconsejamos seleccionar al principio las prácticas menos agresivas para disfrutar mejor de cada propia clase de gimnasia y ejercicio. Se proponen estiramientos suaves y agradables, elongación y tonificación muscular, unos cuantos ejercicios para recuperar elasticidad corporal… Y, sobre todo, tras tonificar el cuerpo con un poco de ritmo, se termina siempre con una placentera relajación.

¡Que lo disfruten!

Introducción

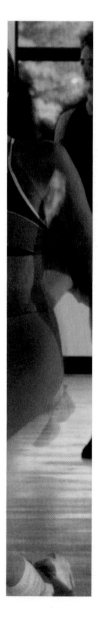

Hoy en día se considera el ser humano más como un «holograma de luz», que como «una gran máquina», pero lo cierto es que podemos explicar nuestro cuerpo como si fuera una máquina prodigiosa, singular, maravillosa... y hecha para moverse. Al poner los músculos en movimiento, no sólo reforzamos y embellecemos nuestra apariencia física; también estimulamos la circulación e irrigamos el cerebro. Además de eliminar toxinas a través del sudor, se ha comprobado que el deporte eleva el nivel de endorfinas, las llamadas «hormonas de la felicidad».

En un mundo cada vez más sedentario es necesario procurar por el bienestar del cuerpo con la práctica regular de ejercicio y unos hábitos saludables. Para mantener en forma nuestro vehículo vital no hay que tener grandes condiciones físicas. Existen alternativas para cada persona y necesidad. No es imprescindible practicar un deporte de competición ni moldear la musculatura en un gimnasio; en cambio, es mucho más esencial divertirse con ello.

Un **programa de ejercicios** adaptado a nuestras características y una **alimentación equilibrada** son dos factores fundamentales para gozar de un tono vital óptimo. Además de trabajar el fondo y la musculatura, hay otras iniciativas que pueden completar el cuidado del cuerpo y garantizar su buen funcionamiento. De hecho, cualquier dinámica que implique movimiento es altamente beneficiosa.

Las diferentes técnicas de **masaje** son una alternativa muy eficaz para vitalizar los músculos, mitigar tensiones y promover la relajación después de una larga jornada. El **yoga**, a su vez, es una disciplina suave que potencia la elasticidad, corrige las malas posturas y favorece el equilibrio. Para los que desean tonificar el cuerpo de una forma más activa, hay muchas opciones que pueden alternarse o bien combinarse entre sí. Mientras el **jogging** o la **bicicleta** fortalecen especialmente el corazón y las piernas, la **natación** permite trabajar la musculatura de todo el cuerpo, así como la coordinación y el equilibrio.

También en casa podemos fomentar la salud y la vitalidad con ejercicios de **fitness** y **estiramientos**. Sin embargo, antes de realizar cualquier trabajo físico es esencial conocer nuestro cuerpo y sus exigencias. Hay que respetar las limitaciones de cada uno y marcarse objetivos a medio y largo plazo. Recordad que de nada sirve empezar un ambicioso plan de ejercicios si lo abandonamos antes de que hayamos podido gozar de sus ventajas. Recordemos una vez más el milenario aforismo yogui: «Es mejor un gramo de práctica que varias toneladas de teoría».

Este libro es una herramienta diseñada para todo aquel que quiera optimizar las prestaciones de su cuerpo desde el conocimiento y la prudencia. Cada capítulo aporta una visión global y a la vez detallada de las diferentes disciplinas con útiles consejos para su mayor aprovechamiento.

En sus páginas se incluye los distintos tipos de masaje y su aplicación práctica, sin olvidar el masaje durante el embarazo y para el bebé. En el capítulo dedicado al yoga se presta atención a la **respiración** y a las principales asanas, con interesantes variaciones para la práctica en pareja.

Además de tratar el estrés, el tabaquismo y otros hábitos perjudiciales, en las secciones orientadas al ejercicio físico el lector encontrará un amplio abanico de posibilidades, ampliamente explicadas para que pueda decidir por sí mismo cuáles son más convenientes para él. Desde actividades tan naturales como **caminar** hasta las series de estiramientos, conoceremos todos los factores para practicar deporte con seguridad y eficacia.

Desde el equipo y vestuario más indicado para cada caso hasta las disciplinas en centros especializados, este manual ofrece una visión global del cuidado del cuerpo sin olvidar ninguna de sus vertientes. Fitness, **aeróbic**, **senderismo**, natación… el lector dispone de la información más útil y actualizada para sacar el máximo partido del trabajo físico, con numerosos trucos prácticos y curiosidades para amenizar la lectura. La parte final del libro incluye secciones dedicadas a la **electroestimulación**, el cuidado de los pies y de la vista de los deportistas, así como la **alimentación** más adecuada antes y después de practicar deporte.

Si cuidamos del buen estado de nuestra casa y de tener siempre a punto el coche, tanto más deberíamos prestar atención a la salud del cuerpo, que es nuestro albergue y único vehículo para la vida. La finalidad de esta guía multidisciplinar es construir ladrillo a ladrillo los pilares para una vida larga, saludable y energética.

Los editores

El autor de este libro, **Gustau Raluy** (Barcelona, 1961), es traductor y un entusiasta practicante de todo tipo de deportes. Entrenador de esquí alpino, ha participado en más de un centenar de pruebas de triatlón de todas las distancias, desde *sprint* hasta *ironman*. En el 2001 fue subcampeón de España de su categoría. Gustau utiliza la bicicleta como medio de transporte urbano.

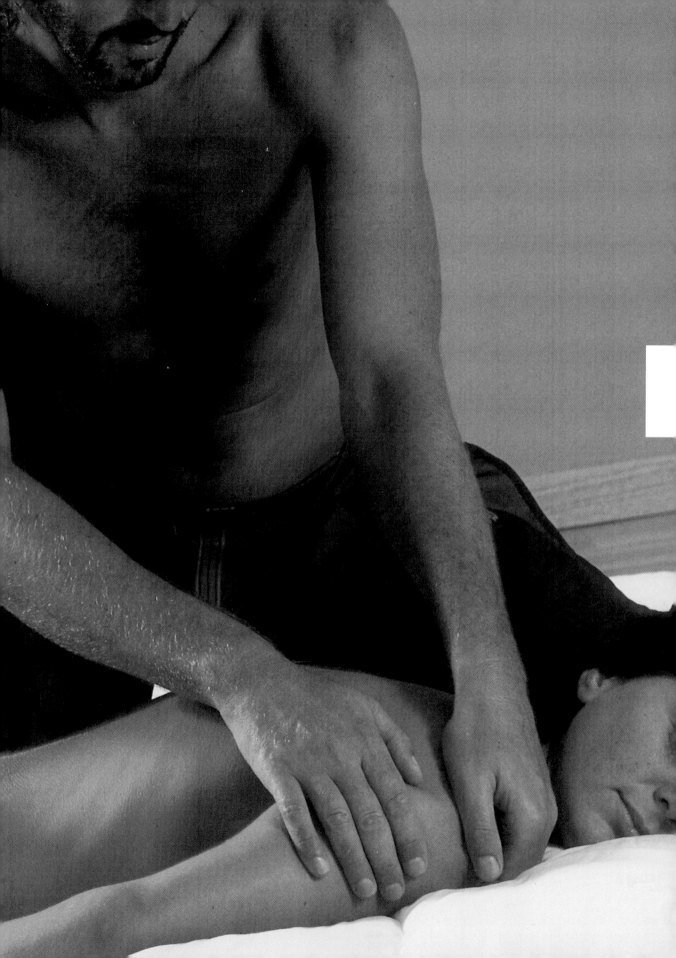

Técnicas
de masaje

1 Un poco de historia
¿Qué efectos tiene el masaje?
Cómo hacer un buen masaje
Tipos de masajes
Potenciar el masaje
El automasaje
Masaje y embarazo
Masaje para el bebé

Un poco de historia

El masaje es una práctica curativa que se ha venido practicando desde hace milenios. Existen evidencias de su empleo tanto en la antigua Grecia como en Egipto, aunque donde más se ha desarrollado ha sido en la India, China y Japón, donde existe actualmente un amplio abanico de masajes.

Los primeros textos orientales que hacen referencia a la práctica del masaje son los de Lao Tse, que se remontan al 2700 a.C., y que algunos especialistas consideran como un verdadero tratado de kinesioterapia. También en los libros de los Vedas hindúes se describen, en el año 1800 a.C., algunas prácticas de amasamiento corporal con una finalidad terapéutica. Julio César, cuya epilepsia era conocida, se hacía aplicar masajes por todo el cuerpo para aliviar sus continuos dolores de cabeza, y el historiador Plinio recibía masajes para mitigar su asma.

Hoy día y dentro de la cultura occidental, las llamadas «medicinas alternativas» se van abriendo paso en la práctica médica debido a sus innegables éxitos. Y una de las técnicas alternativas más extendidas es el masaje, que poco a poco encuentra su lugar como un método terapéutico de innegable valor.

Es sabido que el masaje ayuda a reducir el estrés, el cansancio y otros malestares causados por el frenético ritmo de la vida moderna, y de ahí que se haya convertido en una terapia para todo tipo de personas, desde deportistas de elite a bebés.

El masaje va encontrando su lugar en Occidente como un método terapéutico de enorme valor.

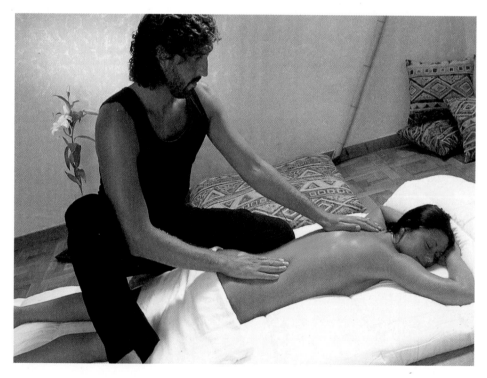

¿Qué efectos tiene el masaje?

El masaje no sólo tiene un efecto mecánico, es decir, que se limita a la aplicación de un estímulo físico a una zona muy concreta del cuerpo. Su finalidad terapéutica va más allá, ya que entre sus efectos también están los de tipo psicológico. De hecho, el masaje une dos grandes métodos de curación: el movimiento de las manos sobre el cuerpo y los aceites esenciales o de transporte.

Un masaje hecho con cariño transmite energía, relaja o tonifica, pero también sirve como tratamiento para muchos malestares. Además, sus efectos no sólo se dejan ver en la zona tratada, sino que se extienden a zonas próximas y se alargan en el tiempo. Los más evidentes son los siguientes:

• **Activa la circulación sanguínea,** aumentando la velocidad del torrente sanguíneo, ya que los vasos se vuelven más flexibles. También tiene un efecto positivo en la circulación arterial, mejora la tonalidad cutánea y nivela la temperatura corporal.

• **Relaja y tonifica el sistema nervioso.** El contacto con la piel que promueve el masaje activa las células nerviosas (neuronas) y, al mismo tiempo, estimula el área sensitiva del cerebro.

• **Estimula la producción de endorfinas,** lo que tiene un efecto analgésico y antiinflamatorio.

• **Aumenta la firmeza y elasticidad de los músculos.** Éstos ganan en potencia, fuerza y movimiento, ya que se activa la circulación sanguínea en su interior y, así, su oxigenación.

Preparar las manos para el masaje

Para aplicar las técnicas de masaje con mayor efectividad, lo mejor es tener preparadas las mejores «herramientas»: nuestras manos. Para ello, existen unas técnicas que flexibilizan las manos y los dedos y que, aunque no son imprescindibles, sí son muy convenientes.

Subir y bajar las manos
Con los dedos entrecruzados, subiremos y bajaremos las manos sin soltarlas.

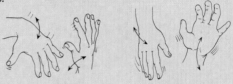

Movimientos de las manos
Mover las manos alternativamente y hacia todos los lados. La muñeca estará relajada.

Rotación de muñeca
Cerrar el puño y hacer giros de muñeca en todas las direcciones.

• **La celulitis también tiene un tratamiento mediante el masaje.** Ante el aumento de la circulación, los depósitos adiposos pueden disminuir. Los efectos serán mucho más visibles si se acompaña el masaje de ejercicio físico y una alimentación equilibrada.

• **El estado de ánimo** también se ve afectado porque el masaje aumenta la relajación y, por lo tanto, disminuye el nivel de ansiedad y se reduce el estrés.

Cómo hacer un buen masaje

Existen cuatro técnicas básicas que se utilizan en función de la zona: la percusión, el amasado, la fricción y la presión.

La técnica de la **percusión** consiste en aplicar golpes cortos y suaves para estimular los músculos. Es muy recomendable cuando el sujeto realiza un trabajo sedentario o no realiza ninguna actividad física habitualmente. Aunque las obligaciones laborales y domésticas no siempre permiten ejercitar el cuerpo, es necesario hacer un esfuerzo porque de lo contrario los músculos se aletargan y cada vez cuesta más flexibilizarlos. Por medio de rápidas palmadas y pequeños golpes con el borde de la mano los vasos capilares se dilatan y se recupera el tono cardiovascular.

La técnica del **amasado** es exactamente como su nombre indica. Se trata de utilizar las yemas de los dedos ejerciendo cierta presión. De este modo se calientan los músculos, que es la forma correcta de empezar y acabar un masaje.

En cuanto a la **fricción**, consiste en frotar con las manos extendidas la zona que queremos masajear. Primero se utiliza una mano y después la otra, ejerciendo siempre cierta presión. Por último tenemos la técnica de la **presión**, que es muy beneficiosa cuando el dolor se localiza en una zona concreta y se requiere un alivio rápido. La forma correcta de hacerlo consiste en utilizar las yemas de los dedos y apoyarse en el pulgar para obtener un poco más de fuerza. Otra opción es recurrir a los nudillos. La presión puede ejercerse en forma de amasamiento, o bien sujetando el músculo dolorido entre cinco y diez segundos antes de soltarlo.

Unos buenos consejos...

Todos tenemos adquiridos unos malos hábitos que realizamos de forma mecánica y que pueden resultar muy nocivos para nuestro organismo. Llevar bolsos muy pesados, por ejemplo, puede perjudicar a la larga la espalda. Corregir estos pequeños vicios y las malas posturas a que dan lugar es muy sencillo; sólo debemos seguir unos buenos consejos:

• **Duerme boca arriba y con las piernas un poco separadas.** Busca un colchón que se adapte a tu peso. Es preferible dormir sobre superficies un poco duras, sobre todo si tienes unos kilos de más. Utiliza un canapé o un somier de láminas de madera.

• **Antes de dormir, o al levantarte, intenta hacer un poco de ejercicio para estirar los músculos.** Estira las partes que notes más fatigadas o endurecidas.

• **Evita llevar carteras y bolsos muy pesados.** Es mejor que repartas la carga en varios bultos y que la lleves de ambos lados. También podrías revisar el bolso a diario y sacar las cosas innecesarias: te sorprenderías de lo poco que pesa una vez le hayas quitado todo lo que no necesitas.

• **No te cargues con peso bruscamente.** Para inclinarte flexiona las rodillas para no cargar todo el peso en la columna.

• **No uses tacones muy altos;** especialmente si debes llevarlos durante un tiempo prolongado, ya que inclinan el cuerpo hacia delante y fuerzan la zona lumbar.

• **Controla tus comidas.** El exceso de peso provoca un desequilibrio al caminar que también afecta a la espalda.

Tipos de masaje

Hoy día tenemos a nuestra disposición una gran variedad de masajes, que podemos clasificar en función de la escuela a la que pertenecen: la oriental o la occidental.

Los primeros son más estimulantes que los segundos, y emplean presiones muy focalizadas. Los occidentales, en cambio, inciden en la relajación muscular y utilizan técnicas de distintos tipos. Los masajes orientales más populares son el Tui Na, el shiatsu y la reflexología, en tanto que en los occidentales destacan el sueco, el californiano y el masaje holístico.

TERAPIAS ORIENTALES

• El masaje terapéutico chino o Tui Na, con más de cuatro mil años de antigüedad, es uno de los métodos que utiliza la Medicina Tradicional China con el objeto de «prevenir, curar y conservar la salud». El Tui Na hace uso de una gran variedad de técnicas, que se centran tanto en aspectos internos como externos del individuo, con el objeto de armonizar su flujo interno de energía. Además, estas técnicas se adaptan a las características de cada persona y aumentan progresivamente de intensidad, conectando con dos de los principios más importantes del masaje chino: la constancia y la armonía.

• El shiatsu es una terapia manual que se desarrolló en Japón a partir de las teorías de la acupuntura china y de técnicas de masaje oriental como la quiropraxia. La técnica del shiatsu se centra en la presión con los dedos pulgares y las palmas de las manos sobre determinados puntos de energía con el objetivo, no sólo de prevenir o curar la enfermedad, sino de activar los mecanismos de curación del propio organismo.

La relación con la naturaleza y la armonía con el medio se hacen patentes en esta terapia, que busca el equilibrio interno del individuo a través de un cuerpo y una mente sanos. Los beneficios de la práctica del shiatsu son numerosos: refuerza el sistema inmunitario, equilibra el sistema nervioso, aumenta el rendimiento físico y mental, mejora el metabolismo y despierta la conciencia corporal, entre otros.

• La reflexología es una antigua ciencia cuyos orígenes se encuentran en China, Egipto y la India. Se fundamenta en el principio de acción/reacción, es decir, que presionando sobre unas determinadas partes del cuerpo (pies y manos) se pueden estimular otras. La modalidad más conocida es la reflexología podal, que se basa en la idea de que si una zona del pie es particularmente sensible, se debe a que la zona correspondiente tiene una anomalía energética.

Los masajes orientales como el shiatsu estimulan la capacidad de curación del propio organismo.

TERAPIAS OCCIDENTALES

• **El masaje sueco** fue desarrollado por Per Henrik Ling, un especialista en atletismo y técnicas orientales de masaje que estableció las bases de su práctica y marcó así el dessarrollo del masaje en Europa. La mayoría de masajes actuales utilizan los tres tipos de movimiento que desarrolló Ling: la fricción, el amasamiento y la percusión, con los cuales se consiguen beneficios como la mejora de la circulación sanguínea o la relajación de la tensión muscular.

• **El masaje californiano o sensitivo** hace uso de una gran variedad de técnicas para enriquecer la sensibilidad del individuo y liberarle de sus corazas emocionales. El masaje sensitivo se centra en el desarrollo de la sensibilidad corporal, por lo que estimula suavemente los músculos para proporcionar un profundo estado de relajación. Los beneficios de esta técnica son múltiples: activa la circulación sanguínea, calma el sistema nervioso, libera tensiones acumuladas y predispone a la meditación.

• **El masaje holístico** es la unión de cuatro métodos de masaje: shiatsu, reflexología, tántrico y sensitivo, con la finalidad de conseguir el equilibrio del ser humano a todos los niveles: físico, mental y espiritual. Según diversas culturas, el cuerpo humano se alimenta de energía vital que fluye por todo el organismo y que puede sufrir bloqueos por factores como el estrés, una mala alimentación o emociones reprimidas. Por medio de esta técnica se puede reactivar el fluido energético y proporcionar salud y bienestar general. Por tanto, el masaje holístico es una modalidad que aunque trabaja sobre el cuerpo se centra primero en las causas internas y después en las físicas.

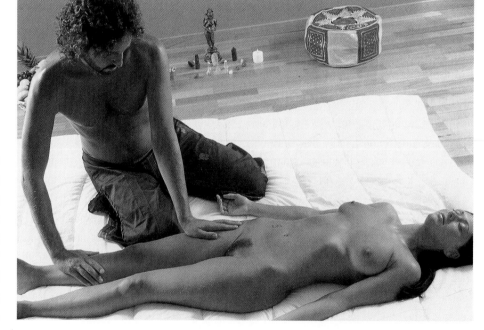

El masaje tántrico explora el cuerpo con la intención de despertar los sentidos y equilibrar el sistema emocional.

Potenciar el masaje

Si el masaje, por sí solo, ya es una práctica de excelentes resultados, combinado con otras terapias proporciona unos beneficios más rápidos y permanentes. Los aceites esenciales y la música relajante, por ejemplo, estimulan el cerebro a través del olfato y el oído, y potencian los efectos del masaje gracias a un eficaz alivio de la tensión emocional.

A pesar del creciente interés por los aceites esenciales, éstos no son fruto de una simple moda. Las fragancias naturales ya habían sido valoradas en las más antiguas civilizaciones; especialmente en Oriente, donde la inclusión de aromas en la vida cotidiana y en ciertos ritos era algo habitual. En Egipto, por ejemplo, eran empleados tanto para elaborar perfumes como para embalsamar a los difuntos.

Los avances científicos y el descubrimiento de sustancias artificiales mermó el uso de los aceites esenciales en Occidente, pero gracias al creciente interés por temas ecológicos se han recuperado muchos métodos naturales.

Los aceites esenciales pueden inhalarse o añadirse en baños y masajes, y con objetivos estéticos o terapéuticos. Por lo que respecta al masaje, los aceites esenciales puros son demasiado concentrados para emplearlos directamente, por lo que deben ser diluidos de un uno a un tres por ciento con aceites vegetales.

Un buen masaje precisa la utilización de aceites o cremas, los cuales facilitan el deslizamiento de las manos sobre la piel, evitan las raspaduras y, en definitiva, hacen que el masaje sea más cómodo y fluido. La mejor opción es el aceite, más cálido y práctico que

Tipos de aceites

Podemos hablar de dos grandes tipos de aceites: vehiculares y mezclados. Los primeros (también llamados «de base» o «grasos»), son los que se emplean para facilitar el deslizamiento de las manos. A ser posible, deben ser vegetales y prensados en frío, sin refinar y sin aditivos.

• **Los aceites mezclados** están compuestos de aceite esencial y aceite vehicular. Mientras que los aceites de base es posible emplearlos solos, los esenciales siempre deben ser mezclados. Se puede combinar un aceite esencial con un aceite de base, o bien hacer uso de varios aceites esenciales en la mezcla. Los aceites mezclados potencian los beneficios del masaje, ya que al penetrar en la piel hacen llegar las propiedades de la mezcla hasta la sangre y la linfa.

• **Los aceites vehiculares** más habituales son los de almendras dulces y los de pulpa de albaricoque y de melocotón.
En cuanto a los aceites esenciales, suelen clasificarse en función de sus propiedades calmantes o estimulantes. Entre los primeros encontramos los de sándalo, geranio, nerolí y bergamota; y entre los segundos, los de azahar, romero, albahaca y jazmín.

la crema, y que además ayuda a cuidar la piel. La técnica de masaje que utiliza aceites vegetales aromáticos recibe el nombre de **«aromaterapia»** y se ha convertido en una de las más populares en los últimos años. Cuando se frota la piel con el aceite, los poros permiten su paso hacia los capilares, y éstos distribuyen sus moléculas por todo el organismo. No hace falta utilizar una gran cantidad de aceite, ya que el cerebro reacciona a los estímulos de las esencias a unos niveles muy bajos, y poniendo mucha cantidad sólo conseguiríamos que la piel y las manos nos quedaran grasientas. Entre 10 y 20 ml son suficientes para que nuestras manos se deslicen con más suavidad por la piel.

El automasaje

Cuando no podemos acudir a un especialista para que nos practique un masaje siempre podemos hacérnoslo nosotros mismos. Aunque muchas personas desestiman este tipo de masaje porque no lo hace un profesional, lo cierto es que no hay nadie mejor que uno mismo para saber con exactitud dónde nos duele y actuar con precisión.

Aunque el automasaje no es un masaje en profundidad y tampoco es posible dedicarse una sesión completa como haría un profesional, tiene múltiples ventajas, como poder aplicarlo justo cuando aparece el dolor. Las técnicas que se desarrollan son presiones en puntos muy determinados y se combinan técnicas como la percusión, la fricción o el amasamiento; todo ello acompañado de un adecuado ritmo de respiración.

Gracias al automasaje podemos recuperar el tono corporal en pocos minutos y continuar con nuestra actividad cotidiana. Malestares corrientes como un dolor en la espalda o un calambre en las piernas, por ejemplo, tienen rápida solución (y prevención) con el automasaje.

Practicando el automasaje

El dolor de espalda parece el precio a pagar tras horas sentado en la oficina. Hasta ahora, el mejor alivio era una ducha caliente al llegar a casa, pero si el dolor nos sobreviene en nuestro puesto de trabajo o en un lugar público, esta solución no es factible. El ejercicio que se muestra a continuación proporciona un alivio rápido que puedes aplicar estés donde estés:

1. Ponte de pie o sentado, y con la espalda bien erguida.

2. Lleva las manos a la espalda y coloca los pulgares a ambos lados de la columna, lo más alto que puedas.

3. Comienza a descender las manos ejerciendo una ligera presión.

4. Repite dos veces este movimiento, en posición descendent

5. Ahora dedícate a **la zona lumbar,** sujetando la cadera con los pulgares hacia fuera.

6. Con las yemas de los dedos, masajea la espalda a la altura de los riñones y utilizando la técnica del amasamiento.

7. Para finalizar, deja de amasar y frota la zona con las manos.

Igual que la espalda, los pies son el mejor reflejo de un día agotador; sin embargo, como están al final de nuestro cuerpo parece que no debemos prestarles demasiada atención.

El masaje de pies es uno de los masajes más revitalizantes que existen, y esto se debe a que en ellos se encuentran reflejados los diferentes puntos de nuestro cuerpo, a través de cuya estimulación podemos combatir las más diversas dolencias. El masaje que se ofrece a continuación revitaliza los pies y permite continuar con las actividades cotidianas con una agradable sensación de bienestar:

1. Sentado, cruza las piernas de forma que la parte exterior del pie derecho quede accesible. Procura estirar el pie.

Masaje y embarazo

Un masaje hecho con amor puede ser el mejor bálsamo durante el embarazo: en los primeros meses, ayuda a activar la conciencia corporal, y en los últimos, a aliviar las tensiones y dolores típicos. Además, prepara física y psicológicamente para el parto, y ayuda a la recuperación en el postparto.

Es muy recomendable recibir un masaje semanal durante el embarazo, que puede aumentar a una sesión diaria durante el último mes. Si el futuro padre es quien lo realiza, mucho mejor, puesto que así ayuda activa-

Cuándo evitar un masaje

Aunque el masaje es seguro para la mayoría de futuras madres, hay circunstancias concretas en que debe ser evitado:

- Gripes o resfriados fuertes
- Fiebre alta
- Dolor punzante en la espalda
- Cualquier tipo de infección
- Pérdida pesada (acuosa o sangre)
- Diabetes
- Náuseas
- Vómitos
- Cualquier dolor inusual
- Hipertensión arterial
- Dolor abdominal
- Diarrea

mente al buen desarrollo de la gestación y el parto, y fortalece los vínculos con su pareja.

El masaje debe realizarse en una habitación tranquila y sin temperaturas extremas. Una música relajante y un poco de incienso o aceite aromático contribuirán a la creación de un ambiente agradable que propicie la relajación de la madre y la concentración de quien de el masaje.

Los cambios corporales que se producen durante el embarazo requieren tipos distintos de masaje; desde los específicos para los primeros días (dirigidos básicamente a las piernas) hasta masajes para las contracciones o el postparto.

En muchos casos, la mejor opción es el **automasaje**, puesto que es la madre quien elige los movimientos que más le convienen y su duración. Uno de los mejores automasajes durante el embarazo es el que se realiza en el abdomen. Se recomienda utilizar abundante aceite de almendras debido a su alto contenido en vitamina E, así como aplicar la técnica de la fricción en los primeros meses y maniobras relajantes de presión a medida que el bebé se desarrolla y aumenta la tensión. Los pasos de este masaje son los siguientes:

2. Sujeta el pie con las manos, colocando los pulgares en el centro de la planta.

3. Amasa la parte superior con los dedos, mientras que haces lo mismo con los pulgares en la parte de abajo.

4. Mueve los músculos del pie mientras continúas masajeando con los dedos pulgares. Realiza el masaje durante un minuto y después cambia de pie.

Más información

MANUAL DE MASAJE HOLÍSTICO
Guillermo Ferrara
Ed. Océano Ámbar

AUTOMASAJE PARA GENTE MUY OCUPADA
Carmen Alcaraz
Ed. Océano Ámbar

EL LIBRO DEL MASAJE
George Downing
Ed. Urano

Técnicas de masaje

Masaje en la espalda

Puede resultar muy relajante durante las contracciones:

1. Para empezar, amasamos suavemente el cuello y los hombros.

2. Acariciamos la espalda a ambos lados de la columna y en sentido descendente.

3. Frotamos y apretamos la zona del sacro, y a continuación recorremos de arriba a abajo la zona lumbar.

4. Hacemos círculos o movimientos en las nalgas en forma de «ochos».

5. Colocamos las manos en la zona lumbar para transmitir calor.

1. La madre se tumba de espaldas y, con las piernas apoyadas en una almohada, aplica una suave fricción en el abdomen, haciendo movimientos de vaivén.

2. Se modifica la maniobra anterior de forma que los dedos sean arrastrados alrededor del abdomen. Este movimiento puede hacerse como un suave rascado que incluya la cintura.

3. Se presionan ambos lados de la cintura, llevando las manos hacia dentro y aflojando la presión a medida que se vaya hacia el centro.

Masaje para el bebé

E l masaje aplicado a niños ha estado presente en las más antiguas civilizaciones como un medio terapéutico para diversas dolencias. Así por ejemplo, en muchas culturas de Asia y África el masaje infantil forma parte de los cuidados diarios que las madres ofrecen a sus hijos. En la India, por ejemplo, las madres dan masajes a sus bebés desde que el ombligo ha cicatrizado hasta que empiezan a andar, y en África las madres les masajean con movimientos vigorosos para estimular la fuerza.

Diversas investigaciones han demostrado que el masaje aplicado a niños de pocos meses no sólo fomenta su desarrollo físico y psíquico, sino que ayuda a establecer vínculos con los padres, cuyo amor y energía reciben a través del tacto.

Ya en el útero, el embrión es capaz de sentir el balanceo y las caricias de la madre a través del líquido amniótico y, tras el nacimiento, el bebé recibe la seguridad y la autoestima que necesita gracias al contacto amoroso de los padres. Pero además, el masaje puede constituir una valiosa ayuda para aliviar los pequeños trastornos y molestias del bebé, y estimular su organismo para que sufra menos problemas de salud.

Más información
MASAJE PARA TI
Y TU BEBÉ
Caty Guzmán
Ed. Océano Ámbar

MASAJE PARA MOLESTIAS HABITUALES

Existen técnicas muy sencillas para aliviar los trastornos de los más pequeños:

• **La dentición,** que puede llegar a ser muy dolorosa, puede tratarse con un masaje que no sólo alivia temporalmente el malestar, sino que estimula el crecimiento de los dientes. Se realiza aplicando un movimiento circular con ambos pulgares a lo largo del labio, desde la encía superior a la inferior:

• **Para relajar al bebé** podemos aplicar un masaje en la espalda. En primer lugar, colocamos una mano sobre las nalgas, mientras que deslizamos la otra desde el cuello hasta los talones. Por último, realizamos un suave movimiento de apertura y finalizamos en los hombros.

• **Para la congestión nasal,** también muy habitual, seguiremos los pasos que mostramos a continuación:

1. Realizamos movimientos circulares en el pecho.

2. Colocamos las manos a ambos lados de la cara y situamos los pulgares en la parte superior de la nariz, presionando ligeramente hacia dentro.

3. Manteniendo la postura anterior, deslizamos los pulgares hasta los pómulos y acabamos en las orejas.

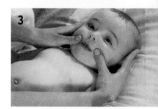

BENEFICIOS A TODOS LOS NIVELES

A nivel fisiológico

• **Sistema digestivo.** Ayuda a la digestión y evacuación, así como a evitar problemas de cólicos, gases y estreñimiento.

• **Sistema nervioso.** Facilita las conexiones neuronales y refuerza las células nerviosas, con lo que se ayuda a madurar el sistema nervioso.

• **Sistema respiratorio.** Incrementa el aporte de oxígeno, y alivia la tos y los resfriados gracias a su acción descongestionante.

• **Sistema muscular y esqueleto.** Facilita la coordinación de los movimientos y la flexibilización de las articulaciones.

• **Circulación sanguínea.** Se facilita la circulación por todo el cuerpo del bebé.

• **Piel.** Mejora el estado de la piel y le ofrece un gran abanico de sensaciones agradables.

A nivel emocional

• **Seguridad.** El tacto transmite al bebé el mensaje de que está protegido y que no corre ningún peligro.

• **Liberación de tensiones.** Los excesos de estímulos que recibe el bebé pueden provocarle tensiones que son liberadas gracias al masaje.

• **Vínculos afectivos.** Los componentes básicos del masaje (contacto con la piel, con la voz y con el olor) facilitan la formación de vínculos afectivos, tan importantes para el equilibrio emocional del futuro adulto.

Yoga y ejercicios energéticos

2   Primera toma de contacto

¿Qué aporta el Yoga?

Hatha Yoga

Beneficios al alcance de todos

¿Cuándo practicar Yoga?

Crear el ambiente adecuado

La importancia de la respiración

Aprender a respirar

Relajarse con la respiración

Las asanas

El saludo al Sol

Yoga en pareja

Yoga y embarazo

Gimnasia energética y artes marciales blandas

Tai chi, la gimnasia energética china

Chi Kung, respiración y energía

Vyayam, la gimnasia energética de la India

Yug Do, el arte del bambú

Primera toma de contacto

Hace cuatro mil años apareció en la India un sistema filosófico-religioso que pretendía alcanzar la unidad de la conciencia del individuo. Este sistema recibió el nombre de «Yoga», un término sánscrito que significa «vínculo» o «unión»: la unión y el equilibrio entre el cuerpo, la mente y el espíritu.

El Yoga alcanzó un amplio desarrollo en Europa hace 25 años, donde se llegó a practicar por los más diversos motivos (desde calmar los nervios hasta el crecimiento espiritual) antes de que pasara un poco de moda. Hoy día ha resurgido y, más allá de sus indiscutibles utilidades a nivel físico, se persiguen sus beneficios a nivel espiritual. Ciertamente, el Yoga es una disciplina que mantiene el cuerpo en forma porque regula las funciones del organismo, reduce el estrés y ayuda a curar lesiones y enfermedades, proporcionándonos una sensación de bienestar muy distinta a la que aporta la práctica de ejercicio típica de la sociedad occidental. Con las diversas posturas de Yoga o «asanas» no sólo se tonifica el cuerpo, sino que se llega a alcanzar la tranquilidad del espíritu porque su práctica requiere una buena dosis de concentración mental y de control de la respiración. La flexibilidad del cuerpo lleva a la flexibilidad de la mente y, por tanto, a la de nuestras reacciones y actitudes.

Pero, como dice Miriam Austin en su libro *Yoga y estiramientos para todos*, el Yoga también aumenta nuestra sensación de bienestar emocional. Muchos médicos y psicólogos sostienen que el trauma emocional no sólo está contenido en nuestras mentes, sino también en nuestros cuerpos, y esto se hace evidente durante y después de la realización de las asanas. De hecho, no son pocos los alumnos que experimentan fuertes sentimientos de amor o perdón, así como tampoco escasean los que llegan a tener auténticas iluminaciones. Como dice la misma autora, «A medida que liberamos y curamos emociones contenidas, éstas dejan más espacio para que nuestras verdaderas naturalezas resplandezcan».

¿Qué aporta el Yoga?

El Yoga es una práctica integral que proporciona beneficios a todos los niveles y que, en general, mejora la calidad de vida de quien lo practica. El Yoga físico o Hatha Yoga es el método idóneo para alcanzar dichos beneficios porque se centra en la buena ejecución de las asanas –más que en la cantidad de éstas– y así asegura el desarrollo de las capacidades físicas y mentales.

• A nivel físico, tonifica el cuerpo. El Yoga es una combinación de posiciones corporales, métodos de respiración y prácticas de atención que se realizan con gran naturalidad. Cualquier practicante de Yoga experimenta un aumento de su energía física y mental tras la realización de las asanas. De hecho, muchos de los problemas físicos que sufre el hombre occidental vienen dados por la falta de ejercicio, la tensión nerviosa o el mantenimiento de posturas forzadas, como las que surgen delante del ordenador. Según el Yoga, cualquier tipo de desequilibrio impide el flujo natural de energía vital por el organismo, y la práctica de las asanas ayuda a combatir las más diversas afecciones físicas, como el estreñimiento o la hipertensión, y aumenta las capacidades físicas gracias a la prevención de lesiones, la lubricación de las articulaciones o el aumento de la capacidad aeróbica.

• **Calma la mente.** Está más que demostrado que el Yoga tiene un efecto relajante sobre la mente, pero no es tan conocido cómo se produce. Se ha comprobado que la tensión, el nerviosismo y la ansiedad hacen que seguemos hormonas que propician reacciones de estrés, que a su vez dan lugar a la respiración entrecortada, la fatiga o múltiples enfermedades psicosomáticas. Estas reacciones, a su vez, refuerzan la tensión inicial, y se cierra así un círculo vicioso del que es difícil escapar. El Yoga es capaz de romper este ciclo y proporcionar calma a nuestra agitada mente.

• **Libera el espíritu.** La práctica regular de Yoga aporta cosas tan valiosas –y raras hoy día– como la alegría y la armonía internas. Gracias a que calma la mente, ayuda a restablecer la comunicación con el yo interior y a liberar el espíritu de miedos y tensiones .

Hatha Yoga

El Yoga es una ciencia milenaria cuyo propósito de alcanzar la unión de cuerpo, mente y espíritu puede alcanzarse por diversas vías. La elección de una u otra dependerá de los intereses de cada individuo, aunque los grandes maestros siempre han aconsejado escoger una vía como principal sin olvidar las otras.

El Hatha Yoga (o Yoga «del Sol y de la Luna») es el método más practicado en Occidente. La gran variedad y precisión de sus posturas, que se realizan con un importante grado de concentración mental y respiración consciente, permite obtener la armonía interior. De hecho, las asanas son unos esquemas corporales muy concretos que ejercen unos efectos también muy concretos sobre el cuerpo, la mente y las emociones. Sin embargo, el Hatha Yoga no es una finalidad en sí mismo. Es una forma de hacer consciente al individuo de la realidad de su propio cuerpo para que así sea capaz de desarrollar sus potencialidades al máximo. Cuanto más lo consiga, más desarrollará también sus cualidades espirituales.

Los diferentes yogas

Existen 27 escuelas o métodos diferentes de Yoga reconocidos. Los principales son los siguientes:
- **Karma Yoga** o de la acción desinteresada
- **Bhakti Yoga** o devocional
- **Gyan Yoga** o de la visión de Dios
- **Raja Yoga** o para el desarrollo de la voluntad y las facultades mentales
- **Laya Yoga,** el método más poderoso para elevar la conciencia
- **Mantra Yoga** o de la repetición de sonidos
- **Tantra Yoga** o de la unión sexual como símbolo de la unión del alma con el espíritu universal
- **Kundalini Yoga,** que es la base de todos los demás
- **Hatha Yoga** o físico

Beneficios al alcance de todos

Aunque el número de asanas del Yoga supera el millar, las tradicionales son sólo 84, y de éstas suelen practicarse unas veinte.

Desde «la langosta» hasta «el loto», las posturas llevan los nombres más diversos, con los que se intenta evocar sus principales características.

A pesar de su aparente dificultad, las asanas pueden ser practicadas por personas de cualquier edad y condición porque el Yoga no pretende que se realicen a la perfección. De hecho, la competición no existe aquí; ni siquiera con uno mismo. El Yoga no se trata de cuánto tiempo puede mantenerse una postura o de hacerla con el máximo de flexibilidad, sino de ser consciente de los cuidados que se están prodigando al propio cuerpo.

El Yoga surgió en la India, una sociedad muy distinta a la occidental y donde se ha desarrollado una flexibilidad corporal única. Por eso, es muy posible que durante las primeras sesiones tengamos que ayudarnos de mantas, almohadas, cinturones o taburetes para realizar las posturas. No hay que desanimarse por eso; las asanas irán madurando con la práctica y al final de cada sesión nos sentiremos más frescos y vigorosos.

¿Cuándo practicar Yoga?

Es importante practicar el Yoga con regularidad para disfrutar de todos sus beneficios.

Para obtener los máximos beneficios del Yoga es recomendable practicarlo diariamente, designándole una misma franja horaria para adquirir una rutina con mayor facilidad. Bastará una sesión diaria de treinta minutos con una sesión semanal de una hora. Con ello, cada día podremos relajar tanto el cuerpo como la mente, recuperando las energías perdidas y disfrutando de una agradable sensación de bienestar.

Si no se puede crear una rutina diaria, lo mejor es practicarlo siempre que sea posible y durante el máximo tiempo del que dispongamos. Lejos de ser una obligación más, debemos considerar el Yoga como un momento que nos dedicamos a nosotros mismos, como un baño relajante.

A la hora de realizar una sesión de Yoga, es fundamental la concentración en los movimientos y ser consciente de la relajación que se está consiguiendo. No es recomendable hacer sesiones demasiado largas cuando se están dando los primeros pasos en su práctica; es mejor empezar con sesiones de media hora y combinarlas con otras de media hora. En toda sesión deben dedicarse unos minutos a centrar la atención en el propio cuerpo o en la respiración, intentando olvidar las preocupaciones. Por otro lado, se puede permanecer en cada postura tanto tiempo como se desee, en función de cómo nos sintamos en ella. El Yoga no es una competición, por lo que no se trata de hacer las máximas posturas posibles, sino de realizarlas de forma lenta para obtener el mayor grado de relajación.

Crear el ambiente adecuado

La práctica del Yoga no está limitada por un entorno concreto; sin embargo, siempre se ve favorecida por un lugar tranquilo donde no haga ni frío ni calor. En *Yoga para gente muy ocupada*, el doctor Ramon Roselló da los siguientes consejos:

- **Buscar un lugar templado.** Igual que sucede con otro tipo de ejercicios, el Yoga eleva la temperatura corporal. Sin embargo, a diferencia de otras actividades, también incluye momentos de tranquilidad y quietud en los que puede sentirse frío. Lo ideal es mantener la sala a una temperatura intermedia (de 19 a 22 °C) y usar dos camisetas para poder ponerlas o quitarlas según convenga. También es importante disponer de una manta cerca con la que cubrirse al final de la secuencia, durante la relajación, porque se suele sentir un poco de frío.

- **Mantener la atención.** Hay que crear un espacio mental tranquilo. Si tenemos distracciones, habría que intentar practicar en el momento del día en que haya más silencio. Si se practica el Yoga en compañía de otra persona, hay que intentar hablar lo menos posible mientras se ejecutan las posturas —se trata de un momento especial en que se conecta con el yo interior. Por otro lado, practicar la misma secuencia de posturas con un compañero unificando la frecuencia de la respiración puede llegar a ser una experiencia muy especial.

- **Practicar con los sonidos naturales del entorno.** Lo ideal sería hacer las asanas arropado por los sonidos de la naturaleza, pero si esto no es posible, se puede emplear de fondo música relajante a un volumen bajo.

- **Si se practica al aire libre,** cualquier superficie resulta adecuada con tal de que sea lisa y se esté cómodo sentado o tumbado sobre ella. Evidentemente, es mejor la hierba que el asfalto, pero en realidad cualquier superficie sirve.

- **Vestir ropa cómoda.** La ropa más adecuada no debe apretar y debe permitir la transpiración, como la de algodón. Además, debe abrigar lo suficiente y no ser voluminosa. Ir con los pies descalzos permite mantener más fácilmente las posturas a causa de la tracción que ejercen los pies. Cuantas menos barreras existen en el suelo, más fácil es mantener el equilibrio.

- **Si no podemos crear un ambiente ideal,** no debemos preocuparnos demasiado por ello. Una vez hemos desarrollado la capacidad de concentración, el Yoga puede practicarse en cualquier sitio. A medida que se va avanzando en el Yoga, cada uno va adaptándolo a su estilo de vida.

Más información

YOGA PARA GENTE MUY OCUPADA
Dr. Ramon Roselló
Ed. Océano Ambar

NUEVO LIBRO DEL YOGA
Centro Sivananda
Ed. RBA Integral

LUZ EN EL YOGA
B.S. Iyengar
Ed. Kairós

La importancia de la respiración

L o primero que hacemos al venir al mundo es respirar y no dejamos de hacerlo hasta el último día de nuestra existencia. Ocurre de forma automática, sin que seamos realmente conscientes de ello, y constituye nuestro principal alimento, ya que sólo podemos resistir sin oxígeno unos pocos minutos.

La respiración, a pesar de su aparente simplicidad, no la tiene en absoluto. Reacciona ante todo lo que sucede en nuestras vidas: ya estemos contentos, relajados o en plena actividad, la respiración se adapta a nuestro ritmo, haciéndose más lenta o más agitada en función de éste.

Para obtener los beneficios del Yoga es fundamental respirar correctamente. De hecho, la práctica de las asanas conlleva ser consciente de la propia respiración y, de esta forma, determinar su ritmo e intensidad (lenta o rápida; profunda o superficial), lo que se refleja en nuestro estado físico, emocional y mental. Y de la misma forma, nuestro estado anímico y físico marca cómo respiramos.

Según la tradición china, todo en el universo está controlado por dos fuerzas opuestas y a la vez complementarias: yin y yang, de cuyo equilibrio depende el buen funcionamiento de todo en el universo. En el hombre, estas energías discurren por diferentes canales internos, y deben permanecer equilibradas para su bienestar físico y anímico. Sin embargo, pueden aparecer bloqueos energéticos a causa de tensiones, y de esta manera impedirse una circulación fluida de la energía. Si respiramos correctamente durante la realización de las asanas, podemos eliminar estos bloqueos.

Según el Yoga, esta energía vital que se haya en el interior de nuestro cuerpo puede obtenerse del aire que respiramos. Mientras que la respiración normal nos permite absorber una pequeña cantidad de ella, la que se realiza durante las asanas llena nuestras reservas.

Esta energía, llamada *kí* en japonés y *chi* en chino, recibe en sánscrito el nombre de «prana» y los ejercicios yóguicos de respiración, «pranayamas».

Según el Yoga, el aire que respiramos está cargado de «prana», la energía vital que hay en el interior de todo ser humano.

Aprender a respirar

Como resultado de adoptar malas posturas (por ejemplo, estar horas sentados delante del ordenador), los occidentales acabamos respirando con el pecho, es decir, que al inspirar sólo expandimos la parte superior del abdomen. Este tipo de respiración provoca que nuestro metabolismo funcione más lentamente, lo que lleva al cansancio, la tensión o el dolor de cabeza.

Por otro lado, la ansiedad y el estrés suelen estar muy relacionados con la hiperventilación, un tipo de respiración demasiado rápido y superficial que da lugar a una eliminación excesiva de anhídrido carbónico. Como consecuencia, se bloquea el suministro de éste al cerebro y se descontrola el mecanismo que regula la absorción de oxígeno y la expulsión de anhídrido carbónico, lo que no es saludable para el organismo.

¿Respiramos correctamente?

Realiza el siguiente ejercicio para saber si respiras de la forma apropiada: Túmbate en el suelo y coloca las manos sobre la barriga. Si ascienden cuando inhalas y descienden cuando expulsas el aire, lo estás haciendo bien. Si, en cambio, el pecho se expande pero la barriga no, es que estás respirando con el pecho y, de esta forma, desaprovechando una gran capacidad pulmonar.

La respiración hecha desde el abdomen asegura la completa renovación del aire y asegura el equilibrio entre el oxígeno y el dióxido de carbono que llega a nuestras células. Por otro lado, expandir los pulmones produce una agradable sensación de calma y bienestar. Pero los ejercicios respiratorios de Yoga también pueden resultar terapéuticos a nivel físico, puesto que normalizan la presión arterial, alivian las contracturas musculares, combaten la fatiga y previenen la aparición de lesiones.

Más información
APRENDE A RESPIRAR
Hiltrud Lodes
Ed. RBA Integral

Relajarse con la respiración

Los ejercicios de respiración yóguicos o pranayamas permiten obtener un elevado grado de relajación en momentos de estrés, ansiedad o fatiga física y mental. Para ponerlo en práctica basta con inspirar profunda y lentamente por la nariz , hasta que los pulmones estén llenos. Retendremos el aire unos segundos y después lo expulsaremos lentamente por la boca, hasta que los pulmones se vacíen. Repetiremos esta acción un mínimo de diez veces.

Si queremos tranquilizarnos rápidamente o relajar una mente fatigada podemos hacer un ejercicio que si lo realizamos de día aclarará nuestra mente y por la noche nos ayudará a dormir. Consiste en inspirar por la nariz mientras contamos mentalmente hasta cuatro (a medida que adquiramos práctica ascenderemos de forma gradual hasta llegar a ocho). Seguidamente, mantendremos la respiración tanto tiempo como el que hayamos empleado para la inspiración. Para acabar, expulsaremos el aire contando de nuevo hasta cuatro (u ocho) con el cuerpo completamente relajado. Tras acabar la serie, podemos comenzar de nuevo si es necesario.

Las asanas

Las posturas de Yoga o asanas proporcionan el buen desarrollo y agilidad de los miembros, así como la armonía mental. Con su práctica aumentan el equilibrio y la resistencia, con lo que se adquiere una gran vitalidad.

Las asanas están perfectamente concebidas, de forma que hasta el mínimo detalle está pensado para el fortalecimiento corporal y mental. Existen cientos de variaciones posibles, con lo que el número de posturas es enorme, y además son ejecutadas de maneras diferentes según la escuela de Yoga. Las asanas de movimiento permiten dominar el cuerpo porque deben ser ejecutadas de forma lenta y consciente, mientras que las que se realizan sin movimiento se adoptan para la relajación y la meditación. Una de las asnas más conocidas de este último grupo es la del «loto».

Normalmente, las posturas se realizan en forma de secuencia; es decir, como una progresión de ejercicios que pueden hacerse en más o menos tiempo. Algunos defienden que se ha de pasar rápidamente de una asana a otra, mientras que otros ponen el énfasis en los movimientos lentos y precisos. Incluso hay estilos que incluyen saltos y otros en los que se potencian los pranayamas.

El saludo al Sol

Esta asana, llamada «Surya Namaskar» en sánscrito, es un ejercicio excelente para realizar por las mañanas porque proporciona energía para todo el día. Estira, calienta y fortalece todo el cuerpo en una sucesión armónica de movimientos, cada uno de los cuales es un contrapunto del anterior, lo que hace que todo el organismo se expanda y se contraiga, así como que se regule la respiración.

La versatilidad de esta postura radica en que puede realizarse tanto rápida como lentamente, según las necesidades de la persona. Además, a medida que se va avanzando en su práctica, los movimientos van adquiriendo elegancia.

Basta con realizar una vez toda la secuencia de forma completa para obtener sus beneficios. Lo más recomendable es ejecutarla un mínimo de cuatro veces y aprenderla por fases, repitiendo cada paso varias veces hasta completar toda la serie y sin forzar ningún movimiento. Cuando se haya conseguido realizar las doce posturas seguidas hay que intentar sincronizarlas con la respiración. No hay que evitar los movimientos difíciles, porque gracias a ellos podremos descubrir qué áreas necesitan más atención.

Pasos a seguir en el «Saludo al Sol»

1. Nos ponemos de pie, con la columna recta y las piernas juntas. Unimos las palmas de las manos a la altura del pecho, en posición de rezo.

2. Inspiramos suavemente, levantando los brazos con las palmas de las manos hacia arriba y arqueando la espalda hacia atrás.

3. Espiramos y flexionamos el cuerpo hacia delante intentando no doblar las rodillas para tocar el suelo con las manos. Las manos y los hombros deberán estar relajados.

4. Inspiramos y deslizamos la pierna derecha hacia atrás, intentando que la izquierda forme un ángulo de 90 grados. Si es necesario, apoyaremos la rodilla derecha en el suelo para tener un punto de apoyo. Levantamos al máximo la cabeza apoyándola en la nuca.

5. Contenemos la respiración y llevamos el cuerpo hacia delante. Las manos siguen apoyadas en el suelo pero ahora estiramos las piernas. Relajamos la cabeza y la dejamos caer entre los hombros.

6. Contenemos la respiración y levantamos las caderas hasta alcanzar la misma postura que en el tercer movimiento. Las manos deben estar apoyadas en el suelo y las piernas a la misma altura. Relajamos la cabeza y la dejamos caer entre los brazos.

7. Expulsamos el aire mientras nos estiramos en el suelo, dejando caer todo el peso del cuerpo en las manos. Seguidamente, apoyamos en el suelo la frente, el pecho y las rodillas, manteniendo las nalgas elevadas.

8. Inspiramos mientras estiramos los brazos y arqueamos la espalda levantan-

do la cabeza. A continuación, deshacemos el ejercicio volviendo a repetir los pasos anteriores a la inversa.

9. Hacemos un segundo saludo inspirando y deslizando la pierna derecha hacia delante, levantando la cabeza al máximo y apoyándola en la nuca.

10. Hacemos una segunda adoración de la siguiente forma: espiramos y llevamos hacia delante la otra pierna, con el tronco arqueado y tocando el suelo con las manos, como en el movimiento número tres.

11. Por último, hacemos una segunda exaltación inspirando suavemente mientras levantamos el torso. Estiramos los brazos con las palmas de las manos hacia arriba y arqueamos la espalda hacia atrás, igual que en el segundo movimiento.

Yoga en pareja

Más información

YOGA EN PAREJA
Guillermo Ferrara
Ed. Océano Ámbar

Aunque las posturas de Yoga pueden ser practicadas por todo tipo de personas y en solitario, lo cierto es que algunas implican ciertos movimientos que las hace preferible ejecutar en pareja. Si las asanas son realizadas primero por uno y después por otro, se ejecutan las posturas y contraposturas a la vez, y en conjunto se hacen el doble de asanas que en solitario.

Además de por la cuestión puramente práctica, hacer Yoga con un compañero (no exclusivamente la pareja sentimental) puede ser una experiencia realmente especial.

El simple hecho de ejecutar con otra persona la misma secuencia de posturas acompasando el ritmo de la respiración puede proporcionar una paz mental y una armonía interna únicas.

La media luna

Con esta asana se consiguen beneficios como la apertura del pecho (lo que implica la apertura de las emociones) y el estiramiento de la zona abdominal y de la espalda. Éstos son los pasos a seguir:

1. Inspiramos y deslizamos la pierna derecha hacia atrás, mientras que colocamos la izquierda delante, formando un ángulo de 90 grados.

2. Espiramos mientras estiramos los brazos por encima de la cabeza buscando los del compañero. Arqueamos la espalda y abrimos el pecho

La pirámide

Se trata de una postura muy completa porque no sólo estira las piernas y la columna, sino que relaja el cuello y el trapecio; aumenta el calor corporal y estimula la función de los riñones y las glándulas suprarrenales.

1. Nos colocamos de pie, espalda contra espalda y con las piernas separadas. Inspiramos.

2. Nos cogemos de los antebrazos y nos inclinamos hacia delante sin doblar las rodillas y espirando el aire de los pulmones.

El columpio

Con esta asana conseguiremos un buen estiramiento de la piernas y la columna, así como una mayor irrigación de sangre al cerebro y el masajeo del estómago. Otro importante beneficio es la apertura de la respiración del que queda arriba.

Es preferible realizar esta postura con un compañero de peso similar al nuestro.

1. Nos situamos de espaldas y entrelazamos los brazos.

2. Mientras uno de los dos queda inmóvil, el otro inclina el tronco hasta que su cabeza quede a la altura de las rodillas.

Yoga y embarazo

Aunque pueda sorprendernos la idea de practicar Yoga durante el embarazo, lo cierto es que resulta muy beneficioso para la mujer, ya que no sólo contribuye a su óptimo estado de salud, sino que la prepara para el parto y la maternidad. Con todo, las asanas y respiraciones del Yoga no sólo funcionan a nivel físico, sino que favorecen la tranquilidad mental y el progreso espiritual de la futura madre.

Estos ejercicios no suponen ningún riesgo para el futuro bebé, ya que las asanas implican movimientos muy suaves que empiezan a realizarse de forma activa a los tres meses (momento a partir del cual el embrión ya está formado y bien sujeto al útero). En el primer trimestre, pues, bastará con que la mujer se familiarice con las posturas básicas y los ejercicios de respiración, y pasado este período ya podrá realizar series de asanas.

ASANAS PARA CADA TRIMESTRE

Durante el embarazo, la práctica de las posturas de Yoga se hace en función del mes de gestación. De esta manera, los movimientos y el esfuerzo se adaptan al estado físico de la madre y evitan cualquier perjuicio al futuro bebé.

Más información

YOGA Y EMBARAZO
M.ª Teresa Palomas
Ed. Océano Ámbar

Ejercicios para el primer trimestre

Durante el primer trimestre las asanas actúan sobre todo en la región de la pelvis, por lo que aumentan la flexibilidad de la parte baja del abdomen, ensanchan el canal pélvico y estiran la parte interior de los muslos. El Yoga puede aliviar también las molestias típicas del inicio del embarazo, como las **nauseas o los vómitos**. Un ejercicio muy útil es el siguiente:

1. Nos tumbamos en la cama o en el suelo, separamos ligeramente los pies y relajamos los brazos a ambos lados del cuerpo.

2. Inspiramos despacio y concentrándonos en el vientre. Espiramos aún más lentamente. Realizamos estas respiraciones durante unos cinco minutos.

3. Volvemos a inspirar, levantando ahora el brazo izquierdo y llevándolo hacia atrás, hasta que vuelva a tocar el suelo o la cama. Espiramos mientras colocamos de nuevo el brazo en la posición inicial. Repetimos estos movimientos cinco veces y luego cambiamos de brazo.

4. Realizamos el mismo movimiento que en el paso anterior pero alternando los dos brazos. Repetimos diez veces.

5. Con el cuerpo relajado y los brazos en posición oblicua, inspiramos lentamente y levantamos la pierna izquierda a la altura de la barriga. Espiramos lentamente y colocamos la pierna en la posición inicial. Repetimos cinco veces con esta pierna y luego cinco veces más con la otra.

6. Realizamos el mismo movimiento que en el paso anterior pero alternando ambas piernas. Repetimos diez veces.

Medio loto

Es una de las posturas básicas del Yoga, ideal para hacer las respiraciones y propiciar la meditación. Si resulta difícil de ejecutar, pueden cruzarse las piernas y acercarlas todo lo que se pueda al tronco, o apoyar las rodillas sobre unos cojines.

1. Nos sentamos en el suelo y estiramos las piernas.

2. Doblamos la pierna izquierda y llevamos el pie izquierdo a la base del cuerpo, procurando tocar el perineo, pero sin forzarnos.

3. Doblamos la pierna derecha y colocamos el pie derecho sobre el tobillo izquierdo. El talón derecho debe quedar en contacto con el pubis.

4. Estiramos la espalda y colocamos las manos como en la fotografía.

5. Respiramos profundamente, concentrándonos en la respiración unos minutos.

Ejercicios para el segundo trimestre

Durante el segundo trimestre ya es posible realizar un programa diario de ejercicios. El momento para hacerlos dependerá exclusivamente de la madre; de sus ocupaciones y de su nivel de energía. Las asanas se realizarán en una habitación de ambiente agradable y sin temperaturas extremas, e irán variando en función de la práctica y del momento de la gestación. Es importante observar cómo reacciona el cuerpo tras cada asana y, sobre todo, dejar de realizar cualquiera de ellas si se siente dolor.

Toda serie de asanas comenzará con unos minutos de silencio y un pranayama, para después continuar con las posturas escogidas. Una sesión típica debería incluir la posición del sastre (en la que se haría la respiración yóguica), estiramientos, la mariposa, el gato y el Yoga Mudra (con el que se inicia la relajación final).

Posición del sastre

1. Nos sentamos en el suelo y estiramos las piernas por delante de nosotros.

2. Doblamos las rodillas y juntamos las plantas de los pies. Nos cogemos los pies y llevamos los talones hacia el cuerpo.

3. Mantenemos un rato la postura, con el cuello y los hombros bien relajados y la espalda recta.

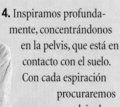

4. Inspiramos profundamente, concentrándonos en la pelvis, que está en contacto con el suelo. Con cada espiración procuraremos relajar la zona lumbar.

Estiramientos

1. Nos sentamos en el suelo con las piernas abiertas. Inspiramos, estiramos los brazos y los levantamos por delante de nosotros mientras nos echamos un poco hacia atrás.

2. Espiramos e inclinamos el cuerpo hacia delante, de forma que podamos tocar la punta de los pies con las manos. La barriga debe quedar entre las piernas. Respiramos profundamente y nos relajamos en esta postura.

3. Para levantarnos, respiramos profundamente y enderezamos la espalda poco a poco, hasta que ésta quede bien recta. Por último, levantamos el cuello.

La mariposa

1. Nos sentamos en el suelo con las piernas estiradas.

2. Doblamos las piernas y juntamos las plantas de los pies, cogiéndolos con las manos entrelazadas y llevando los talones hacia la base del cuerpo.

3. Permanecemos unos segundos en esta postura, con el cuello y los hombros relajados y la espalda recta.

4. Poco a poco vamos subiendo y bajando las rodillas, como si fueran las alas de una mariposa.

5. Respiramos profundamente y concentrándonos en la pelvis, que se encuentra en contacto con el suelo.

Variante

Partiendo de la misma posición, podemos balancearnos suavemente de un lado a otro.

El gato

Éste es un buen ejercicio para relajar la zona lumbar y proporcionar flexibilidad a la espina dorsal.

1. Nos ponemos a gatas, con los brazos estirados a la altura de los hombros, las manos apoyadas en el suelo y las piernas un poco separadas. Inspiramos y estiramos la cabeza hacia el frente, echando la pelvis hacia delante.

2. Espiramos y dejamos caer la cabeza suavemente. La pelvis se orienta hacia atrás, centrando toda la presión en la zona del sacro. La espalda queda arqueada. Repite lentamente este movimiento un par de veces.

3. Partimos de la posición inicial. Respiramos profundamente mientras describimos grandes círculos con la pelvis en el sentido de las agujas del reloj. Después giramos en el sentido contrario. Estos movimientos pueden ser de gran ayuda durante el parto.

4. Partiendo de la posición inicial, inspiramos lentamente. Al expulsar el aire nos echamos hacia atrás, de forma que las nalgas toquen los talones de los pies. Las manos permanecen en su lugar. Inspiramos y volvemos a la posición inicial. Repetimos un par de veces.

Yoga mudra

Se trata de una postura muy agradable y relajante, ideal para la concentración y el recogimiento. Puede practicarse siempre que se quiera, siendo especialmente apropiada antes de ir a dormir, o en caso de fatiga y nerviosismo. Es también una postura muy recomendable durante el parto, en la fase de dilatación.

1. Nos ponemos a gatas y nos sentamos en los talones. Los dedos de los pies se tocan, las rodillas quedan bien separadas y las manos se apoyan en el suelo.

2. Inspiramos profundamente y, al espirar, colocamos lentamente la cabeza y los brazos en el suelo, relajando los hombros. Si lo preferimos podemos apoyar la frente en las manos.

3. Respiramos profunda y lentamente, entregándonos por completo a este momento. Permanecemos así tanto tiempo como deseemos.

Ejercicios para el tercer trimestre

En el tercer trimestre, las posturas más recomendables son aquellas que potencian el ensanchamiento de la pelvis. Éstas se realizan de cuclillas siempre que sea posible, como preparación para el parto. Así mismo, con ciertas asanas se pueden aliviar los dolores provocados por las contracciones y con otras enseñar a la mujer **las mejores posiciones para empujar:**

1. La mujer se pone de cuclillas y se apoya en las rodillas de su pareja, que estará situado detrás de ella, sentado en una silla. Él sirve de apoyo sujetándola por las axilas.

2. Sentada en la cama, la mujer se apoya en unos cojines, en su pareja o en ambos, y separa las piernas, que en el momento real del parto su pareja levantará ligeramente .

3. La mujer se echa de lado y apoya una pierna en su pareja.

4. La mujer se coloca de rodillas, inclinada hacia delante, mientras su pareja le masajea la espalda.

Gimnasia energética y artes marciales blandas

Además del *Yoga,* en las últimas décadas se han popularizado en Occidente una serie de gimnasias corporales que en Asia han venido prácticandose desde hace milenios. Como muestra, y dejando de lado artes marciales como el *Aikido* y otras, presentamos alguna de las *gimnasias* más conocidas, como el **Tai chi** y el **Chi Kung** (o **Qi gong**, según las escuelas); el **Vyayam**, la antiquísima práctica tradicional hindú, y el **Yug Do**, o arte del «bastón chino» (el bambú), una técnica muy interesante para equilibrar y dominar el propio cuerpo.

Tai chi, la gimnasia energética china

Los lentos ejercicios del Tai chi ayudan a equilibrar las dos fuerzas yin y yang.

El *Tai chi* («Supremo insuperable» o, en sentido figurado, «Cosmos»), es anterior al taoísmo chino, aunque están estrechamente relacionados. Se cuenta la leyenda del monje taoísta Chang San-Feng, que se encontraba descansando en el retiro taoísta de Wu-Tang, cuando presenció la lucha entre una grulla y una serpiente: la estética de esta singular lucha llevaría al monje a modificar el Kung Fu de Sladin por un estilo más suave de movimientos conocido como *los treinta y dos patrones del puño largo de Wudang*, que más adelante se convirtió en el *Tai chi chuan* (el Tai chi *chuan* tiene más que ver con el boxeo).

En China sigue siendo muy popular hoy en día y se puede ver a los practicantes en parques públicos. En las últimas décadas también se ha popularizado mucho en Occidente; en apariencia es una gimnasia de movimientos muy suaves y armoniosos, una especie de «meditación en movimiento», una forma de sentir la vida más cercana al latir natural de las cosas. Así, con una plena conciencia de la correcta colocación del cuerpo, la mente «abraza» cada movimiento, evitando distracciones que puedan dispersar la concentración mental.

Los grandes maestros aseguran que la importancia del Tai chi radica en sus aspectos internos más que en su forma externa. Cada movimiento y cada postura se intensifica con un estado anímico sereno. La relación cuerpo-mente llega a su máxima expresión en esta disciplina. Es una forma particular de conciencia corporal que incluye un *sentido del movimiento* en los músculos, articulaciones, ligamentos y huesos, y permite comprender *de dónde viene* la respiración. Del mismo modo el equilibrio y la posición del cuerpo deben vigilarse constantemente para aumentar la precisión y la estabilidad de cada postura, por lo que se requiere, cómo no, una marcada concentración.

Más información

MANUAL COMPLETO DE TAI CHI
Stewart McFarlane
Mandala ed.

TAI CHI PASO A PASO
Maestro Lam Kam Chuen
Ed. RBA Integral

EL ARTE DEL TAI CHI CHUAN
Wong Kiew Kit.
Ed. Martínez Roca

EL ARTE DEL CHI KUNG
Wong Kiew Kit.
Ed. Urano

ADALIA IGLESIAS
TEL. +3493-310 4956

UNA GIMNASIA SUTIL

El Tai chi es el símbolo de las fuerzas opuestas y a la vez complementarias del yin y el yang. Cuando un practicante comienza una *forma* (tabla encadenada de movimientos), estos dos principios se manifiestan al estirarse y contraerse; al inspirar y exhalar; al abrirse y cerrarse; al cambiar la actitud mental de pasiva a activa y en todo un sinfín de pequeñas acciones que, a través del movimiento adecuado se irán mezclando y combinando para armonizarse y dar como resultado **quietud** a través del **movimiento**.

Se puede decir que es una gimnasia curativa con dosis de arte marcial, compuesta de una serie de movimientos lentos y armoniosos que deben hacerse con una gran suavidad y relajación. Dichos movimientos se realizan siempre de forma natural, sin esfuerzo: sería incorrecta toda postura que lo requiera.

Un aspecto importante del Tai chi es el de la proyección de energía. Al practicarlo es importante *visualizar* cómo se mueve la energía *(chi)* por unos sutiles canales para que, a través de nuestra mente, se active y se favorezca nuestra circulación energética corporal.

CINCO PRINCIPIOS BASICOS

Esos son los cinco principios básicos comunes a todas las escuelas de Tai chi. El primero es la **circularidad** de los movimientos, en los pasos hacia adelante y hacia atrás, en todos los ángulos del cuerpo, etc. El segundo es la **continuidad**: todos los movimientos son como un río, fluidos y continuos. La **relajación** física y mental es el tercero; el cuarto, el **propósito**, que nos recuerda el tener plena cons-

Ejercicios de Tai chi
Selección de imágenes de los 42 movimientos unificados

Abrir y cerrar manos — Girar el cuerpo y dar un puño — Subir el pie, protegerse del tigre

R. derecha, girar atrás — Rechazar y empujar — Extender pie izquierdo — Látigo izquierda

Avanzar un paso, desviar, bloquear — Pausa — La grulla blanca extiende las alas

Sanos beneficios

El Tai chi es una práctica muy saludable para la prevención y tratamiento de numerosas enfermedades. Entre otras: hipertensión, reumatismo, asma, depresión o nerviosismo. Todos pueden gozar de sus beneficios ya que, tanto esa peculiar forma de meditación como la insistencia en los movimientos relajados, contribuyen enormemente a la serenidad mental y claridad de pensamiento.

La práctica del Tai chi

- Ayuda al desarrollo natural de la flexibilidad corporal, de forma totalmente natural y sin riesgo de sufrir lesión alguna.
- Mejora el sistema respiratorio.
- Evita cualquier tipo de problema relacionado con los nervios o la digestión.
- Mejora la calidad de vida y la longevidad de los practicantes.
- Asegura una mayor concentración y afabilidad.

ciencia de la colocación del cuepo y de los cambios que se producen en el mismo. Y el quinto se refiere a la **proyección de energía**.

Chi Kung, respiración y energía

El Chi Kung (o «Qi Gong») es un sistema de ejercicios sencillos y suaves que estimulan la energía vital del cuerpo. Procede de la antigua China y hasta hace poco sólo era accesible a muy pocas personas. Hoy en día este arte se está dando a conocer, tanto en Oriente como aquí, en Occidente, con grandes resultados. En el Chi Kung se trabaja esencialmente la energía, con especial énfasis en la respira-ción. Quien quiera iniciarse debe seguir una disciplina férrea que incluye la práctica diaria y el aprendizaje inicial a través de un buen maestro que inicia el aprendizaje y corrige un sinfín de sutiles detalles y matices. Se da mucha importancia a la actitud personal, (evitarlo si se está tenso o irritado, o tras una comida fuerte) el lugar (espacio abierto de cara al este), el momento (la salida del sol es ideal).

Levantar el cielo

Ejercicio introductorio fácil de practicar. Es bueno para casi cualquier dolencia y si se es constante los beneficios superarán el mínimo esfuerzo que comporta.

1. De pie, con los pies casi juntos y los brazos colgando a los costados, relajarse. Sonreír desde el corazón (es decir, adoptar una actitud alegre y distendida).

2. Con los brazos estirados, colocar las manos por delante del vientre, doblando las muñecas hacia arriba en ángulo recto y con los dedos de ambas manos casi tocándose.

3. Manteniendo esta postura, mover los brazos hacia delante y levantarlos hacia arriba describiendo suavemente un arco que pasará por encima de la cabeza.

4. Acompañar este movimiento con una inspiración y visualizar la carga de energía vigorizante que fluye hacia nuestro interior.

5. Cuando ambas manos (aún con las muñecas en ángulo recto) lleguen a lo alto de la cabeza, contener la respiración (uno o dos segundos) y empujar hacia arriba con los brazos estirados.

6. Bajar los brazos imitando el suave aleteo de un pájaro y exhalar por la boca.

7. Repetir unas 10 veces o más según si se practica solo o en combinación con otros ejercicios (la cifra es orientativa).

EMPUJAR MONTAÑAS

Es un ejercicio que sirve para desarrollar la fuerza de los brazos y las manos. Beneficia a quien sufre artritis, reumatismo, problemas renales y dolor de espalda.

1. De pie, erguido y con los pies casi juntos, colocar ambas manos en los costados del cuerpo a la altura del pecho, los brazos doblados por el codo y las palmas hacia el frente.

2. Inspirar suavemente mientras se imagina la energía cósmica fluyendo hacia el interior.

3. Avanzar las manos presionando con suavidad como si estuviéramos tratando de empujar algo (no en vano se denomina empujar montañas) y expulsar el aire con suavidad.

4. Retroceder hasta la postura inicial e inspirar.

5. Repetir todo el proceso varias veces, según se practique solo o con otros ejercicios.

Vyayam, la gimnasia energética de la India

Los orígenes del Vyayam se remontan a miles de años y sus disciplinas eran ya practicadas como arte marcial por antiguos guerreros védicos, pero se atribuye el conocimiento de esta gimnasia energética a *Boddhidarma*, el monje hindú que en el siglo V la introdujo en China para ayudar a los religiosos de los templos de Shaolin a fortalecer el cuerpo y a defenderse de los bandidos.

LA RESPIRACIÓN Y LA MENTE

En sánscrito *vyayam* significa «domar el aliento interno». La esencia de esta gimnasia energética es la respiración consciente: «donde esté la respiración, estará siempre la mente». Se trabajan métodos de respiración específicos para calmar, no sentir o expulsar el dolor. Los ejercicios imitan a animales, hombres y elementos de la naturaleza y puede practicarse como complemento de otras técnicas, como el yoga, biodanza, danza del vientre, gimnasias aeróbicas, terapias de rehabilitación, quiromasaje, gimnasias pasivas y para ancianos, pre y post parto...

FORMAS DE PRACTICARLO

Existen tres tipos de Vyayam y también tres maneras de practicarlo: como meditación dinámica, como gimnasia energética o como arte marcial. Siempre da bienestar y vitalidad: armoniza el cuerpo y la mente, fortalece los músculos, da elasticidad a la columna vertebral, elimina dolores y tensiones, desbloquea articulaciones... Si se realiza diariamente se notan los cambios enseguida (un mayor equilibrio y vitalidad): favorece la circulación sanguínea y genera un calor que transmite alegría; fortalece y vigoriza, reconduce la energía por todo el cuerpo y regenera los tejidos y las células. Quien practica Vyayam es más expansivo y con mejor humor gracias al desbloqueo de los complejos e ideas erróneas. Todo aparece lleno de contenido.

DANZA Y MUDRAS

La danza energética Vyayam, de raiz *tántrica,* se contempla como un «baile del espíritu» que remueve tristezas y depresiones mentales a través danzas energéticas, guerreras y de *giros místicos,* y las del dios Shiva. Son muy vigorosas, alegres y beneficiosas para el individuo. En el Vyayam se practican asimismo los *mudras* o movimientos de las manos de la India tradicional que ayudan a equilibrar los meridianos de energía y a controlar mejor la respiración y la mente.

Más información

ESTUDIO SPIRAL
Granada: Tels 907 423668
y 958 263494.

Pamplona:
Tels 907 192939
y 948 23 8345

*Libros sobre Vyayam
de próxima publicación.*

Yug Do, el arte del bambú

El Yug Do es también un arte marcial «blando», una forma de gimnasia energética y reequilibradora y un camino para el equilibrio de cuerpo, mente y espíritu en el que el bambú, con el que se trabaja intensamente durante la práctica, sirve también de símbolo de **fuerza y flexibilidad.**

Esta «práctica del bastón chino» se basa en el control de la propia energía a través de 22 movimientos básicos, en su mayoría bastante sencillos, y su práctica favorece un camino de transformación personal de mayor fluidez y equilibrio «en la cuerda floja de la vida». En este libro hemos elegido a modo de ejemplo el grupo de los 10 ejercicios siguientes a los 22 primeros; son más avanzados y pueden combinarse con el Yoga. Se trata de las «Diez posiciones equilibrantes»: cada una de ellas encierra en sí misma un potencial enorme y merecería el espacio entero que aquí dedicamos al Yug Do, pero es fácil contactar con alguno de los centros de la «Gran fraternidad universal» en el mundo.

La práctica del «bastón chino» contiene elementos del Aikido, del Tai chi y del Yoga.

1- **«Mirando las estrellas»** *(Vaso Concepción)*. Extensión hacia atrás. Contraer los glúteos, vascular la pelvis hacia adelante, flexionar las rodillas, sostener la zona lumbar con la musculatura. La cabeza no debe caer del todo hacia atrás.

2- **«La cigüeña pescadora»** *(Vaso Gobernador)*. Bajar el tronco y la cabeza hasta las rodillas. Conciencia de la espalda y de la respiración, atención a los puntos lumbares y de la nuca.

3- **«La cigüeña en reposo»** *(Agua)*. Llevar el bambú hasta el suelo. Favorece la vejiga y el riñón.

4- **«El triángulo»** *(Madera)*. Piernas abiertas, el bambú sobre los hombros con las manos en cruz (primero la derecha). Equilibra y activa los meridianos del riñón y la vesícula.

5- **«Recogimiento interior»** *(Fuego*, ver foto inferior). En cuclillas, el bambú sobre los hombros, las manos colgando por delante. Activa el corazón y el meridiano del intestino delgado.

6- **«La serpiente enroscada»** *(Fuego)*. Cruzar los brazos y las piernas, flexionar el cuerpo hacia delante (ver foto). Movimientos que estimulan el meridiano del triple calentador y el pericardio.

7- **«La entrega al cielo»** *(Tierra)*. Contraer ligeramente los glúteos sin que la cabeza caiga del todo hacia atrás. Favorece los meridianos del estómago y del bazo.

8- **«Vaciando el néctar»** *(Metal)*. Flexionar el cuerpo hasta que la cabeza llega a la altura de la rodilla. Estimula el meridiano de los pulmones y del intestino grueso.

9- **El equilibrio.** Flexionamos una pierna, llevando el pie sobre el muslo de la otra. Repetir la operación con la otra pierna.

10- **Relajación.** Mente y cuerpo centrados, aquí y ahora. Abiertos, dispuestos.

Yug Do. Las 10 posiciones equilibrantes

Esta secuencia de ejercicios sigue la rueda china de los cinco elementos, el circuito natural de la energía, que va pasando a través de los elementos por este orden: 1- vaso concepción; 2- vaso gobernador; 3-Agua; 4- Madera; 5- Fuego; 6- Tierra; 7- Metal.

1- Mirando las estrellas

2- La cigüeña pescadora

3- La cigüeña en resposo

4- El triángulo

7- La entrega al cielo

8- Vaciando el néctar

6- La serpiente enroscada

10- Relajación

Más información

YUG DO, el arte marcial del bambú
Antonio Iborra
Ed. Océano Ámbar

GFU en España:
Pje. San Martín de Valdeiglesias, 25 - 28002 Madrid - Tel. 91.861.0064

GFU México: c/. Eugenia, 1510 (Colonia Narvarte) - 03020 México DF - RTel. 015. 687.5474

(central de información de América Latina)

Yoga y ejercicios energéticos

Actividad física y salud

3 La actividad física: ¿un fin en sí misma?
La necesidad de moverse
Los efectos beneficiosos del ejercicio físico
El estrés
El cambio de hábitos
Los efectos del tabaco

La actividad física: ¿un fin en sí misma?

La sociedad occidental, considerada el paradigma del «mundo desarrollado», presenta muchas carencias que permiten poner en duda esta creencia. Desde el punto de vista técnico y científico, el progreso es innegable; ahora bien, los beneficios del progreso tecnológico y material no sólo no se distribuyen de forma equitativa, sino que han repercutido negativamente en la salud de gran parte de quienes deberían ser sus beneficiarios.

Es cierto que los avances de la medicina han logrado que las enfermedades infecciosas ya no tengan los efectos devastadores de antaño; además, la esperanza de vida es cada vez mayor. Sin embargo, la opulencia de la socie-

La actividad física es una vía para mejorar la calidad de vida.

dad del bienestar ha generado otros tipos de enfermedades (como la anorexia o el estrés) y otras formas de muerte (como los accidentes de tráfico o los ataques cardíacos).

Por otro lado, la falta de actividad física y los excesos alimentarios de gran parte de la población occidental han originado la problemática del sobrepeso y la obesidad. Estas afecciones, además de ser una prueba patente de la desigualdad en el reparto de bienes, predisponen a una serie de enfermedades.

Otro fenómeno típico del mundo occidental son las lesiones de origen postural, causadas por el hecho de pasarse cuarenta horas semanales trabajando en posiciones no siempre correctas desde el punto de vista ergonómico. En esta parte del libro abordaremos la iniciación a la actividad física desde diferentes perspectivas, con el objeto de ofrecer alternativas que ayuden a contrarrestar los perjuicios de nuestra forma de vida. Una de las ventajas que tiene apostar por esta vía es que la persona es la única responsable de todo el proceso –lo que a veces no es aplicable al resto de facetas de la vida. De su convencimiento y tenacidad dependen el éxito de la empresa.

Sin embargo, para muchos deportistas comprobar que su trabajo individual y su fuerza de voluntad bastan para orientar y equilibrar su propia vida no es más que una primera meta. Un individuo sano no puede conformarse con su propio bienestar y con el placer de sentirse en forma. Descubrir la capacidad que tiene cada persona para modificar sus límites individuales debería predisponer a una actitud menos conformista en el resto de esferas de la vida.

La necesidad de moverse

El cuerpo humano está concebido para moverse. No en vano, el aparato locomotor (constituido por la musculatura y el esqueleto) representa el 70 % de la masa corporal.

Aunque el estado de reposo es necesario después del esfuerzo o durante una convalecencia, los efectos de la inmovilidad prolongada repercuten negativamente en todo el organismo, ya que los músculos pierden tonicidad y masa, la movilidad articular se reduce y los cartílagos se debilitan. En casos extremos, la falta de actividad física puede originar trastornos que influyen negativamente en la coordinación de los movimientos.

La falta de actividad en los niños repercute directamente en su desarrollo físico y origina un conjunto de enfermedades y carencias que, paradójicamente, encuentran remedio en los ejercicios correctores; es decir, en el movimiento.

La inmovilidad también afecta negativamente el funcionamiento del organismo. Está demostrado que el hombre sedentario tiene más probabilidades de padecer enfermedades que quien practica deporte de forma regular. La falta de actividad física provoca la pérdida de elasticidad de las arterias, que se hacen más gruesas y duras, con lo cual aumenta el riesgo de arteriosclerosis y de infarto de miocardio.

Si observamos objetivamente a las personas, comprobaremos lo difícil que resulta establecer una cota hipotética de «normalidad». Desde el punto de vista de la actividad física, son enormes las diferencias entre el trabajo físico de los habitantes de los países ricos y los de los países pobres. Desde un punto de vista deportivo, las diferencias son abrumadoras: por un lado, hay seres humanos capaces de correr 10 km en menos de media hora; nadar 80 km en un día; subir todos los «ochomiles» de la Tierra, o correr los 200 m lisos con una pierna ortopédica en poco más de veinte segundos, mientras que en el otro extremo encontramos a personas incapaces de correr un kilómetro seguido; subir a un primer piso por las escaleras sin jadear o desplazarse a cualquier lugar adonde no puedan acceder con su automóvil. El primer grupo escapa a la

Efectos del sedentarismo

En el sistema cardiovascular
- El corazón tiene menos capacidad de bombear la sangre.
- Los vasos sanguíneos pierden elasticidad.
- La capacidad de absorción de oxígeno es menor.

En el sistema respiratorio
- Los pulmones tienen menos capacidad de intercambiar gases (aportar oxígeno y eliminar dióxido de carbono).

En el esqueleto y las articulaciones
- Osteoporosis y pérdida de calcio.
- Degeneración del periostio.
- Mayor propensión a la artrosis, úlceras del cartílago, artritis y reumatismo crónico.

En el sistema muscular
- Menor masa y tono muscular.
- Pérdida de la flexibilidad y de la capacidad de contracción de las fibras.

En el sistema nervioso
- Pérdida de reflejos.
- Fatiga.

Por medio del deporte el individuo se integra en la naturaleza.

normalidad porque está formado por unos pocos privilegiados que explotan al máximo las posibilidades que les brindan sus organismos y que para lograrlo trabajan con una dedicación casi exclusiva. El segundo grupo incluye a muchas personas que, sin estar consideradas enfermas, han entendido mal la idea de «bienestar» y lo han pagado con el abandono de su estado físico y la pérdida de la salud.

El punto de equilibrio es una cuestión cultural y de criterio personal. Hay quien está convencido de tener una forma física aceptable por el hecho de jugar un partido de fútbol sala una vez por semana «para quemar toxinas» –y pidiendo el cambio a los diez minutos para descansar y fumarse un cigarrillo. Otros creen que están en forma porque cuando hicieron el servicio militar caminaron dieciséis kilómetros y medio con la mochila y el fusil a cuestas.

El punto de «normalidad» al que ningún ser humano debería renunciar es aquél que le permite establecer una relación digna con la naturaleza, es decir, estar en condiciones de correr media hora o una hora a ritmo suave, que es el tiempo que el hombre necesitaría para «ir hasta…» o «subir a…»; para ser capaz de nadar «hasta aquella roca» o de subir caminando sin problemas hasta la cima de «la montaña» que forma parte de su entorno. Es obvio que esta medida es totalmente subjetiva y que tiene como referente a una persona adulta sin impedimentos físicos. Una persona anciana, por ejemplo, debería adaptar la intensidad y el «radio de acción» al condicionante que representa la edad, pero debería ser capaz de caminar por un sendero controlando su esfuerzo, y con la seguridad que le proporciona el hecho de conocer sus limitaciones de agilidad y movilidad.

En definitiva, se trata de conservar unas facultades que son patrimonio de la especie. Porque, desengañémonos, el desarrollo del cerebro humano no habría sido posible sin un desarrollo «físico», como por ejemplo la posición erguida del tronco, que le sirvió para librar las extremidades superiores de las tareas de locomoción y de sustentación del equilibrio en el árbol, y poder destinar las manos a otro tipo de habilidades. Y, en la actualidad, nada demuestra que el desarrollo del ser humano sea posible disociando los componentes físico y mental.

Los efectos beneficiosos del ejercicio físico

Hoy en día ya nadie duda de que la vida sedentaria es perjudicial para la salud, y basta observar un poco las personas de nuestro entorno para darnos cuenta de ello.

Las actividades aeróbicas, como nadar, pedalear, correr, caminar o remar, producen diversas adaptaciones fisiológicas. En lo que se refiere al sistema cardiovascular, el ejercicio físico produce un aumento del tamaño y de la capacidad del corazón, lo que se traduce en la reducción de la frecuencia cardíaca en reposo. También aumenta la circulación a nivel capilar y la cantidad de glóbulos rojos y de hemoglobina en la sangre. La consecuencia de todo ello es que la persona rinde más, se cansa menos y se recupera más rápidamente después del esfuerzo. El ejercicio regula el nivel de colesterol y de triglicéridos de la sangre. También evita la acumulación de grasa en las arterias (arteriosclerosis) y en la zona subcutánea. Por

Más vale prevenir

De las diez principales causas de muerte de nuestra sociedad, tres de ellas podrían prevenirse mediante la práctica continuada de ejercicio físico. Estas enfermedades son:

- **Problemas cardíacos**
- **Diabetes**
- **Arteriosclerosis**

Asimismo, los médicos afirman que la actividad aeróbica puede evitar tres trastornos especialmente extendidos en los países occidentales:

- **Obesidad**
- **Exceso de colesterol en la sangre**
- **Osteoporosis**

lo que respecta a la capacidad pulmonar, aumenta la captación de oxígeno en los pulmones, porque los alvéolos se distienden y tienen una mayor capacidad de absorción.

La potenciación muscular, es decir, el trabajo de fuerza, provoca el desarrollo de fibras musculares que no se utilizan en la vida sedentaria, con lo cual aumenta el volumen y el tono muscular así como las reservas de energía en

Trabajo y deporte

En muchas ocasiones, cuando se habla de la necesidad de «hacer ejercicio», algunas personas suelen responder que ellas ya hacen mucho ejercicio durante el día: hay quien dice que limpiar la casa, hacer la colada, llevar la compra, etc. supone ya un importante gasto energético, y la prueba de que estas actividades son «ejercicio» es que al final del día la sensación de agotamiento es total. Otros argumentan que pasarse medio día cargando y descargando bultos o subido a un tejado haciendo reparaciones también es

«ejercicio». Todas estas actividades son *trabajo*, pero no *ejercicio*. La diferencia es obvia: cuando se trabaja, el cuerpo está al servicio de una actividad ajena y, en cambio, cuando uno se entrena, el cuerpo está a disposición de sí mismo. Es evidente que el trabajo deforma el cuerpo, lo exprime, va en su contra. El trabajo es un acto de supervivencia que se paga con un mayor o menor grado de desgaste. En cambio, el entrenamiento es una propuesta de actividad ordenada cuyo fin es reencontrar y mejorar las capacida-

des del cuerpo. El autor de la controvertida afirmación «el trabajo dignifica al hombre» sin duda no le dio el sentido de «la condición de trabajador dignifica al hombre», sino que lo que en realidad quería decir es que «el esfuerzo por superarse dignifica al hombre», lo cual es muy distinto. En este sentido, llevar a cabo una actividad deportiva adecuada sirve para devolver al cuerpo la «dignidad» que va perdiendo a lo largo del día en el cumplimiento de una serie interminable de obligaciones.

el músculo. El aumento de la fuerza permite soportar mejor la fatiga física y el cansancio en general, y la persona adquiere un mejor control de la actitud postural.

Por otro lado, la actividad física ayuda a regularizar las funciones del aparato digestivo y equilibra el apetito. Una consecuencia directa de ello es que la persona adquiere poco a poco conciencia de las necesidades alimentarias, y normalmente despierta en ella un interés por mejorar sus hábitos en materia de alimentación. Como ya se ha dicho, el corazón obtiene grandes beneficios de la actividad física. Varios de los factores que intervienen en un infarto están relacionados con hábitos erróneos, como una alimentación demasiado rica en alimentos grasos, fumar o la falta de ejercicio físico. Por ejemplo, el mero hecho de correr ya es una actividad preventiva (reduce la hipertensión) y a la vez correctiva, porque se opone a los comportamientos erróneos y contrarresta parcialmente los efectos perjudiciales que éstos habían provocado hasta el momento.

En definitiva, el ejercicio físico, aunque no altera la posibilidad de sufrir un infarto por causas hereditarias, reduce en gran medida las probabilidades de sufrir cardiopatías.

El entrenamiento retrasa la aparición de la fatiga física.

El estrés

La vida del ser humano está marcada por compromisos que a veces se oponen entre sí y dan lugar a conflictos. El deporte tiene la capacidad de compensar parte de esta «neurosis», ya que mientras se realiza una actividad física de cierta intensidad la mente se centra en el propio ejercicio e impide que los pensamientos negativos nos invadan.

Sin embargo, *salud* no sólo significa disfrutar de bienestar físico y hacer deporte, sino hacerlo en un marco de equilibrio mental. La razón es muy conocida: la sociedad en la que vivimos cambia con extraordinaria rapidez y ello provoca que cada persona tenga que enfrentarse continuamente, y siempre bajo presión, a unos desafíos muy complejos. El ritmo de vida actual –marcado por las imposiciones de tipo económico– no favorece el equilibrio mental al que todos deberíamos aspirar.

Estrés es la palabra que resume el estado de ansiedad, nerviosismo, ira, aburrimiento, impotencia y desconcierto que sufren muchas personas ante las situaciones de incoherencia, injusticia o explotación que les plantea su circunstancia personal. Presentan síntomas de estrés personas de todas las clases sociales y nivel cultural: desde el ejecutivo con móvil de última generación al operario de una cadena de montaje. Hay personas que dicen no creer en el deporte porque lo asocian erróneamente con la competitividad desmedida y sus consecuencias (dopaje y fanatismo); con el narcisismo de los deportes «de estética», o con los caprichos de algunos divos del mal considerado «deporte rey». Sin embargo, el deporte también puede entenderse como un medio útil y necesario para alcanzar un estado de bienestar «más real». Esto no significa que nadando unos cuantos largos desaparezca para siempre el estrés. Simplemente, para vivir en armonía con uno mismo y con los

demás hace falta tomar conciencia de la importancia del equilibrio entre el cuerpo y la mente.

En la mayoría de los casos, el principal factor causante de estrés es la insatisfacción por un modelo de vida que nos ha venido impuesto. Pero no todas las situaciones causan el mismo tipo de estrés. Por ejemplo, el trastorno que produce la muerte de un ser querido nada tiene que ver con el nerviosismo que genera un atasco de circulación o una situación de precariedad laboral.

Estos niveles de tensión tienen un mismo denominador común: se producen en un contexto de cambio que nuestro organismo percibe como una posible amenaza. El estrés, de hecho, es una respuesta natural del cuerpo a

El estrés está causado en muchos casos por la insatisfacción que nos provoca nuestro estilo de vida.

todo aquello que nos intimida, por lo que su acción resulta tan necesaria como la sensación de hambre o de sed. Los psicólogos afirman que sin el estrés no podríamos adaptar-

La falta de concentración es un síntoma inequívoco de estrés.

nos a los cambios que se producen a nuestro alrededor.

Se considera que una situación estresante puede perjudicar a una persona cuando se produce continuamente o con una intensidad excesiva. Afortunadamente, todos poseemos diversos recursos que pueden ayudarnos a paliar, cuando no a superar, los efectos destructivos del estrés.

En primer lugar, es necesario aprender a tomar conciencia del estrés, lo cual no resulta tan sencillo como podría parecer porque, por un lado, el ser humano tiene una enorme capacidad de adaptación y, por otro, muchas veces tiene la sensación ilusoria de soportar

bien la presión. En cualquier caso, el organismo suele emitir una serie de señales cuando quiere transmitirnos su exceso de tensión: trastornos digestivos, jaquecas, dolores de espalda, insomnio, etc.

Asimismo, el estrés influye en el estado de ánimo a través de manifestaciones como la irritabilidad, la impaciencia, la vergüenza, la depresión o la fatiga. Los bloqueos de memoria, la incapacidad para tomar decisiones y la falta de concentración también suelen ser síntomas inequívocos de estrés.

¿Cómo se debe actuar cuando se detecta alguna de estas señales? En primer lugar, cualquier solución pasa por no achacar la culpa de la situación a las influencias externas. No hay que olvidar que cada uno es responsable de su propia vida y que, por lo tanto, está en disposición de elegir. En consecuencia, si gracias a este conocimiento de uno mismo llegamos a la conclusión de que deberíamos modificar algún aspecto de nuestra vida que no nos satisface, habrá que hacerlo.

A continuación proponemos diversas estrategias que, además del ejercicio físico, pueden utilizarse contra el estrés.

PLANIFICAR EL TIEMPO

El día tiene 24 horas. Sin embargo, hay personas que siempre van justas de tiempo y no consiguen acabar las tareas que se han propuesto. En consecuencia, no dedican el tiempo necesario para cada cosa y acaban haciendo varias a la vez.

Este problema se puede paliar con una planificación realista tanto de las actividades del trabajo como de las del tiempo de ocio. Si se reestructura la jornada laboral y se ordenan las tareas diarias se recupera buena parte del control del tiempo.

ENCONTRAR UN PUNTO DE EQUILIBRIO ENTRE LA SOLEDAD Y LA COMPAÑÍA

Para reducir el estrés también hay que procurar no dedicar demasiado tiempo a una sola actividad. Qué duda cabe que trabajar es importante —y necesario para la gran mayoría de personas—, pero también lo es hacer ejercicio, cultivar aficiones, estar con los amigos, pasar un rato agradable con la pareja, etc. No basta con repartir el tiempo juiciosamente, sino que también es preciso ser dueños de este equilibrio a la hora de decidir si se quiere estar solo o en compañía de otras personas. La soledad sólo provoca tristeza si viene impuesta. Tomar la decisión de hacer algo a solas (nadar, correr, leer, escuchar música, etc.) ayuda a ver las cosas con mayor claridad.

CONTROLAR LOS PENSAMIENTOS

El estrés suele autoalimentarse con pensamientos que dan un sentido negativo a la realidad. Así, estar angustiado, tener miedo del futuro, etc., depende en gran medida de cómo se interpreta el mundo que nos rodea. Si se aprende a controlar esta lectura negativa se puede mitigar la respuesta del estrés.

Para luchar contra el estrés, es fundamental recordar e identificar la «chispa» que generó las emociones negativas iniciales. No es una operación fácil, ya que los pensamientos automáticos negativos son muy rápidos y, por lo general, se tiene poca conciencia de ellos. Una vez detectados, el siguiente paso consiste en intentar sustituirlos por un modo de pensar alternativo, es decir, tratar de ver que existen otras maneras de entender la misma situación, rompiendo la rigidez en la que a menudo se mueven nuestras ideas para aceptar nuevos puntos de vista.

LA RESPIRACIÓN

Los ejercicios de movilidad, el *stretching* y en general todos los movimientos que deban ser coordinados con la respiración aportan serenidad y, por lo tanto, pueden ayudar a superar los momentos de mayor tensión. Una solución práctica consiste en incluir este tipo de ejercicios en las sesiones de entrenamiento diario, antes del reposo, o bien en los días de descanso semanal.

LA NUTRICIÓN

La alimentación inadecuada y la irregularidad en los horarios de las comidas también son fuentes de estrés. Una buena dieta y un mínimo de disciplina en cuanto a los horarios son fundamentales para el equilibrio fisiológico y mental.

Las personas con propensión a sufrir problemas de estrés deberían abstenerte de tomar productos que contengan excitantes como el café, chocolate, té, refrescos de cola, guaraná... Muchas personas toman alcohol para paliar los síntomas del estrés, amparándose en que

Los ejercicios de estiramiento no pueden faltar en ninguna sesión de entrenamiento.

Técnicas de relajación

Uno de los métodos más utilizados en el tratamiento del estrés es la **relajación aplicada de Ost**, que se divide en varias fases. En la primera etapa se aprende a relajar los grupos musculares por separado, mediante secuencias de tensión y relajación. En las fases siguientes, la dificultad aumenta. El objetivo es alcanzar la relajación concentrándose únicamente en la respiración. Cuando se llega a este nivel, la persona es capaz de relajar selectivamente aquellos grupos musculares que no estén implicados en los movimientos que realiza. Con una cierta práctica, el método de Ost permite la relajación en cualquier situación de la vida cotidiana (en el trabajo, mientras conversamos, etc.).

Otra técnica bastante conocida es la **relajación autógena de Schultz**. Este método se basa en la sugestión, por lo que da prioridad a los aspectos mentales por encima de los musculares. La mecánica de la relajación de Schutz es sencilla: el practicante tan sólo debe seguir las instrucciones verbales de otra persona, unas instrucciones que lo conminan a focalizar la atención en las sensaciones de pesadez y calor que aparecen en distintas partes de su cuerpo, en los latidos del corazón, etc.

«una copa ayuda a relajarse». Una sí, y quizá dos también, pero el problema es que la expresión «una copa» es un eufemismo que a menudo esconde realidades trágicas.

PRACTICAR EJERCICIOS DE RELAJACIÓN

La relajación consciente radica en vaciar sistemáticamente la mente y los músculos de tensiones y estímulos externos mediante una serie de ejercicios de dificultad progresiva. Los efectos de estas técnicas son la disminución del tono muscular, la ralentización de la respiración y la desaceleración del ritmo cardíaco.

La relajación es un método curativo para paliar los efectos del estrés y los desequilibrios del cuerpo y de la mente. Centrando la atención en nuestro interior nos tranquilizamos y sintonizamos con los ritmos de nuestro propio cuerpo. Sin embargo, la auténtica relajación es la que se produce cuando aprendemos a dirigir nuestra propia vida.

El cambio de hábitos

E l hecho de aceptar la conveniencia de incluir una dosis de ejercicio físico en la rutina diaria supone una serie de ajustes en el horario e implica unos cambios más o menos sustanciales en los hábitos de la persona.

El hábito se refiere al horario y a la dieta, básicamente. La diferencia entre un cambio sin más y la modificación de un hábito es que este último tiene vocación de ser definitivo. De poco sirve introducir una serie de cambios radicales, como por ejemplo hacerse el propósito de adelgazar y ponerse en forma si dichos cambios carecen de conti-

nuidad. La introducción de un elemento nuevo o diferente en nuestras vidas no será eficaz si es producto de una decisión tomada con frivolidad. Así, por ejemplo, es más importante una modificación leve en algún aspecto mejorable de la dieta si se adopta con continuidad, que seguir un régimen hipocalórico radical de tres semanas con el objetivo de perder unos kilos que se han ido acumulando durante mucho tiempo y por muchas razones.

De hecho, las estadísticas demuestran que la mitad de personas que se inscriben en un gimnasio deja de ir al cabo de unos meses.

Más información
RELAJACIÓN PARA GENTE MUY OCUPADA
Shia Green
Ed. Océano Ámbar

Casi siempre el hecho de marcarse un horario para ir al gimnasio, a la piscina o a caminar comporta dejar de lado o reducir el tiempo que antes se destinaba a otra actividad. Sin embargo, la cuestión del tiempo es un tema de lo más subjetivo y que cada cual gestiona y justifica según su conveniencia. Incluso las personas más ociosas, sin obligaciones de tipo profesional y con servicio en casa, llegan a afirmar que están siempre muy atareadas.

El día es de goma y la cantidad de ocupaciones es relativa. Prueba de ello es que un mismo período de tiempo se puede vivir de muchas maneras. Una mañana se puede llenar fácilmente acompañando al niño a la guardería, yendo a la pescadería, pidiendo un extracto al banco, pasando el monovolumen por el túnel de lavado, llevando luego el pantalón de esquí de la niña a la tienda de arreglos para ponerle una cremallera nueva y, finalmente, telefoneando a una amiga para informarle de aquel sofá nuevo tan precioso. En el otro extremo, está el triatleta, el «hombre de hierro», que ocupa su puesto de trabajo a las ocho, después de haber nadado dos mil o tres mil metros (con unas series de pies y otras de doscientos) y que a la una, después de una reunión algo dura con el representante de una concesionaria, un cambio de planes a última hora y una pequeña desavenencia con el jefe, come pan de cereales, miel, yogur, etc. en la mesa del ordenador, esquivando miradas censuradoras, para poder correr los 14 km de *fartlek* que «le tocan» al mediodía, exactamente a la misma hora en que un trabajador «anónimo» se otorga un respiro con café, copa y puro, y la señora del monovolumen por fin descansa unos minutos mirando el «culebrón».

Una vez más, el punto de normalidad o de equilibrio es difícil de determinar. Los dos personajes que ilustran el ejemplo anterior han tenido una mañana ajetreada. Lo que es normal para unos es una locura para otros. Un criterio racional podría ser el siguiente: «De las 24 horas del día, dedico 16 al descanso y al trabajo. Me quedan 8, de las que tengo que descontar los desplazamientos, el tiempo en familia y las cosas de casa, las comidas. Supongamos que estas actividades ocupen cinco horas. Pues quedan tres para el esparcimiento, las actividades culturales, etc.

Incluir una dosis de ejercicio físico diario requiere muchas veces modificar el horario inteligentemente.

Entonces, ¿no merece la pena dedicar una vigésimo cuarta parte del día a una actividad que procura diversión y redunda directa y positivamente en mi salud?».

Una característica que diferencia la práctica deportiva de la mayor parte de actividades lúdicas es en quién recae el protagonismo. Corriendo, practicando un deporte de equipo, asistiendo a una clase de aeróbic o de acquagym, nosotros somos los protagonistas. Aunque pueda parecer una obviedad, cuando miramos una película o un partido en la televisión, los protagonistas son terceras personas: en este caso los actores y los jugadores –a veces también los árbitros. El espectador se limita a disfrutar pasivamente del espectáculo, pero técnicamente no es más que un elemento imprescindible para que otros tengan la posibilidad de llevar a cabo su arte, su oficio o simplemente su negocio. Es cierto que el motivo principal de la atracción que ejerce un espectáculo en el espectador es la belleza o la dificultad que comporta la acción de un determinado artista o especialista, y que el espectador se siente seducido por algo que él no es capaz de hacer o que no está a su alcance. Pero también es verdad que si un buen día el médico nos comunica que tenemos el nivel de colesterol por las nubes o que sufrimos un proceso degenerativo en tal o cual articulación, ninguno de los protagonistas en quienes habíamos invertido tantas horas de contemplación, y que tanto habíamos idolatrado, se preocupará por nosotros.

Por esta razón, ante la disyuntiva de elegir entre ver la ceremonia de inauguración de unos juegos olímpicos o un partido de fútbol muy importante, o bien montar en bicicleta aprovechando que las carreteras estarán vacías o nadar en la piscina con toda una calle a disposición, personalmente no dudo en escoger la segunda opción, atendiendo a lo que se podría definir como «criterio de protagonismo».

Reducir horas de televisión es un paso importante: mejora la relación interna de la familia y regala horas para dedicar a otras actividades que podemos vivir en primera persona. Una fórmula práctica para cortar de raíz la inercia con la que las programaciones televisivas invaden nuestros hogares y situar en un punto coherente el nivel de exigencia personal en relación con la televisión consiste en plantearse preguntas del tipo: «¿tanto me interesa la película que dan ahora, que incluso pagaría por verla en el cine?». No: pues no la miro. Sí: pues procuro verla o la grabo en vídeo. «¿Me tomaría la molestia de ir a ver el partido que están dando por la tele, si lo hicieran en unas instalaciones al lado de casa y no tuviera que pagar?» Si la respuesta es no, ¿qué sentido tiene que en mi hogar se le conceda la más mínima importancia? Si la respuesta es sí, porque juega mi equipo (del que soy socio, es decir: colaboro voluntaria y activamente en que aquel colectivo obtenga los máximos triunfos posibles), pero resulta que juega en terreno contrario y no puedo ir a verlo, pues entonces no me pierdo el partido por nada en el mundo.

En definitiva, las costumbres de cada persona resultan de la combinación de su propio carácter, de factores sociales y de la educación. De ahí que muchas veces estén arraigados con una fuerza inusitada. Apostar por la movilidad, proponiéndose periódicamente pequeños desafíos personales puede plantearse como un juego divertido que ayuda a sentirse mejor y a conocerse a uno mismo.

La televisión resta tiempo para dedicar a actividades que se viven en primera persona.

Más información
99 MANERAS DE SER FELIZ
Gottfried Kerstin
Ed. Océano Ámbar

Manténgase en forma

Los efectos del tabaco

Uno de los hábitos que condicionan con más fuerza la decisión de optar por un estilo de vida en un principio más saludable, y a la larga más divertido, es la adicción al tabaco. No es ningún secreto que el tabaco disminuye la capacidad de rendimiento físico. La nicotina provoca la constricción de los bronquiolos terminales de los pulmones y, además, la irritación causada por el humo origina la secreción de mucosidad en los bronquios e inflama las células del epitelio. El resultado es que los residuos acumulados en el canal respiratorio producen importantes trastornos respiratorios, incluso en las personas que no fuman excesivamente, que alteran negativamente el rendimiento en caso de esfuerzo máximo.

Los efectos perniciosos del tabaco en fumadores habituales van más allá de las simples molestias, puesto que una parte nada despreciable de ellos padece bronquitis crónica con obstrucción de muchos bronquiolos terminales y destrucción de muchos alvéolos. En estadios graves de la enfermedad, la parte de membrana respiratoria afectada puede llegar al ochenta por ciento, en cuyo caso el más mínimo esfuerzo produce ahogo.

Fumar, además de favorecer la aparición de numerosas enfermedades, da lugar a un conjunto de trastornos circulatorios y aumenta las posibilidades de formación de tumores. De hecho, el noventa por ciento de los tumores pulmonares está asociado al tabaquismo. Este riesgo es relativamente contenido si el consumo diario no sobrepasa los cinco cigarrillos, y aumenta de forma clara y notoria a partir de quince cigarrillos diarios.

CORRER Y FUMAR

Durante la práctica deportiva, la persona fumadora nota los efectos nocivos del tabaco más que la persona que no practica ninguna actividad física, sobre todo en lo que respecta a la dificultad respiratoria. Fumar representa para muchos amantes del deporte la barrera psicológica entre ser un deportista, en el sentido amplio de la palabra, o un dominguero. Personalmente, considero que hay algunos deportistas que tristemente son fumadores –y que mejorarían su rendimiento y su calidad de vida si no lo fueran– y no fumadores que practican deporte pero no llegan a deportistas. Sin embargo, en lugar de debatirse entre la duda de si es más sano fumar pero

Llevar a cabo una actividad física puede eliminar malos hábitos como fumar.

Algunos trucos para escapar del tabaco

• Dejar de fumar debe ser un compromiso con uno mismo, no con los demás. Por lo tanto, no hay que hacer propaganda de nuestra nueva empresa, ni es imprescindible hacer partícipes de ella a las personas que nos rodean, salvo a las que claramente puedan ayudarnos. El resto ya se dará cuenta de la mejora en su debido momento…

• El momento idóneo para dejar de fumar no existe. La vida no se va a detener en espera de que nosotros nos decidamos a dar el paso. ¿O acaso no tenemos suficiente personalidad para decidir sobre los asuntos que son exclusivamente de nuestro interés?

• Hay que ignorar los consejos de las personas de nuestro entorno. Las afirmaciones del tipo «para recuperar el 100 % de las capacidades físicas, o el mismo nivel de riesgo de morir por culpa de un cáncer de pulmón que alguien que nunca ha fumado, se necesita tantos años sin fumar por cada año que se ha fumado un paquete diario», aparte de ser falsas, casualmente siempre proceden de fumadores que, de forma inconsciente, pretenden no perder a un cómplice con quien comparten el vicio. Al cabo de un mes sin fumar y haciendo deporte con continuidad, la persona se encuentra muy bien, aunque lógicamente todavía no está excluida la posibilidad de recaída. Según mi experiencia, a los pocos meses de dejar de fumar se puede correr un maratón en menos de tres horas.

• No hay que convertirse en un abanderado contra el tabaquismo. Si alguien fuma en un lugar inadecuado o nos pregunta si nos molesta el humo, no gastemos energías discutiendo. Le diremos que nos encanta que fume, que todos somos libres, que el olor, sobre todo de los puros, es muy aromático (de hecho, quien está agobiado porque siente el deseo de fumar es el otro, nosotros ya hemos superado el problema o, como mínimo, estamos en una fase más avanzada).

• La imaginación debe trabajar positivamente. Por ejemplo, cuando al desnudarnos notemos que la ropa huele a tabaco porque hemos estado en una reunión en donde había fumadores, no ignoremos el hecho: si fumáramos, nuestros pulmones y en general nuestro cuerpo tendría aquel «delicioso» olor. Otros «juegos» pueden ser: contar la distancia que sumarían todos los cigarrillos que no hemos fumado en un período determinado, o sumar el ahorro diario, semanal, mensual y anual que supone no comprar tabaco, y ponerse una compensación a medio plazo (con lo que gasta una persona que fuma un paquete de tabaco rubio americano diario, al cabo de un año puede costearse un viaje al Caribe o comprarse una buena bicicleta).

• La angustia es controlable. Es innegable que el proceso de deshabituación provoca un notable estrés, que sólo conocen quienes lo han experimentado. Pero, de hecho, dura tan solo unos días y aparece de forma intermitente. ¿No es mucho peor tener que hacerlo por fuerza a causa de una afección pulmonar grave y arrepentirse de no haber tenido la fuerza de voluntad de haber eliminado el problema mucho tiempo antes y acabar desquiciado denunciando a las tabacaleras por un matiz en la advertencia de la etiqueta?

entrenarse, o no fumar y tampoco practicar deporte, lo mejor es valorar el aspecto positivo de la situación. Fumar y llevar a cabo una actividad física, como por ejemplo correr, produce en la persona una contradicción importante. Por un lado, experimenta un «sufrimiento» que, normalmente, redunda en una disminución automática e inconsciente de la dosis diaria de nicotina, sin que la persona experimente los trastornos habituales provocados por la abstinencia del tabaco (irritabilidad, depresión, dispersión, etc.). Por otro lado, el deseo de mejora y de continuidad en la práctica deportiva se convierte en un acicate para moderar el consumo de tabaco durante el resto del día, y puede convertirse en un punto de partida sólido para abandonar el vicio de forma definitiva.

EL PROBLEMA DE DEJAR DE FUMAR

En primer lugar, la persona que tiene la intención de dejar de fumar ha de asumir la dimensión de la empresa. La raíz del problema es que fumar procura una sensación placentera. ¿Por qué? Porque colma la necesidad creada por la adicción. Y la adicción no es más que un proceso químico que una voluntad externa ha impuesto, con el único objetivo de obtener un beneficio económico, a expensas de la persona que sufre la adicción. Entonces, cada vez que el organismo adicto reclama un equilibrio, el individuo enciende un cigarrillo e inmediatamente experimenta placer, con lo cual no hay nada que le impulse a privarse de dicho placer. La motivación para salir de este círculo ha de tener un ori-

gen racional, ya sea tomando conciencia de esta situación (el fumador se da cuenta de que su persona no es más que un medio para que otras obtengan suculentas ganancias, entre ellas el Estado), o a través de la advertencia del médico, quien le hace notar la existencia de trastornos fisiológicos.

La forma más segura de dejar de fumar es darle al problema la importancia que realmente tiene, y acudir a un terapeuta para que aplique un método probado. De este modo se evitan indecisiones, pérdidas de tiempo, fracasos debidos a métodos caseros y problemas de autoestima («nunca seré capaz de dejarlo»). Para comenzar con buen pie hay que estar convencido de lo que realmente se quiere, luego habrá que ser consciente de que merece la pena esforzarse para lograrlo. Pero, por encima de todo, hay que saber que dejando de fumar no sólo se gana en calidad de vida, sino que se aumenta la cota de libertad e independencia.

Más información
QUIERO DEJAR DE
FUMAR...¡PARA SIEMPRE!
Adriana Ortemberg
Ed. Océano Ámbar

El deporte
a lo largo
de la vida

4

El deporte en niños y jóvenes

El aqua-gym: una actividad de mantenimiento para adultos

Fitness acuático para embarazadas

La actividad deportiva en la tercera edad

Ejercicios adaptados a cada necesidad

Ejercicios para cuidar la forma física en edades avanzadas

Cada etapa de la vida tiene sus propias exigencias y sus objetivos específicos, y la actividad escogida debe adaptarse a las características de la edad y a las necesidades de cada persona. En términos generales, la prioridad principal de la actividad deportiva es propiciar al individuo todas las dimensiones de la salud, ya sea física, psíquica o social.

El deporte en niños y jóvenes

Actualmente la actividad deportiva se inicia a edades muy tempranas, siempre a través del juego. Tanto la formación física escolar como las actividades infantiles organizadas por iniciativa de entidades recreativas o centros deportivos coinciden en proporcionar una amplia variedad de estímulos al niño. Todo el mundo coincide en que los niños deben jugar. Las actividades de verano y las propuestas de actividades extraescolares saturan un mercado en el que prima la necesidad de ajustar los horarios de trabajo de los padres con los horarios de los niños.

EL JUEGO

La ocupación esencial del niño es jugar. Juega continuamente y con todo. Prueba de ello es que si proponemos un trabajo útil a un niño, al cabo de unos minutos descubriremos que el trabajo se ha convertido en juego. Esto no significa que el juego deba ser considerado una forma secundaria o menos perfecta de trabajo. A través del juego el niño intenta comprender y organizar la realidad. Y a ello dedica infinitas tentativas. El juego es una dimensión tan real, que el niño es capaz de desatender necesidades primarias como comer o descansar.

En el colegio, los niños necesitan jugar para liberarse del conjunto de obligaciones inherentes al proceso de aprendizaje y dar paso a la fantasía, la libertad y la felicidad. Este elemento de evasión propio del juego es tan necesario para la salud como una buena nutrición y una buena higiene, porque permite expresar la alegría y desarrollar la personalidad.

Sin embargo, la escuela, al considerar el juego como una actividad recreativa, lo ha desviado parcialmente al mundo de las actividades extraescolares. Por otro lado, la falta de espacio en muchas viviendas y el desarrollo de una industria de material lúdico pensado para ser utilizado en espacios pequeños y muchas veces individualmente, han reducido de forma significativa las posibilidades de jugar de los niños. De ahí el valor de las actividades que giran entorno a los juegos basados en la motricidad y el aprendizaje deportivo.

Jugar no significa «aparcar» el cerebro, por oposición a «pensar» y a «aprender», sino hacerlo «trabajar»; es decir, a partir de la enseñanza de las señales que componen el juego, lograr que el niño tenga una respuesta a cada estímulo, sepa elegir entre varias elecciones posibles, sea capaz de expresar verbalmente lo que hace, adquiera conceptos y acabe por aprender las reglas.

El juego ofrece la posibilidad no sólo de ganar o perder, sino también de superar una dificultad y, en definitiva, de asimilar una actitud cultural.

EL ENTRENAMIENTO

Sin embargo, los padres más sensibilizados por la práctica deportiva, o claramente aficionados a un deporte en concreto, tarde o temprano se plantean la posibilidad de que sus hijos lleven a cabo una actividad más organizada, sistematizada y con unos objetivos a corto y a largo plazo. Y en este punto, cuando surge la necesidad o el simple deseo de ir más allá de la variedad, de la riqueza de estímulos y de la oferta puramente lúdica, es decir cuando se pretende dar una forma concreta a la actividad física, aparecen los contrastes de pareceres entre pedagogos, médicos, padres, monitores, entrenadores y todas las figuras que giran en torno al fenómeno educativo. El entrenamiento con niños es un tema muy controvertido dentro del mundo del deporte. Por un lado, en nuestro país cada «estamento» da prioridad a los objetivos de su área de influencia y el marco actual carece de vías de comunicación suficiente entre deporte escolar y deporte federado; por otro lado, las exigencias del deporte de competición requieren una reordenación en las actividades familiares que no todos están dispuestos a asumir. Dicho de otro modo, ante la disyuntiva de emprender o no la vía del deporte de competición, mucha gente se plantea un sinfín de preguntas del tipo: «¿merece la pena quedarse todo el fin de semana en la ciudad para ver nadar un minuto a mi hijo en las series clasificatorias de 100 m libres, dejando de ir a la segunda residencia a tomarse un más que merecido descanso?». O bien: «¿no sería mejor que en lugar de entrenar tres o cuatro días por semana mi hijo dedicara este mismo tiempo a estudiar inglés e informática?». O incluso: «¿cómo es posible que los campeonatos nacionales infantiles de tal o tal deporte se hayan celebrado en estos últimos años en una semana en que la mayoría de colegios comenzaba el período de evaluación?».

¿CUÁL ES LA EDAD ADECUADA PARA COMENZAR EL ENTRENAMIENTO?

Éste es sin duda uno de los aspectos que genera más controversia entre los especialistas. Es difícil lograr un acuerdo, en parte por las diferencias entre unos deportes u otros, y también por las distintas concepciones de lo que debe ser el deporte en la infancia, según opine el profesor del colegio o el entrenador. Por

La iniciación a la competición requiere normalmente una reordenación de las actividades familiares.

otro lado, las edades que señalan diferentes autores para el inicio de la práctica deportiva son bastante dispares entre sí.

Sea como fuere, una parte muy significativa de autores estima que es conveniente que los niños inicien la práctica física a los ocho años, aunque sólo en determinadas actividades psicomotoras, y recomiendan comenzar el entrenamiento sistematizado a partir de los doce años, edad en la que el niño ha alcanzado una forma armónica. Entre los ocho y los diez años se produce un aumento de la coordinación dinámica general, y en el período que va de los diez y los doce años se produce una maduración del sistema nervioso central que permite al niño eliminar gran parte de los movimientos superfluos que caracterizaban las etapas anteriores y que le hacían perder eficacia en el aprendizaje.

Sin embargo, en muchos deportes, tradicionalmente, y por distintos motivos, se empieza a edades más tempranas, como en gimnasia artística, natación o esquí alpino, aunque esto no significa que sea la opción más correcta, ni que al final el rendimiento sea mejor.

Un aspecto que no debe pasarse por alto en referencia a las edades es la distinción entre edad biológica y cronológica, ya que puede haber hasta tres años de diferencia entre la edad cronológica de un niño y la biológica.

Etapas de entrenamiento deportivo del niño

• Etapa de iniciación y desarrollo de habilidades: **de cinco a siete años.**
• Etapa de iniciación al entrenamiento y familiarización con la actividad deportiva: **de ocho a doce años.**
• Etapa de entrenamiento sistematizado (especialización): **a partir de los doce años.**

Estas diferencias suelen situarse entre los once y los catorce años en las niñas, y entre los trece y dieciséis en los niños, es decir, durante la pubertad.

La pubertad es la frontera entre el período infantil y el juvenil. El primero se caracteriza por una gran dependencia familiar, menor nivel de capacidades y menor integración social. En este caso, la práctica deportiva depende exclusivamente de la decisión de los padres.

En el período juvenil, la persona es más independiente, está más desarrollada psíquica y físicamente y, por lo tanto, tiene más capacidad para «ser entrenada». En consecuencia, los programas de entrenamiento son más específicos.

DESARROLLO DE LAS CUALIDADES FÍSICAS

A lo largo de la vida, las cualidades físicas (resistencia, velocidad, fuerza, flexibilidad, coordinación) de cada persona evolucionan en relación con la edad.

• La **resistencia** es la capacidad de realizar un trabajo eficiente durante un período de tiempo largo. Hay que distinguir entre resistencia aeróbica (intensidad media o baja, en presencia de oxígeno) y resistencia anaeróbica (intensidad superior, sin consumo de oxígeno). La efectividad del entrenamiento de la resistencia aumenta a partir de los ocho años. Los niños pueden trabajar la capacidad aeróbica sin cambios de velocidad, ni límites de tiempo que puedan perjudicar a su aparato locomotor.

• La **velocidad** es la capacidad de realizar uno o varios movimientos en el mínimo tiempo. Esta cualidad está determinada por la velocidad de contracción muscular y por la eficacia del sistema nervioso. El niño aumenta progresivamente su velocidad desde del inicio de la edad escolar hasta los diez años. Entre los siete y los nueve años mejora sensiblemente la velocidad de reacción. En la pubertad se produce una nueva mejora de la velocidad, y a los diecisiete años la persona alcanza el 95 % de la velocidad máxima.

• La **fuerza** es la capacidad de los músculos de crear tensión y contraerse. En los niños esta cualidad no mejora, o lo hace muy poco, antes de los diez años. Entre los diez y los doce años se introduce la fuerza, combinada con la coordinación. El incremento de la fuerza se produce antes en las chicas (de los once a los trece años) que en los chicos (de los catorce a los diecisiete).

• La **flexibilidad** es la capacidad de extensión de un movimiento en una articulación determinada. Las chicas pueden desarrollarla mucho más que los chicos. Es una capacidad regresiva a partir de los dos años, edad en la que el esqueleto todavía no está totalmente solidificado. Pese a su naturaleza regresiva, la etapa más propicia para desarrollarla es la que comprende de los doce a los catorce años.

• La **coordinación** es el efecto conjunto entre el sistema nervioso y el aparato locomotor en la producción de un movimiento determinado. Esta cualidad influye directamente en el aprendizaje de las técnicas deportivas. Se empieza a desarrollar significativamente entre los cuatro y los siete años, hasta alcanzar el punto de desarrollo máximo a la edad de once o doce años. Los niños a estas edades pueden realizar cualquier movimiento por

difícil que sea, aunque la falta de fuerza les impedirá alcanzar el máximo desarrollo. A partir de esta edad el aprendizaje motor espontáneo deja lugar progresivamente a los procesos de aprendizaje racionales.

VENTAJAS E INCONVENIENTES DEL ENTRENAMIENTO DURANTE EL CRECIMIENTO

El entrenamiento con jóvenes y niños tiene efectos beneficiosos desde muchos puntos de vista, aunque también comporta unos riesgos si no se plantea correctamente.

La actividad física es necesaria a partir de cierta edad, ya que de lo contrario el individuo pierde la posibilidad de desarrollar ciertas capacidades que más adelante ya no desarrollará igual.

Un entrenamiento adaptado a las necesidades de cada etapa de desarrollo siempre comporta más ventajas que riesgos.

La actividad deportiva estimula el placer por el movimiento.

Beneficios físicos

• Aumenta la actividad, la calidad de los movimientos del niño y descarta la posibilidad de insuficiencias debidas al sedentarismo.

• Desarrolla las capacidades motoras y estimula el placer por el movimiento.

• Favorece el crecimiento.

• Influye en la corrección de posibles defectos físicos.

• Sienta las bases para el posterior aprendizaje de técnicas complejas y lo prepara para el futuro rendimiento en competición.

Beneficios psíquicos y sociales

• Favorece la relación con otras personas y la integración en la sociedad.

• Aumenta el nivel de responsabilidad.

• Enseña a valorar positivamente.

• Supone un aprendizaje para el éxito o el fracaso, lo cual es aplicable tanto en el terreno meramente deportivo como en la esfera social. De hecho, los niños que no practican deporte no tienen la posibilidad de conocer y controlar esta faceta de su personalidad.

Riesgos físicos derivados de un entrenamiento inadecuado

• Cansancio producido por la aplicación de programas de entrenamiento inadecuados, pensados muchas veces para adultos antes que para niños.

• Problemas físicos derivados de una actividad física inadecuada que provoca una sobrecarga muscular y ósea.

• Cambios en el metabolismo: se ha demostrado que el entrenamiento llevado a sus extremos también puede provocar cambios en el metabolismo de los niños, retrasos en la aparición de menstruación, en el crecimiento, etc.

El reposo es imprescindible para no caer en el agotamiento.

Trastornos de orden psíquico

• Problemas causados por la excesiva manipulación del «pequeño campeón» (que se convierte en un referente de las expectativas de su padre o de su entrenador).

• Inadaptación social debida a la absorción por parte del deporte del tiempo que debería destinarse a otras actividades.

• El exceso de responsabilidad que supone participar en competiciones de categorías infantiles es una causa importante de decepción y consiguiente abandono de la práctica deportiva.

• Aumento de la agresividad infantil, especialmente en deportes de equipo.

• Dificultades en los estudios, debidas al efecto de los puntos anteriores.

Conclusión

Son muchas las entidades y los técnicos que proponen actividades dirigidas para niños basadas en fomentar la riqueza y la variedad de estímulos, incidiendo una franja de población muy moldeable y que reacciona en función de unas necesidades de índole práctica (horarios, amistades, proximidad, etc.), pero la suerte o la habilidad de los padres consiste en encontrar aquel centro deportivo en donde se elabore una programación orientada a canalizar correcta, ética y eficazmente la respuesta a tanto estímulo inicial propuesto as los niños.

Hay que tener en cuenta que el grado de dificultad, desde el punto de vista deportivo, se incrementa cuando se trata de «conducir» las habilidades y las reacciones de una persona que, a los ocho, los nueve o los diez años, con un bagaje motor nada despreciable, empieza a comparar habilidades, a conocerse a sí mismo, a valorar a los demás y, en definitiva, a competir.

El aqua-gym: una actividad de mantenimiento para adultos

El aqua-gym es una disciplina gimnástica que se practica dentro del agua. Gracias a su variedad de ejercicios, puede ser objeto de clases específicas o bien utilizarse como complemento de los cursos de natación convencionales, para romper el ritmo normal de una clase introduciendo nuevos alicientes. Esta actividad suele estar dirigida a la población adulta, puesto que es una forma excelente de trabajar el mantenimiento de las cualidades físicas básicas. La actividad física en el medio acuático no presenta restricciones por la edad, ya que dentro del agua no se soporta el peso del cuerpo. Además, los movimientos son más lentos, debido a la suave resistencia del agua. Por esta razón, se recomienda nadar a las personas que sufren dolor de espalda o que, por el motivo que sea, necesitan hacer ejercicio físico.

La motivación es diferente en cada alumno: normalmente los hombres suelen estar motivados por el aspecto lúdico y el mantenimiento de las capacidades físicas, mientras que las mujeres suelen estarlo más por el aspecto estético y la salud. Otra diferenciación importante se establece por el motivo original que les lleva a practicar esta actividad: hay alumnos que acuden a una piscina a realizar una actividad acuática por voluntad propia, y otros, en cambio, van por recomendación médica.

Independientemente del nivel de natación de los alumnos, las clases de acqua-gym se llevan a cabo en piscinas o zonas de la piscina poco profundas, y con la ayuda de material auxiliar. El agua no debe estar fría

Contraindicaciones para la actividad física

- Enfermedades coronarias.
- Enfermedades cardíacas, malformaciones congénitas del corazón o lesiones en las válvulas cardíacas.
- Historial de hemorragias internas.
- Diabetes no controlada.
- Enfermedades renales crónicas o agudas.
- Enfermedades infecciosas en etapa aguda.
- Enfermedades contagiosas de la piel.
- Enfermedades convulsivas no reguladas con medicamentos.
- Alergias respiratorias agudizadas en el medio acuático.
- Vértigos.

(28-29 ºC), ya que muchos ejercicios son estáticos, como por ejemplo estiramientos agarrándose con la mano en el borde de la piscina, ejercicios de relajación o ejercicios por parejas.

OBJETIVOS

La actividad física acuática realizada sistemáticamente propicia un mayor nivel de salud, evita muchas de las enfermedades actuales y retrasa la pérdida de vitalidad. El objetivo global del acqua-gym, en definitiva, no es otro que la mejora de la calidad de vida a través del hábito deportivo.

Sin embargo, los objetivos concretos son muy amplios. Por un lado, en el plano físico se trabaja para mejorar cuatro aspectos principales:

- La **resistencia**, aumentando progresivamente la duración del esfuerzo.
- La **fuerza**, mejorando la coordinación intramuscular.

Por otro lado, también se favorece el conocimiento de los efectos de las distintas cualidades físicas que se trabajan y se potencia el ámbito de la relación social y afectiva.

Además, la sesión puede tener varios enfoques:

• Facilitar la adaptación a las diferentes técnicas de natación.
• Aportar variedad a las actividades acuáticas;
• Completar una sesión de natación (parte de calentamiento o parte final para relajar).
• Con predominio de ejercicios de rehabilitación.

También se puede trabajar en circuito, de modo que se mejora la resistencia aeróbica a la vez que la fuerza muscular. El circuito consiste en una serie de estaciones (cuatro o cinco como mínimo), dedicadas a ejercicios centrados en diferentes partes del cuerpo alternativamente y con unos descansos determinados, según el nivel de los alumnos. Los circuitos se pueden establecer tomando como referencia la duración de los ejercicios (entre veinte y cuarenta segundos) o el número de repeticiones.

La resistencia del agua produce efectos muy beneficiosos para el cuerpo.

• La **flexibilidad**, mejorando la movilidad de las articulaciones y la capacidad de estiramiento de los músculos.
• La **velocidad** de reacción, de ejecución de los movimientos y de desplazamiento en el agua.

Fitness acuático para embarazadas

Durante el embarazo el organismo de la mujer experimenta diversas modificaciones que afectan a los sistemas circulatorio y respiratorio, a los aparatos urinario y digestivo, al metabolismo, y a la forma y postura del propio cuerpo.

Los objetivos del programa acuático para embarazadas, habitualmente denominado *matronatación*, son ayudar a la mujer a superar, en la medida de lo posible, las molestias físicas inherentes a la gestación y complementar las actividades físicas orientadas a la preparación para el parto.

Está demostrado que la actividad física moderada durante el embarazo es beneficiosa. Además, el hecho de realizarla en el medio acuático comporta una serie de ventajas.

En primer lugar, la flotación reduce ostensiblemente la sensación de carga y las piernas no están obligadas a soportar todo el tiempo el peso del cuerpo. Precisamente esta reducción del peso permite realizar los movimientos con una mayor amplitud, lo que favorece la movilidad de las articulaciones y la tonificación de los músculos.

La ayuda del agua es cada vez mayor a medida que aumenta el peso en los últimos meses de embarazo. Por otro lado, estas actividades se llevan a cabo en agua a una temperatura bastante alta, lo que facilita la circulación sanguínea, en especial el retorno venoso. Hacerlo en agua fría sería contraproducente porque la reacción del organismo al frío es la contracción.

En contra de lo que podría creerse, la actividad física moderada no aumenta el riesgo de aborto durante los tres primeros meses del embarazo. En cualquier caso, antes de comenzar con un plan de ejercicios, la mujer, sea deportista o sedentaria, deberá consultar al médico y contar con su autorización. Asimismo, el momento de interrumpir el ejercicio dependerá de su estado físico y del criterio de su ginecólogo.

En términos generales, la actividad deportiva de la mujer embarazada depende de las condiciones previas de cada caso, y en concreto del nivel de condición física y del tipo de actividad que había llevado a cabo hasta entonces. De hecho, se recomienda seguir con la actividad habitual, aunque modificando la intensidad y la duración.

El tipo de ejercicio que se realiza en los cursos de matronatación se adecua a cada período de la gestación. Así, al inicio, el trabajo predominante es la potenciación muscular. En cambio, cuando la mujer se encuentra cerca del parto incide más en los ejercicios respiratorios y de relajación.

El riesgo de la actividad física intensa

Un ejercicio físico intenso puede ocasionar daños al feto, ya que en condiciones de máxima exigencia el organismo rápidamente necesita consumir glucosa, que es el alimento primordial del bebé.

Además, la actividad enérgica origina una redistribución importante del flujo sanguíneo, que se traduce en un menor aporte de sangre al útero y la consiguiente falta de oxígeno para el bebé.

El objetivo de estos cursos no es que la alumna aprenda a nadar. La gestación no es una etapa de la vida recomendable para hacerlo, porque en muchas personas este aprendizaje suele comportar momentos de más o menos ansiedad. Por esta razón, las mujeres con un nivel muy bajo de natación realizan los ejercicios exclusivamente en piscinas o zonas de la piscina poco profundas, mientras que quienes saben nadar tienen la posibilidad de ampliar el repertorio de ejercicios trabajando en aguas profundas.

Beneficios del ejercicio físico moderado durante el embarazo

- Previene un aumento excesivo de peso.
- Mantiene la condición física.
- Conserva el tono muscular.
- Mejora la calidad del sueño.
- Aumenta la autoestima.
- Prepara para el parto
- Facilita el posparto.

La labor del monitor que dirige la sesión es muy personalizada; por un lado porque difícilmente se puede dar la coincidencia de que todas las alumnas se encuentren en el mismo período de gestación y, por otro, porque habrá mujeres con problemas circulatorios, otras con problemas lumbares, ciática, varices, etc. Además, la ejecución correcta de los ejercicios y la coordinación del gesto con la respiración son aspectos fundamentales para evitar molestias y, en general, para el cumplimiento de los objetivos; de ahí que sea tan importante la atención individual. Y es por esta razón que se trabaja en grupos reducidos. Las clases duran entre 30 y 45 minutos, y tienen una frecuencia de dos o tres sesiones semanales.

Deportes que deben evitarse durante el embarazo

- Deportes con riesgo de **colisión**: saltos, equitación, deportes de equipo con balón, etc.
- Deportes con riesgo de **caída**: esquí, ciclismo, patinaje, etc.
- Deportes en **apnea**: submarinismo.

Asimismo, también debe evitarse la actividad física en altitudes superiores a los 1.600 m.

ELEMENTOS DE TRABAJO
Relajación

Es sabido que durante el parto se aconseja aprovechar los períodos entre contracciones para relajarse. Si no se consigue la relajación, los músculos (incluyendo la musculatura uterina) estarán en contracción, con el consiguiente gasto de energía que esto representa, y más si tenemos en cuenta que el período expulsivo dura entre veinte y cincuenta minutos. Por otra parte, gracias al control sobre el propio cuerpo que proporciona, la relajación permite captar los cambios de tensión de la musculatura del útero. En definitiva, cuanto mayor es el dominio del propio cuerpo, más se puede controlar el esfuerzo del parto.

Los ejercicios de relajación en el agua se llevan a cabo en posiciones cómodas, por ejemplo flotando sobre la espalda, utilizando material auxiliar para facilitar la posición. Para ello el curso se desarrolla en horarios de poca afluencia de público o en piscinas aparte, para que no se perturbe la relajación.

Respiración

Durante el embarazo existen varios factores que influyen en el sistema respiratorio. Por un lado, el útero se ensancha y desplaza el diafragma, hecho que comporta una reducción «mecánica» de la capacidad pulmonar. Además, las hormonas liberadas durante el embarazo pueden hacer que el cuerpo sea más sensible al dióxido de carbono, lo que a su vez puede adelantar la aparición de la fatiga en caso de actividad vigorosa.

Por otro lado, el consumo total de oxígeno en el organismo aumenta progresivamente debido al metabolismo del feto, pero también al de la placenta, el miometrio y la glándula mama-

Ejercicios respiratorios

Para realizarlos, debemos adoptar la posición de flotación dorsal.

1. Combinaciones de inspiraciones y espiraciones por la nariz o por la boca.

2. Inspiraciones llenando primero el abdomen y después el tórax, con espiración siguiendo el orden abdomen y tórax, o a la inversa.

3. Respiraciones torácicas superficiales y profundas.

4. Respiraciones abdominales superficiales y profundas.

Estos ejercicios se completan con otros destinados a movilizar el tórax.

ria, tres órganos que experimentan un gran desarrollo.

A la disminución de la capacidad respiratoria hay que añadir el hecho de que la respiración es un elemento importante durante el parto porque permite soportar mejor las contracciones y empujar mejor cuando es necesario. En el programa de ejercicios acuáticos para embarazadas se enseña a diferenciar los tipos de respiración (abdominal o torácica), las intensidades de la respiración (superficial o profunda) y a combinar estos dos elementos.

Resistencia aeróbica

El sistema circulatorio de la madre aporta el oxígeno y los elementos nutritivos para el feto. La mayor o menor capacidad del sistema cardiovascular durante el embarazo tiene una importancia fundamental porque, además de facilitar el trabajo del aparato respiratorio y prevenir el exceso de peso, de ella depende la cantidad de sangre rica en oxígeno que reciba el feto.

Para desarrollar el sistema aeróbico se recomienda trabajar entre el 50 % y el 70 % de frecuencia cardíaca máxima, es decir entre 120 y 140 pulsaciones por minuto. La duración de las sesiones para que se produzca mejora oscila entre 15 y 60 minutos, en función del estado físico de cada mujer en particular y de las pausas previstas. Algunas mujeres alcanzan las 140 pulsaciones por minuto nadando 12 m a baja intensidad. Otras, en cambio, pueden llevar a cabo un nado constante sin pasar de 120.

Trabajando aeróbicamente conseguiremos que el aporte energético provenga principalmente de los lípidos y que la sangre que llegue al feto sea rica en oxígeno.

Tonificación muscular

Los ejercicios de tonificación muscular que se llevan a cabo en fitness acuático se centran principalmente en las piernas, la región de la cadera, el abdomen y la espalda. A continuación, veremos uno de los problemas más habituales de las embarazadas, la lumbalgia, y los ejercicios que, gracias a la posibilidad de trabajar en el medio acuático, se pueden realizar para contrarrestar el dolor.

El sedentarismo y el reposo son factores que favorecen la aparición de dolor de espalda. Algunas mujeres deben guardar reposo durante el embarazo por prescripción del obstetra. Otras, en cambio, lo hacen por aprensión, desidia o falta de información, sin justificación médica alguna. El reposo propicia la adopción de posturas incorrectas y provoca una pérdida de fuerza y masa muscular, y en consecuencia aumenta la probabilidad de sobrecargas y lesiones musculares.

Durante el embarazo muchas mujeres padecen dolor en la zona lumbar debido al aumento de peso y volumen del útero, que provoca el desplazamiento del centro de gravedad corporal. Esto obliga a la embarazada a controlar el equilibrio mediante una hiperextensión de la región lumbar (es decir, arqueando los riñones). La posición modificada aumenta la carga que soporta la columna vertebral y obliga a los músculos lumbares a realizar un esfuerzo superior al habitual, lo cual se traduce en contracturas y dolores en esa zona.

Esta tendencia se ve favorecida por la relajación abdominal y por el hecho de que ya antes del embarazo la musculatura abdominal y de la espalda carecieran de tonicidad.

Flexibilidad

Los ejercicios de flexibilidad se centran básicamente en las articulaciones coxofemorales y sacroilíaca, que son las más relacionadas con el parto. Tan importantes como la ejecución del movimiento son la coordinación y el aprovechamiento de las fases respiratorias.

Ejercicios para la musculatura abdominal

Para realizarlos nos colocaremos de espaldas a la pared, con los brazos descansando sobre el borde de la piscina.

1. Levantamos las piernas con las rodillas flexionadas y las desplazamos a ambos lados.

2. Flexionamos las rodillas en dirección al pecho.

3. Con una flexión de piernas de 90º con respecto a la cadera, extendemos las rodillas con las piernas juntas.

4. Con las piernas a 90º con respecto al tronco, realizamos movimientos de tijera.

5. Con la misma posición de piernas, efectuamos movimientos de pedaleo en ambos sentidos.

Ejercicios para la musculatura de la espalda

1. Colocamos el cuerpo paralelo a la línea del agua, boca abajo, con los brazos estirados y agarrando con las manos el borde de la piscina. Flexionamos las piernas rectas hacia abajo hasta lograr un ángulo de 90º con respecto a la cadera.

2. De pie, con las manos agarradas a la pared (en la zona de la piscina poco profunda), flexionamos una rodilla en dirección al pecho. Seguidamente, empujamos la pierna hacia atrás, levantándola fuera del agua.

3. Pies de crol con tabla.

4. Pies de espalda, con la cabeza inclinada hacia delante.

Ejercicios de flexibilidad

1. De pie, nos agarramos a la pared, levantamos lateralmente una pierna y volvemos a la posición inicial.

2. De pie, nos agarramos a la pared, flexionamos lateralmente el cuerpo en dirección a la mano que está en el borde de la piscina, pasando el brazo libre por encima de la cabeza.

3. Flotando, con los brazos extendidos y las manos agarradas en la pared, respiramos fuera del agua y espiramos dentro mientras flexionamos las piernas contra el pecho.

4. Con las dos manos agarradas a la pared y las piernas separadas en flexión, aproximamos alternativamente la pelvis hacia la pared.

5. De pie, extendemos las piernas hacia atrás alternativamente, sin flexionar la rodilla.

La actividad deportiva en la tercera edad

La principal característica demográfica de los países desarrollados es la inversión de la pirámide de edad. Las causas de este fenómeno deben buscarse en el aumento de la esperanza de vida y en la reducción del índice de natalidad. En un futuro próximo, el reparto demográfico de la población estará dominado por una amplia proporción de personas mayores, una franja de población que presenta una serie de dolencias físicas y psicológicas propias. El hábito deportivo permite satisfacer en buena parte las necesidades del cuerpo y de la mente.

Antiguamente, el anciano desempeñaba unas funciones determinadas en el seno de la familia y sus opiniones sobre distintos aspectos (económicos, educativos, etc.) eran un punto de referencia válido en el debate familiar, con lo cual no dejaba de desarrollar una cierta actividad y mantenía una vida participativa. En cambio, hoy en día, la jubilación implica un cambio de costumbres de la noche a la mañana. Las generaciones de una misma familia suelen vivir en distintos hogares y, mientras unos están absorbidos por la actividad laboral, los otros tienen por delante todo un día que deben llenar con ocupaciones. Esta nueva etapa de la vida comporta en muchos casos la disminución de la capacidad económica, debida a la pérdida del compromiso laboral y la insuficiencia del sistema de pensiones, un menor grado de relación social, un aumento progresivo de las dolencias, estados depresivos originados por pérdida de seres queridos o la sensación de indefensión, etc.

El grado de adaptación a la nueva forma de vida que implica la jubilación no es el mismo en todas las personas, puesto que depende de factores individuales, como son la salud, el estatus económico, el nivel cultural, el lugar de residencia, la integración positiva en el medio familiar, la amplitud del círculo de amistades, etc.

Actualmente nadie duda de los beneficios que reporta un estilo de vida activo en las personas mayores, especialmente en las que asumen con más dificultad la nueva situación. El hecho de que todas las personas de edad avanzada puedan llevar a cabo actividades que comporten ejercicio físico no garantiza el fin de todos los problemas, pero por lo menos permite afrontar una etapa de la vida que cada vez será más larga con la máxima salud e ilusión.

La mayor parte de la oferta deportiva para la tercera edad consiste en actividades como la natación, la gimnasia acuática, la gimnasia de mantenimiento, el aeróbic y las caminatas. Estas modalidades deportivas no son las únicas, y sus efectos en el plano físico y mental son sin duda alguna beneficiosos. La

El ejercicio físico puede ayudar a afrontar mejor la etapa de vejez.

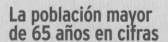

La población mayor de 65 años en cifras

- En 1960 el porcentaje de personas mayores de 65 años en España era del 8 %.
- En el año 2000 este valor ascendió al 15 %.
- Para el 2010 se estima que la población de ancianos será igual que la de jóvenes, y rondará el 25 % de la población total.

Los mayores y la actividad física dirigida

- Las personas mayores pueden llevar a cabo el mismo ejercicio que un adulto. Simplemente deben tomar unas pocas precauciones.
- Es necesario realizar una revisión médica y tener en cuenta el historial antes de elaborar la ficha de trabajo.
- Conviene prestar una atención especial al calentamiento y la vuelta a la calma. Por ejemplo, hay que calentar cinco o diez minutos caminando (en la cinta o en el exterior) o pedaleando en la bicicleta estática, y seguidamente

realizar algunos estiramientos suaves. Al finalizar la sesión también se debe realizar una serie de ejercicios de estiramiento.
- Probablemente se necesitará más tiempo de recuperación entre ejercicios.
- El programa de ejercicios debe estar adaptado a las habilidades de cada uno. Excederse puede ser perjudicial en caso de antiguas lesiones.
- Los ejercicios de equilibrio, de posición y de fuerza son muy importantes

en este grupo de edad, porque repercuten directamente en la ejecución de las acciones cotidianas.
- Las relaciones sociales son una parte importante del éxito de un programa de preparación física, que debe mejorar la salud sin desatender la diversión. Por esta razón son importantes los ejercicios en grupo.
- En caso de duda, siempre es preferible curarse con salud y optar por trabajar con menos peso, con ayudas para el equilibrio, etc.

---

práctica deportiva no sólo contrarresta las dolencias propias de la vejez (cardiopatías, enfermedades reumáticas, artrosis, hipertensión, diabetes, etc.) y mantiene la capacidad funcional de la persona, sino que también estimula aspectos psicológicos (autonomía personal y seguridad en sí mismo), emocionales y sociales.

Beneficios de la actividad deportiva en las personas mayores

- Mantiene el tono muscular y detiene la atrofia.
- Favorece las articulaciones.
- Combate la descalcificación ósea.
- Mejora el sistema cardiovascular.
- Aumenta la capacidad respiratoria.
- Activa el metabolismo.

Ejercicios adaptados a cada necesidad

El programa de ejercicios depende de cada persona y es absolutamente recomendable que en caso de trastornos conocidos sea el médico quien dicte la pauta de trabajo, que debe contemplar las cantidades y las formas de ejecución más adecuadas. De la sarcopenia a la osteoporosis, los ejercicios de prevención consisten en el trabajo de la fuerza muscular y, por consiguiente, deben ser de alta intensidad y corta duración. En este caso, la natación o caminar no serían útiles, ya que sus umbrales no son

suficientes para activar mecanismos de síntesis de proteínas que incrementen las funciones y las estructuras de las células correspondientes al tejido muscular y óseo.

Por el contrario, si el programa se orienta a la mejora de las funciones cardiovasculares y circulatorias, los ejercicios deben ser de intensidad baja y de larga duración, como caminar. Este tipo de trabajo favorece la apertura de capilares y el metabolismo de las grasas, e influye positivamente en los niveles de colesterol, de insulina y la presión arterial.

Ejercicios para cuidar la forma física en edades avanzadas

A continuación se expone una serie de ejercicios que, practicados en casa con un poco de constancia, sirven para mejorar la flexibilidad y la fuerza. Cada persona debe realizarlos al ritmo que le permita ejecutar los gestos coordinadamente, sin tirones y sin causar nunca dolor.

EJERCICIOS PARA MEJORAR LA MOVILIDAD

Este bloque de ejercicios de movilidad no requiere más de veinte minutos para su ejecución y puede realizarse en cualquier momento del día, sin necesidad de ningún equipamiento específico, salvo una colchoneta de viaje, una alfombrilla de lana o una alfombra para los ejercicios efectuados en el suelo. En épocas de frío se aconseja realizar los ejercicios en una estancia que haya sido previamente aireada, pero que esté un poco caldeada, a ser posible sin puntos de distracción, como la radio y la televisión. En cambio, sí es de agradecer un poco de música suave porque favorece la concentración y la interiorización de las sensaciones. Cuando las condiciones climatológicas son bondadosas, nada mejor que hacer los ejercicios al aire libre, en un lugar tranquilo, de cara al sol y protegido de las miradas curiosas.

Un punto que no debe descuidarse es la vestimenta: aunque estos ejercicios carecen de todo componente acrobático, es conveniente llevar ropa holgada y cómoda, de algodón o lana, y un calzado plano que sujete bien el pie (también se puede estar descalzo). Asimismo, es aconsejable prescindir de brazaletes, collares, relojes, sortijas y otros objetos. Por último, las mujeres con pelo largo procurarán llevarlo recogido, de modo que no les moleste ni al mover la cabeza hacia delante ni para tumbarse en el suelo.

Ejercicios para a la cadera

1. De pie, nos apoyamos en un soporte fijo y describimos círculos con la rodilla, aumentando poco a poco su amplitud. Después, nos sentamos y repetimos el movimiento. Por último, nos estiramos en el suelo boca arriba, con las piernas flexionadas, y volvemos a realizar el movimiento.

2. Sentados, flexionamos la pierna aproximando la rodilla al mentón (sin estirar el cuello hacia delante).

3. De pie, con las manos en la cadera, efectuamos rotaciones con la cadera a ambos lados.

Más información

GIMNASIA
PARA GENTE MAYOR
C. Giorgi y otros
Ed. Océano Ámbar

SALUD Y ACTIVIDAD
FÍSICA EN LAS PERSONAS
MAYORES
J.F. Marcos Becerro, W.
Frontera, R. Santonja
Ed. Mega Fitness

Ejercicios para los hombros

1. De pie, dibujamos círculos con el codo en ambos sentidos, aumentando progresivamente la amplitud. Movemos primero los brazos a un lado, luego por delante y después por detrás del cuerpo.

2. Repetimos el ejercicio, pero trazando los círculos con el hombro. Primero lo hacemos con los brazos a ambos lados del cuerpo y luego con los brazos alzados, paralelos al suelo.

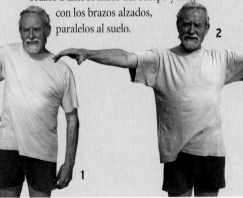

Ejercicios para la columna vertebral

1. Sentados, con las rodillas y la cadera formando ángulos de 90º, flexionamos la columna vertebral comenzando por la cabeza, como si quisiéramos enrollarla.

2. Dibujamos, lenta y ampliamente,

las letras del abecedario con la nariz.

3. Sentados en una silla, efectuamos una rotación del tronco y de la cabeza hacia ambos lados y sin mover la línea de la cadera.

Automasaje

Hombros

1. Friccionamos cada hombro con la mano del lado opuesto realizando movimientos circulares.

2. Amasamos los músculos desde la parte posterior de la espalda hasta el cuello.

Dedos de la mano

3. Amasamos minuciosamente todos los dedos de las manos y seguidamente efectuamos unas suaves tracciones.

4. Proseguimos con unos movimientos rotatorios de las muñecas en ambos sentidos.

5. Cerramos los puños y extendemos los dedos alternativamente; primero con los brazos al lado del cuerpo, y a continuación con los brazos alzados

Pies

6. Sentados en el suelo, masajeamos los pies (primero la planta y luego los dedos) y finalizamos con unas suaves tracciones.

7. Con el tobillo relajado, sujetamos el pie con la mano e imprimimos un movimiento rotatorio suave en ambos sentidos.

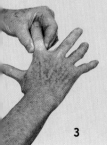

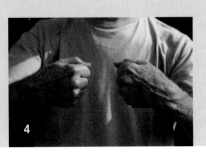

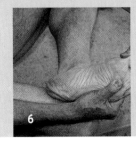

Ejercicios de extensión del cuerpo y las extremidades

1. Tumbados boca arriba, extendemos los brazos hacia arriba, hacia abajo y hacia los lados.

2. Sentados, estiramos la columna vertebral hacia arriba comenzando por la cabeza e involucrando poco a poco toda la espalda en el movimiento.

3. Repetimos el ejercicio, pero tumbados boca arriba con las piernas flexionadas.

4. Tumbados boca arriba, con las piernas flexionadas, levantamos la cabeza y los hombros del suelo.

5. Tumbados boca arriba, estiramos las piernas, alternativamente, avanzando el punto de apoyo del talón en el suelo.

6. Tumbados boca arriba, levantamos alternativamente las piernas estiradas.

EJERCICIOS PARA MEJORAR LA FUERZA MUSCULAR

El bloque de ejercicios destinados a potenciar la musculatura debe realizarse siempre después de un calentamiento previo (como, por ejemplo, el bloque anterior de movilización) o después de haber llevado a cabo una actividad que haya solicitado el sistema cardiovascular, como por ejemplo caminar unos minutos a un ritmo medianamente exigente o pedalear en una bicicleta normal o estática.

Más información

YOGA Y ESTIRAMIENTOS PARA TODOS
Miriam Austin
Ed. Océano Ámbar

El título original de este libro es «...para perezosos». Se trata de ejercicios muy fáciles para rejuvenecer el cuerpo.

Dedos
Amasamos una esponja o una pelota de espuma con toda la fuerza posible. Se trata de un ejercicio muy bueno para los dedos.

Brazos

1. De pie, sin levantar los talones del suelo y con las palmas de las manos apoyadas en una superficie vertical, vamos alejando y acercando el rostro a la pared.

2. Sentados, con apoyo en una mesa, extendemos los brazos hasta que el tronco alcance la posición erguida.

3. Arrodillados, con apoyo en el suelo, levantamos el tronco por medio de una extensión de brazos.

Piernas

1. Partiendo de la posición con piernas flexionadas, las extendemos apoyándonos con las manos en una silla, una mesa o una barandilla para mantener el equilibrio. El punto máximo de flexión nunca debe sobrepasar la posición horizontal de los muslos.

2. Apoyando el peso del cuerpo en una pierna (y manteniendo el equilibrio con una mano en una pared o una barra), estiramos una goma elástica.

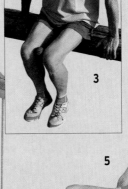

3. Efectuamos presiones de cinco segundos con una pelota de goma entre las rodillas.

4. Sentados, estiramos una pierna y mantenemos la posición durante cinco segundos en cada pierna.

5. Tumbados boca arriba, levantamos las piernas y efectuamos un movimiento de pedaleo hacia delante y hacia atrás.

Abdomen y espalda

1. Aguantamos un libro en equilibrio sobre la cabeza.

2. Sentados, desplazamos el tronco hacia delante y hacia atrás, sin doblar la columna.

3. Sentados, flexionamos el tronco espirando lenta y profundamente.

4. Tumbados boca arriba, con las piernas flexionadas, tomamos apoyo en la planta de los pies para levantar la cadera; mantenemos la posición unos segundos y a continuación relajamos la columna empezando por la parte superior, descendiendo lentamente hasta apoyarnos en el suelo por completo. La acción de la columna debe recordar una cuerda que tenemos sujeta por un cabo que bajamos lentamente hasta el suelo.

5. Tumbados boca arriba, hacemos deslizar las manos desde los muslos hasta las rodillas.

El deporte a lo largo de la vida

El stretching

5 Los estiramientos: prevenir lesiones, mejorar movimientos
El stretching y el entrenamiento deportivo
Cuándo se realizan los estiramientos
La importancia de la respiración
La ejecución del estiramiento

Los estiramientos: prevenir lesiones, mejorar movimientos

Actualmente, los estiramientos forman parte de la rutina habitual de la mayor parte de deportistas. El *stretching* ('estiramiento') es una técnica para potenciar la flexibilidad que surgió cuando en el ámbito deportivo se empezó a comprender que la movilidad articular y la flexibilidad muscular eran fundamentales para la optimización de las prestaciones físicas del deportista. Hoy en día nadie objeta que en la práctica deportiva la flexibilidad es tan importante como la fuerza, la velocidad y la resistencia, las tres cualidades físicas tradicionalmente más potenciadas por los atletas.

Sin embargo, el *stretching* no debe vincularse única y exclusivamente al mundo del deporte, puesto que la mayoría de las culturas orientales siempre han dado gran importancia a la distensión física, al estiramiento corporal y a la relajación, integrados dentro de sistemas como el Yoga o el Tai Chi, y utilizados como vía para alcanzar el equilibrio físico y espiritual.

Mantener la flexibilidad

El uso de técnicas de *stretching* se ha difundido igualmente en el campo de la rehabilitación a medida que se ha comprobado la importancia que tiene la recuperación de la retracción de determinados músculos en la evolución de lesiones osteoarticulares.

El stretching y el entrenamiento deportivo

El *stretching* es práctica obligada para cualquier deportista, ya sea profesional o aficionado. Gracias al *stretching* el cuerpo no sólo no pierde flexibilidad a causa del entrenamiento de la fuerza, sino que la aumenta. Los músculos flexibles pueden contraerse con gran rapidez y proporcionan una amplitud del movimiento de las articulaciones que permite ejecutar los gestos técnicos de cada deporte con más eficacia. En natación, por ejemplo, los estiramientos de la musculatura del hombro proporcionan una mayor amplitud de movimiento de dicha articulación, lo cual se traduce en una técnica de brazada más eficaz. En otras disciplinas como, por ejemplo, el atletismo o la gimnasia, los ejercicios de flexibilidad muscular tienen un papel fundamental dentro del entrenamiento específico, ya que la capacidad de «estirarse» es uno de los elementos determinantes para que el atleta pueda alcanzar las prestaciones deseadas.

Por otro lado, si antes de iniciar un entrenamiento aeróbico o de fuerza el deportista se toma la molestia de «estirar», evitará posibles lesiones causadas por la retracción de determinados músculos.

El *stretching* también permite desarrollar la «conciencia corporal». El hecho de aislar y estirar un músculo determinado, para trabajarlo de forma específica, permite una comparación de sensaciones que favorece el

reconocimiento del esquema corporal. Dicho de otro modo, los estiramientos facilitan la «memorización» de cada parte del cuerpo, generando una consciencia más precisa de las sensaciones que nos produce nuestra postura corporal, equilibrio, etc. Todo ello redunda en una representación interna más rica y clara de los esquemas corporales, lo cual influye positivamente en la obtención de buenos resultados.

Cuándo se realizan los estiramientos

El *stretching* es imprescindible en la fase de calentamiento de un entrenamiento o de una competición. El estiramiento del músculo estimula el riego sanguíneo (sobre todo a nivel capilar) por el efecto de bombeo que el estiramiento de las fibras musculares produce en las estructuras vasculares. Durante el alargamiento, el músculo se estira, se comprime y se vacía de sangre y de linfa (igual que ocurriría si exprimiéramos una esponja). Seguidamente, cuando el estiramiento concluye y el músculo se relaja, en los capilares se origina una presión negativa que facilita el flujo de sangre arterial. La persona suele percibir este fenómeno vascular en forma de sensación de

Los estiramientos calientan la musculatura y aumentan su flexibilidad.

arterial con un mecanismo de presión) y, en definitiva, favorece el rendimiento deportivo. Otra aplicación de los estiramientos –quizás la más descuidada en la práctica deportiva– se da después de haber llevado a cabo el esfuerzo, ya sea en entrenamiento o en competición. Las virtudes del estiramiento muscular son las mismas antes y después de la actividad. Es más, después del entrenamiento los estiramientos no sólo regulan los desequilibrios de tensión muscular producidos por el propio ejercicio, sino que también facilitan en gran medida la fase de recuperación del caudal de oxígeno que acompaña toda actividad física intensa. El efecto de los estiramientos se deja notar de inmediato y constituye una fuerte motivación para la práctica regular de este tipo de ejercicios. Gracias a las técnicas de *stretching*, se reduce en gran medida el cansancio, la rigidez y la pesadez muscular que el deportista está acostumbrado a asociar con la recuperación de la competición, lo cual permite al deportista reanudar antes el entrenamiento.

LAS LIMITACIONES DE LA FLEXIBILIDAD

La capacidad para realizar estiramientos está limitada por una serie de factores, como por ejemplo la edad y el sexo. Durante la infancia y la adolescencia la

calor, sensación que, al finalizar el ejercicio, parece insuflar energía al músculo. Además, la disminución de tono muscular en esta fase hace que el músculo sea más reactivo, cosa que mejora su circulación sanguínea (la tensión muscular obstaculiza el flujo de sangre

Todo momento es bueno para estirar...

• Durante la fase de calentamiento previa al entrenamiento o a la competición.
• Al finalizar el entrenamiento o la competición.
• Por la mañana al levantarse.
• Antes de acostarse.
• Durante el trabajo, para liberar la tensión causada por una postura persistente.

• En la recuperación de una lesión muscular.
• Después de haber sufrido la inmovilización de una extremidad.
• En cualquier momento, si se sufre una lesión crónica de tipo muscular, tendinosa o ligamentosa.

Más información
CÓMO REJUVENECER EL CUERPO ESTIRÁNDOSE
Bob Anderson
Ed. RBA Integral

Manténgase en forma

flexibilidad alcanza su máximo desarrollo. Finalizada la adolescencia, el potencial para estirarse tiende a estabilizarse y, posteriormente, comienza a disminuir, lo cual no significa que mediante los estiramientos no se pueda mejorar la flexibilidad a cualquier edad y beneficiarse de su efecto «descompresor» de las articulaciones.

La temperatura del cuerpo influye en la capacidad de estiramiento. Un momento adecuado para ganar elasticidad es después del entrenamiento o de la competición, ya que es entonces cuando el organismo está más caliente.

La temperatura exterior también condiciona el estiramiento. En un ambiente frío la musculatura tiende a contraerse. Por esta razón, en los deportes de invierno los estiramientos deben realizarse con un especial cuidado. En cambio, no existe relación alguna entre la

Circunstancias en las que no son recomendables los estiramientos

Si bien los estiramientos son absolutamente recomendables a todas las edades, existe una serie de situaciones en los que su práctica resulta contraindicada:
• Artritis metabólica.
• Ciática.
• Infecciones articulares.
• Injerto de piel reciente.
• Lesiones musculares, ligamentosas o tendinosas en fase aguda.

• Osteoporosis severa.
• Traumatismos articulares recientes.
• Durante la digestión.

tipología morfológica de la persona (constitución mesomórfica, endomórfica y ectomórfica) y el grado de flexibilidad. Es decir, la robustez o la delgadez de un individuo no determinan su capacidad para estirarse.

La importancia de la respiración

Cuando el cuerpo realiza un movimiento, todo el sistema muscular entra en una fase de activación del tono, y éste prepara el sistema a las adaptaciones necesarias para realizar la tarea asignada.

La fase de inspiración se produce gracias a la contracción activa del diafragma y de los músculos accesorios. La fase espiratoria, por el contrario, es prácticamente pasiva: el diafragma y los otros músculos que intervienen en la inspiración se relajan y vuelven a la posición de reposo gracias a las fuerzas elásticas de los distintos tejidos. Esto significa que el tono de todos los músculos del cuerpo

tiende a aumentar durante la fase inspiratoria y a disminuir en la fase espiratoria, de lo que se deduce que es más fácil obtener la relajación (y en consecuencia el alargamiento muscular) durante la espiración.

La ejecución del estiramiento

Los ejercicios deben coordinarse con el ritmo respiratorio. Se realiza una inspiración diafragmática profunda, seguida de una apnea inspiratoria de un par de segundos, durante la cual se concentra la atención en el músculo que se está trabajando. Luego, mientras se produce la espiración (como un suspiro profundo) se aprovecha la fuerza de la gravedad para estirar el músculo. Es muy importante no intentar alargar activamente el músculo, ni tampoco llegar a sentir dolor, sino «soltarlo» al máximo, para permitir que se estire de forma pasiva.

Al final de la espiración, es conveniente realizar una apnea de cuatro o cinco segundos para permitir que los circuitos neuromusculares se adapten al alargamiento.

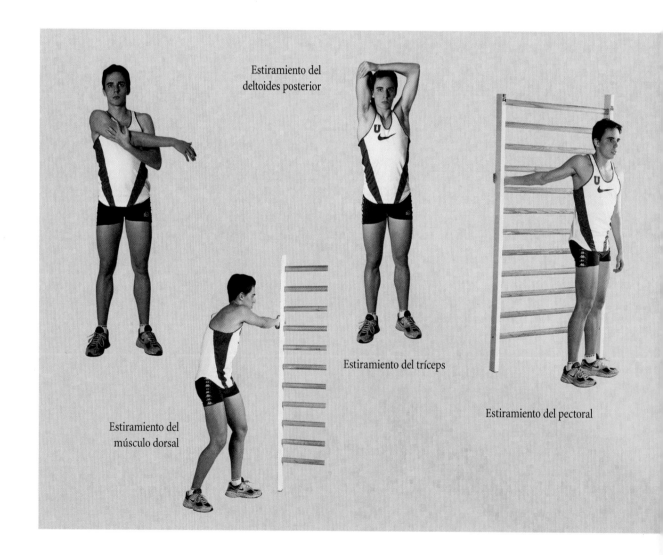

Estiramiento del deltoides posterior

Estiramiento del músculo dorsal

Estiramiento del tríceps

Estiramiento del pectoral

Una forma muy eficaz de estirar los músculos consiste en realizar una contracción activa isométrica (sin movimiento) durante cinco o seis segundos inspirando antes del estiramiento. A continuación, se espira y se estira el músculo. Está técnica de estirar puede hacerse individualmente (buscando la manera de bloquear el movimiento contra una pared o contra el suelo), o con la ayuda de un compañero que actúe como palanca para bloquear el músculo en cuestión y facilite el estiramiento con su propio peso, no con la fuerza muscular

Normalmente se suele distinguir entre estiramiento fácil y estiramiento evolucionado. El primero, que tiene una duración entre diez segundos y medio minuto, no es más que la fase preparatoria del segundo (que tiene una duración aproximadamente igual). El estiramiento fácil sirve para reducir la tirantez muscular y prepara los tejidos para el estiramiento evolucionado.

Por último, no hay que olvidar nunca que para realizar los estiramientos nunca se deben provocar rebotes o vaivenes.

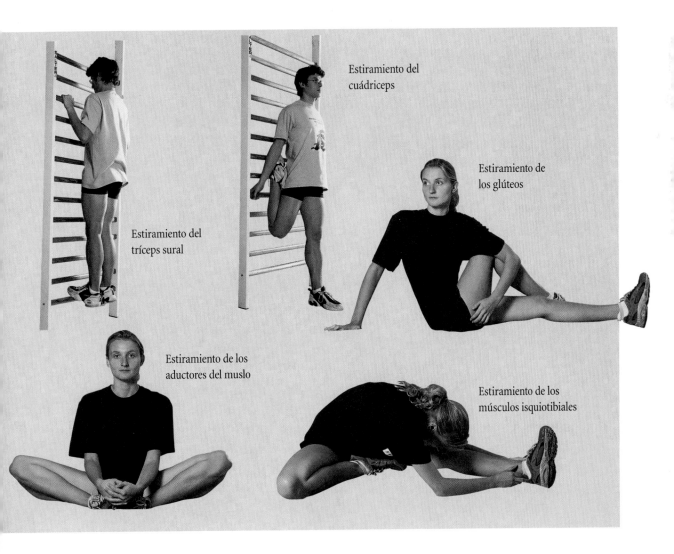

Estiramiento del cuádriceps

Estiramiento de los glúteos

Estiramiento del tríceps sural

Estiramiento de los aductores del muslo

Estiramiento de los músculos isquiotibiales

Caminar

6 Los pasos hacia la salud
El escenario adecuado
Vestirse para caminar
La técnica
Una actividad a medida
Escoger una modalidad

Los pasos hacia la salud

La gimnasia de mantenimiento y el acqua-gym son actividades que favorecen la flexibilidad y coordinación corporal, y aumentan el equilibrio. Sin embargo, hay una actividad que mejora el fondo y sirve de base para la práctica de muchos otros deportes y actividades al aire libre: caminar.

Caminar con constancia aporta grandes beneficios en el plano **cardiovascular**. Se estima que caminar en llano tres veces por semana durante media hora y a una velocidad sostenida mejora el rendimiento del corazón de forma significativa.

Al ser un deporte suave y relajante está indicado a todo tipo de personas, desde niños a ancianos; desde deportistas que han sufrido alguna lesión a personas sedentarias que desean iniciarse en el ejercicio físico.

Se trata de una de las mejores formas de conservar la **flexibilidad** y la tonicidad de ligamentos, músculos y tendones que tienden a endurecerse por la vida secundaria y el transcurrir de los años. Así, los problemas de espalda y de articulaciones encuentran un alivio eficaz, como también se previenen futuras lesiones.

Por otro lado, el **metabolismo** también resulta beneficiado: aumenta su capacidad para producir energía, se consumen mejor los depósitos adiposos y se ayuda a eliminar el exceso de peso. Y si caminamos en cualquier época del año, tenderemos a hacernos inmunes a gripes y **resfriados**, ya que los diferentes estímulos térmicos mejorarán nuestra capacidad natural de reacción.

Caminar es una de las formas más eficaces de combatir el **estrés** y sus síntomas: ansiedad, tensión, nerviosismo, insomnio, palpitaciones... Nos sentiremos más equilibrados y seguros de nosotros mismos, lo que nos capacitará para solucionar mejor nuestros problemas y controlar las situaciones estresantes. Además, nos volveremos personas más tranquilas y sociables, y descubriremos nuevos valores en nuestra vida.

Además, tampoco hay que dedeñar el componente **estético**, ya que caminar reafirma las piernas, combate la celulitis y supone un importante consumo de calorías (caminar de forma moderada quema quinientas calorías a la hora, y el doble a paso rápido o subidas).

Para caminar no es necesario ningún tipo de aprendizaje. Ahora bien, para que tenga un efecto real en el plano cardiovascular no basta con poner un pie delante del otro alternativamente: para obtener todos sus beneficios hay que llevar un buen paso. Se empieza con un tiempo de calentamiento, durante el cual se «sueltan» las piernas y se toma conciencia de la amplitud de los movimientos respiratorios.

Caminar elimina el estrés y nos convierte en personas más sociables y extrovertidas.

Alimentarse para salir a caminar

No debemos salir a caminar durante mucho tiempo con el estómago vacío ni demasiado lleno. Debemos dejar transcurrir al menos un par de horas después de una comida abundante. Tampoco es aconsejable el consumo de alcohol o bebidas excitantes.

Lo ideal es tomar un pequeño tentempié **antes de salir:** muesli, una porción de pastel, un bocadillo o fruta fresca, es decir, carbohidratos, que son los que aportan más energía junto con los glúcidos.

Por otro lado, podemos **llevar encima** un tentempié (por ejemplo, frutos secos) con gran poder energético y fácil de comer al aire libre. Debemos evitar los alimentos muy azucarados, no sólo porque provocan sed, sino porque el azúcar genera una producción de insulina y una inmediata sensación de energía que es seguida por un bajón aún más intenso. Estas subidas de insulina no son beneficiosas ni para nuestro rendimiento ni para nuestra salud.

Después de caminar sentiremos hambre y sed: debemos beber lo antes posible y después tomar una buena fuente de carbohidratos: un plato de pasta o arroz, o algo más rápido, como un yogur con fruta fresca.

También es muy importante **hidratar** el organismo. Debemos beber antes y durante el ejercicio; sobre todo si vamos a realizarlo durante un tiempo prolongado y/o hace calor, pero también cuando lo hayamos acabado. Aunque el agua es la mejor opción (siempre que no esté helada), también resultan muy beneficiosas las infusiones, que preparadas en poca agua y bien escurridas ayudan a recuperar los electrolitos perdidos.

Barritas energéticas caseras

Es muy sencillo preparar en casa tentempiés para llevar en nuestras salidas. Con la siguiente receta conseguiremos unas barritas energéticas sanas y adaptadas a nuestras necesidades dietéticas:

1. Mezclamos en un bol fruta variada y frutos secos. Por ejemplo, albaricoques, higos, manzana seca, almendras y pasas.

2. Trituramos los ingredientes en la batidora y y añadimos zumo de naranja o limón hasta formar una pasta consistente.

3. Formamos barritas con la pasta y la dejamos reposar durante un par de horas.

4. Envolvemos las barritas en papel transparente y las conservamos en el frigorífico (máximo un par de semanas).

Al cabo de cinco o diez minutos se aumenta el ritmo. La frecuencia cardíaca tiene que aumentar, aunque sin sobrepasar las 120 pulsaciones por minuto.

DESPERTAR LOS SENTIDOS

Caminar en un entorno natural estimula todos los sentidos y despierta nuestra atención. Hacerlo durante las diferentes épocas del año permite decubrir los cambios de la naturaleza y fundirse mentalmente en el entorno.

Son innumerables las sensaciones visuales y sonoras procedentes del mundo animal y vegetal: el roce del viento, el murmullo del agua, el trino de los pájaros, los aromas de las flores del campo... El simple contacto del pie con el terreno nos informa de su composición y textura, lo que potencia nuestra adaptabilidad y evita lesiones y caídas.

Caminar durante todo el día estimula incluso el sentido del gusto: el ejercicio abre el apetito y nos hace sentir más intensos los sabores de los alimentos.

Más información

CAMINANDO
Dr. Klaus Bös
Ed. Integral

CAMINAR
Gudrun Dalla Via
Ed. Océano

El escenario adecuado

Debemos intentar caminar al aire libre: bosques, prados o parques alejados de la contaminación y el ajetreo de la vida diaria son los ideales, pero también podemos practicar por las calles de los pueblos porque tienen poco tráfico y suelen estar rodeados de naturaleza.

EN LA CIUDAD

No tenemos que renunciar a caminar porque no podamos desplazarnos fuera de la ciudad. Podemos recorrer a pie el trayecto al trabajo o dar un paseo por los alrededores después de cenar. Estas excursiones «urbanas» no sólo nos proporcionarán los beneficios de cualquier caminata, sino que nos descubrirán aspectos desconocidos de nuestro propio lugar de residencia.

Caminar es una actividad eminentemente ecológica, por lo que no tiene sentido ir en coche hasta un lugar donde practicarlo. Debemos acostumbrarnos a caminar por lugares relativamente cercanos a los que podamos acceder andando, en bicicleta o en transporte público.

EN LA MONTAÑA

La montaña posee un encanto especial al que no pueden resistirse ni los principiantes; sin embargo, es necesario estar un poco iniciado en el ejercicio y nunca subestimar el medio. Deben escogerse recorridos a cotas poco elevadas y tener muy en cuenta las condiciones atmosféricas, que en montaña pueden ser imprevisibles. Las primeras veces sería necesario ir acompañado de una persona experta.

Caminar al aire libre nos brinda todos los beneficios de la naturaleza, y hacerlo descalzos revitaliza el organismo.

Podemos caminar en casi todas las estaciones. Aunque el buen tiempo siempre invita a hacerlo, el frío y la lluvia no deberían ser un impedimento si estamos realmente motivados; basta con vestir el equipo apropiado.

En verano hay que escoger las horas menos calurosas, y llevar siempre encima líquidos para ingerir y agua para refrescarnos. Asimismo, antes de salir debemos ponernos una crema solar con factor de protección; de este modo disfrutaremos de los beneficios del Sol sin el peligro de los rayos ultravioletas.

Un último elemento a tener en cuenta es el espesor de la capa de ozono, un gas irritante que se forma de la combinación del dióxido de nitrógeno (emitido principalmente por los coches) con la radiación solar. En muchas personas este gas provoca trastornos respiratorios o irritaciones en los ojos, así que deberían evitar caminar al mediodía, cuando el índice de ozono es mayor.

CAMINAR BAJO TECHO

Si no podemos desplazarnos a un lugar al descubierto o está diluviando, siempre podemos caminar en lugares públicos espaciosos (centros comerciales o aeropuertos, por ejemplo) o bien entrenar en casa o en un gimnasio con aparatos especializados (cintas o *stepers*).

En Estados Unidos existen grupos de personas que practican esta modalidad por grandes recintos cerrados, en donde disponen incluso de recorridos preparados.

Vestirse para caminar

A primera vista, caminar es el único deporte para el que no se necesita material técnico ni vestimenta especial. Sin embargo, si caminamos durante un tiempo prolongado o en condiciones atmosféricas adversas debemos vestirnos de forma apropiada.

Sin duda, la pieza clave de todo caminante es el calzado. El más adecuado son las zapatillas deportivas, con la suela lo suficientemente flexible para que el pie se estire cómodamente desde el talón hasta la punta de los dedos. También debe tener algún tipo de sistema que amortigüe el impacto contra el suelo, como una cámara de aire o de gel.

Si se practica este deporte sobre terreno irregular, la suela que cubre el talón debe ser más grande que para andar sobre asfalto.

Debe observarse regularmente la suela del calzado: si está gastada de forma desigual significa que ni el modo de apoyar el pie ni la distribución del peso son los adecuados. Además, una suela deformada puede ser una información valiosa a la hora de adquirir un calzado nuevo.

Por otro lado, es preferible vestirse a capas, es decir, llevar varias prendas ligeras que puedan quitarse y ponerse en función del tiempo. Además, éstas deben ser holgadas, porque de lo contrario estaríamos limitando nuestra libertad de movimiento.

Actualmente existe en el mercado una gran variedad de prendas fabricadas con nuevos materiales que proporcionan comodidad y protección frente a las inclemencias del tiempo.

La técnica

Aunque a primera vista todos sabemos caminar, hacerlo como una actividad física implica ciertas técnicas con las que se consigue un mejor rendimiento y mayores beneficios.

Partiendo de que debemos desplazar nuestro peso corporal con el menor esfuerzo posible, ejerceremos movimientos suaves y que nos resulten agradables. Para ello pondremos, en primer lugar, el tronco erguido y los hombros relajados (si los curváramos sólo conseguiríamos disminuir la velocidad y caminar de forma poco armoniosa).

La **cabeza** (que condiciona toda postura) se pondrá de forma que parezca una prolongación de la columna. Para comprobar que la postura es correcta, cogeremos un mechón de nuestros cabellos y lo tiraremos hacia arriba: el cuello se alargará y la columna se pondrá recta hasta alinearse con él. Los músculos del rostro estarán relajados, y miraremos siempre al frente y a unos dos metros del suelo.

De la misma forma que la columna y la cabeza se mantienen alineadas, la **pelvis** deberá ser una continuación de ambas. Para ello la colocaremos en una posición intermedia; ni adelantada ni atrasada respecto a la columna. Al caminar notaremos que la pelvis se mueve hacia los lados; este movimiento la hará más ágil y además mantendrá ejercitada la cintura.

En cuanto al **tórax**, una postura de apertura nos permitirá hacer una respiración más profunda y efectiva, así como forzar menos las piernas para obtener el mismo movimiento.

Los **brazos**, que acompañan el movimiento de las piernas, se moverán paralelos al cuerpo. El movimiento de los brazos permite acelerar el paso y hacer más libre la andadura, así como ejercitar una amplia variedad de músculos. En el movimiento hacia delante, el brazo no sobrepasará la altura del pecho, en tanto que en el dirigido hacia atrás la mano llegará a la altura de la cadera. Y cuanto más rápido sea el ritmo, más flexionados estarán los codos. Por lo que respecta a las manos, estarán relajadas (igual que los dedos y la muñecas).

Las **piernas** no estarán ni tensas ni excesivamente relajadas –deberíamos sentir una

> Una buena técnica aumenta el rendimiento y mejora los resultados.

agradable sensación de tonicidad muscular– y en cuanto al movimiento, en ningún momento alargaremos el paso más de lo normal.

Por último, hablaremos de los **pies**. Éstos deben arquearse por completo en cada paso; empezando por el talón y acabando por la punta. Los dedos deben marcar la dirección de la caminata y, por tanto, dirigirse siempre al frente, pero aun así no debemos obsesionarnos y coger la costumbre de caminar mirando al suelo.

LA RESPIRACIÓN Y EL RITMO CARDÍACO

El aire es nuestro alimento más importante; podemos sobrevivir varios días sin beber y semanas enteras sin probar alimento, pero tan sólo unos pocos minutos sin respirar.

Cuando nos movemos, y especialmente cuando caminamos, nuestro organismo asimila el oxígeno extra que necesita haciéndonos respirar a un ritmo más rápido y de forma más profunda. Esto fortalece nuestro aparato respiratorio (y, por tanto, nuestra vitalidad) y a la vez alivia las tensiones físicas y mentales.

La respiración está estrechamente ligada al latido cardíaco, puesto que ambos siguen el mismo ritmo: un corazón que late más rápido incita a la respiración a hacer lo mismo, y cuando reducimos el ritmo de la respiración tranquilizamos un corazón desbocado.

Para encontrar el ritmo cardíaco que más se adecua a nuestra condición física debemos atender a la cantidad de calorías que quemamos sin fatigar en exceso el aparato cardiovascular. El número de pulsaciones de nuestro corazón es un buen medidor de la intensidad del ejercicio físico que estamos realizando y, por tanto, de la cantidad de calorías que estamos quemando.

Frecuencia del número de pulsaciones de entrenamiento de 20 a 70 años

Edad	Frecuencia máxima	Frecuencia de entrenamiento		
	100%	60%	75%	80%
20	200	120	150	160
25	195	117	146	156
30	190	114	143	152
35	185	111	139	148
40	180	108	135	144
45	175	105	131	140
50	170	102	128	136
55	165	99	124	132
60	160	96	120	128
65	155	93	116	124
70	150	90	113	120

En función de la edad, el sexo, la condición física y la constitución, el corazón presenta en reposo una frecuencia de 60 a 80 pulsaciones por minuto. Durante la realización de un gran esfuerzo físico esta frecuencia puede llegar a triplicarse, a la vez que aumentan la profundidad y la velocidad de la respiración.

Cuando no se practica ninguna actividad física cualquier esfuerzo acelera el pulso; en cambio, gracias al entrenamiento el ritmo cardíaco se mantiene regular durante más tiempo y bajo esfuerzos más intensos.

Diversos estudios han permitido establecer la frecuencia cardíaca a la que una persona debería entrenar su resistencia de forma saludable.

La fórmula que permite averiguar el número ideal de pulsaciones durante el entrenamiento es la siguiente: (220 latidos - edad) x 75. Si queremos averiguar la frecuencia a más y menos intensidad de entrenamiento, sólo tenemos que multiplicar por 60 y 80 respectivamente.

Más información
Las editoriales
Sua Edizioak
Edic. Desnivel
poseen un amplio e interesante catálogo de libros y publicaciones relacionadas con los deportes de montaña, cicloturismo y actividades de aire libre en general.

Una actividad a medida

ada persona debe decidir cuándo y cómo caminar en función de sus objetivos y situación personal; sin embargo, se recomienda empezar con una caminata diaria de una media hora y, más adelante, hacerlo tres veces por semana a razón de tres cuartos de hora a una hora por sesión. Lo ideal es otorgarle la misma franja horaria para crear una rutina que potenciará los resultados.

Si disponemos de poco tiempo libre entre semana, una buena opción es hacer excursiones largas los fines de semana y dedicar algo de tiempo los días restantes. En todo caso, hay que procurar no fijarse metas demasiado altas, ya que sólo conseguiremos agotarnos y acabar aborreciendo la actividad.

Por otro lado, el ritmo es también una cuestión personal; de ahí que no haya que preocuparse si, al andar en grupo, unos avanzan más que otros. Lo que sí hay que tener en cuenta es que si hacemos un recorrido largo deberemos mantener siempre el mismo ritmo para no cansarnos antes de tiempo.

El paso deberá ser ágil y no demasiado largo, ya que de lo contrario pondríamos en tensión la espalda y aumentaríamos el peso corporal sobre el talón; con el consecuente impacto en las articulaciones. Además, los pasos demasiado largos tienen una secuencia más lenta y disminuyen la velocidad del recorrido. Con todo, lo más recomendable es ir variando el propio ritmo; acortar y alargar el paso con distintas velocidades hasta encontrar el más apropiado; de esta forma también mejoraremos nuestra resistencia y coordinación.

PASO A PASO

Aunque caminar es un ejercicio moderado, debe practicarse de forma gradual y adaptarse a las condiciones de cada persona; de ahí que al principio no debamos excedernos en su práctica, por muy sencilla que pueda parecernos. Debe ser nuestro organismo el que dicte los progresos.

Al principio el paso será lento, para después ir aumentando de velocidad; de esta manera iremos adaptando nuestro cuerpo al esfuerzo y evitaremos caer en el agotamiento. Y lo mismo sucede con la duración de las caminatas: se incrementarán de forma gradual.

Caminar es una actividad que también exige regularidad: de nada sirve hacer una sesión extenuante cada quince días y plantarnos delante del televisor el resto. Para evitar esto deberíamos organizar nuestras salidas para toda la semana y anotar el tiempo que dedicamos a cada una de ellas.

Ejemplo de plan de entrenamiento para iniciarse a caminar (4 sesiones semanales)

Semana	Distancia	Duración	Kilometraje semanal
1	2 km	25′	8 km
2	2 km	24′	8 km
3	2 km	23′	8 km
4	2,5 km	30′	10 km
5	2,5 km	28′	10 km
6	2,5 km	28′	10 km
7	3,5 km	41′	14 km
8	3,5 km	39′	14 km
9	4 km	42′ 30″	16 km
10	4 km	42′	16 km

Escoger una modalidad

El estilo de vida occidental, excesivamente sedentario, ha originado la necesidad de nuevas actividades físicas con las que remediar la falta de movimiento. Caminar, en todas sus variantes, ofrece muchos beneficios a nivel físico y psicológico; es sólo cuestión de cada persona escoger la modalidad que más se adapte a sus objetivos y estilo de vida.

Caminar, hacer senderismo o trekking, salir a correr o practicar la marcha olímpica son variantes de un mismo principio que tienen en común que son actividades aeróbicas; esto significa que mejoran la actividad cardíaca y la oxigenación de nuestro organismo.

- **El senderismo.** Se trata de la opción más suave para caminar por la montaña, aunque no se limita a este medio. Los caminos por los que transita el senderista están habitualmente bien señalizados, pero ello no significa que alguna vez no tenga que atravesar terrenos con cierta dificultad.

- **El trekking.** Literalmente, «trekking» significa 'caminar tras los surcos dejados por los carros tirados por bueyes' y, a diferencia del senderismo, esta modalidad afronta recorridos variados y abruptos por la montaña (caminos agrestes con rocas y/o hielo) que pueden durar días o semanas enteras. Su práctica supone, pues, estar bien preparado físicamente y contar con el equipo adecuado.

- **El jogging.** Aunque esta actividad ha perdido adeptos en los últimos años, lo cierto es que correr constituye un ejercicio ideal si se quiere aumentar el gasto energético. Correr a una velocidad de menos de ocho kilómetros por hora consume el doble de calorías que caminar, por lo que es ideal para aquellas personas que quieren bajar de peso. Sin embargo, correr tiene también sus contrapartidas: a nivel psíquico, puede «enganchar» de tal modo que se convierta en una competición con uno mismo y, a nivel físico, producir problemas en las articulaciones por los constantes impactos contra el suelo.

- **La marcha.** Se trata de una forma de caminar eminentemente deportiva y de características singulares. En primer lugar, porque los pies (que nunca pueden perder el contacto con el suelo) se colocan uno delante del otro y en segundo, porque la pelvis se balancea de forma muy llamativa; y todo ello acompañado de un gran impulso por parte de los brazos.

Cada persona debe escoger su modalidad de caminar en función de sus objetivos y estilo de vida.

Fitness

7 Otro enfoque de la actividad física
La revisión médica y el plan de trabajo
El aeróbic
Variantes del aeróbic
El ciclismo *indoor*

Otro enfoque de la actividad física

Es indudable que un número cada vez mayor de personas no se conforma con la mera participación pasiva en los espectáculos deportivos. La actividad física tiene cada vez más incidencia en nuestra sociedad porque ya nadie desconoce los efectos beneficiosos del ejercicio.

¿Qué significa fitness?

La palabra *fitness* significa literalmente 'buen estado físico' y hace referencia a la capacidad de la persona de obtener una calidad de vida óptima entrenando de una forma determinada sus capacidades motoras.

Las tres primeras letras de la palabra sirven, asimismo, como recordatorio de las tres premisas que deben tenerse en cuenta a la hora de practicar ejercicio: la *frecuencia*, la *intensidad* y el *tiempo*.

Esta circunstancia ha dado pie a la proliferación de cadenas de gimnasios que ofrecen la posibilidad de desarrollar diversas actividades, muchas de ellas —forzoso es decirlo— producto de modas y con una serie de componentes que son fruto de esmerados estudios de mercado. En realidad, se dirigen a un público formado mayoritariamente por personas que quieren hacer ejercicio físico para obtener unos resultados relativamente rápidos y personas que disponen de tan poco tiempo que, de no optar por esta solución, no podrían hacer ejercicio. La relación que se establece entre el cliente y el centro de fitness es una compra y venta de servicios, y los factores que condicionan la elección suelen ser la proximidad con el domicilio o el puesto de trabajo y la variedad de la oferta. Este forma-to de gimnasio es la versión aumentada y modernizada del gimnasio típico de barrio (un fenómeno equivalente podría ser la relación entre «colmado» y «gran superficie»), pero poco tiene que ver con los clubes tradicionales asociados a uno o varios deportes (clubes de atletismo, rugby, natación, tenis, baloncesto, etc.) cuyos equipos o deportistas individuales compiten en categorías federadas, algunos incluso profesionalmente. A diferencia de estos últimos, los centros de fitness no orientan sus actividades a la competición y, por lo tanto, carecen de equipos, atletas, nadadores, etc. que los representen en competiciones locales o internacionales, cuyos logros dan un cierto prestigio al club en cuestión.

Las diferencias entre estos dos tipos de estructuras llenarían capítulos en los que se podría analizar detalladamente los orígenes, las ventajas y los inconvenientes; los objetivos y los conflictos propios de cada una. Pero no es éste nuestro propósito.

Por el momento nos basta con saber que un club deportivo tiene sus instalaciones abiertas a deportistas de las secciones y a socios abonados. Por ejemplo, un club de natación puede tener equipos o secciones de natación, natación sincronizada, waterpolo, hoquey subacuático, saltos, triatlón, atletismo, etc. En este caso, los usuarios del gimnasio serán muchos de los deportistas de las propias secciones, que realizan preparaciones de pretemporada o bien efectúan programas específicos para su deporte, así como también abonados convencionales. Y seguramente algunas de sus actividades serán el fitness, la gimnasia de mantenimiento, etc. Una parte importante de los niños y jóvenes que frecuentan las instalaciones en determinadas franjas horarias pertenecen a la *cantera* del club. La figura rectora principal es el *presidente*, una persona que posee un carisma dentro del colectivo del club y del deporte en general. Los responsables técnicos de las secciones y de los equipos son los *entrenadores*.

El centro de fitness, por su parte, consta de un conjunto de salas dedicadas a actividades específicas, que a su vez constituyen los argumentos principales del centro. Así, puede haber la sala de hidromasaje, saunas, sala de musculación, piscina (aunque algunas tienen medidas adaptadas al espacio disponible, como por ejemplo 12 m o 20 m), las salas multiuso para baile de salón, aeróbic, tai-chi, mantenimiento, pistas de squash, departamentos de estética, rayos UVA, solarium, etc. Una variante de este tipo de centros son las instalaciones municipales cuya explotación ha sido concedida a empresas de este sector. Los usuarios del gimnasio —manteniendo el paralelismo— son mayoritariamente personas que quieren cambiar su aspecto (adelgazar, muscular, etc.), personas que realizan una «rutina» rápida que les resulta muy beneficiosa porque les hace comer y dormir bien, y en definitiva sentirse a gusto con ellos mismos. Otros acuden a aquel centro porque el médico los ha espoleado para hacer un poco de deporte y, de paso, para relacionarse.

No suele haber niños, salvo en las instalaciones municipales gestionadas por empresas privadas. La figura rectora principal es el *director*, una persona que ocupa un cargo de una empresa dedicada al sector deportivo. Los responsables de las actividades son los *técnicos*.

Esta aclaración es importante porque no todos los centros deportivos que cuentan con uno o varios gimnasios son iguales. Los centros de fitness ofrecen, por un lado, la posibilidad de realizar un *ejercicio físico* programado y adaptado a las necesidades individuales y, por otro, *actividades dirigidas*. Además, contemplan la relación social como un elemento importante.

En cambio, en los clubes se practica uno o varios *deportes* de forma estructurada (por categorías) y el gimnasio, restaurante, sauna, etc. y las actividades dirigidas son elementos complementarios.

Hay que entrenar con la frecuencia e intensidad que dicten las necesidades individuales.

La revisión médica y el plan de trabajo

Cuando alguien se inscribe en un centro de fitness, una vez cumplidos los trámites burocráticos y efectuada la visita de rigor a las instalaciones, el paso siguiente es entrevistarse con el técnico de la actividad que desea practicar, como, por ejemplo, el técnico de musculación. Éste le explicará que para confeccionar una rutina «personalizada» primero necesita un informe médico que certifique la ausencia de riesgo para la práctica deportiva y le indique las eventuales dolencias que debe tener en cuenta a la hora de planificar el ejercicio.

Requisitos para iniciar un plan regular de ejercicio

- Pasar una revisión médica y conocer el estado físico actual.
- Contar con la supervisión de un profesional en educación física que seleccionará la secuencia de ejercicios más indicados para cada caso.
- Aprender a utilizar el material.

El técnico de la sala de mantenimiento también se encargará de explicarle las nociones básicas de actuación en la sala. Así, por ejemplo, le mostrará que una sesión de trabajo se inicia con un calentamiento en alguno de los aparatos cardiovasculares —bicicleta estática, cinta rodante o remo—, sigue con el trabajo específico de pesas subdividido por grupos musculares y termina con una fase de flexibilidad, vuelta a la calma.

También le hará una serie de recomendaciones útiles, como llevar un botellín de agua y una toalla para secar el sudor y tumbarse en las esterillas.

En cuanto a la fase que corresponde al núcleo central del trabajo de pesas, cabe destacar dos aspectos fundamentales. En primer lugar, el técnico es quien debe encargarse de elegir el tipo de ejercicios, el peso con el que se trabaja, el número de series y de repeticiones, los tiempos de recuperación y la alternancia de los ejercicios. Practicar con los pesos libres o con las máquinas sin tener en cuenta los citados factores conlleva un riesgo importante de lesión.

En segundo lugar, la ejecución correcta del gesto es muy importante, tanto desde el punto de vista de la eficacia del ejercicio como del riesgo de lesión. El técnico de la sala supervisa el trabajo de cada uno. Sin embargo, si no se está seguro de estar trabajando bien o si se aprecia alguna incomodidad en la ejecución, no hay que dudar en pedirle consejo y solicitar que nos corrija.

LA REVISIÓN MÉDICA DEPORTIVA

En una revisión médica deportiva se valora la capacidad física de una persona para la práctica deportiva. Aparte de una ficha personal con los antecedentes personales y familiares, incluye una serie de datos y de pruebas.

En primer lugar, el médico toma los datos personales, como son la talla, el peso, la tensión arterial y el pulso. Seguidamente, realiza un informe antropométrico y biotipológico. Con un lipómetro se mide la cantidad de grasa corporal y, a partir de ahí, se deducen los porcentajes de grasa, hueso, músculo y peso residual del cuerpo. Esto sirve para calcular el peso ideal y para definir el tipo de estructura corporal de la persona (somatotipograma).

La higiene

- El **calzado** adecuado no es el calzado deportivo que se utiliza para caminar por la calle, sino un calzado adecuado para la actividad, cuyo uso se reserva exclusivamente al gimnasio.
- La **ropa** ha de ser cómoda, transpirable y limpia (no se utiliza la camiseta ni los calcetines que se han llevado durante el día, ni —peor aún— los de la sesión anterior).
- **Ducharse** después del ejercicio es una norma de higiene básica.

- Las **taquillas**, salvo si son de alquiler y el centro tiene servicio de lavado de toallas, etc., deben dejarse vacías. Guardar la ropa húmeda o el calzado sudado en una taquilla no es, por razones obvias, nada saludable.

Otro punto es el estudio morfológico y funcional, que incluye una exploración de la vista, del sistema cardiorrespiratorio (auscultación y electrocardiograma) y del aparato locomotor (apoyo plantar, columna vertebral, etc.).

Por último, en algunos centros médicos se realiza la prueba de esfuerzo, en una bicicleta estática o cinta rodante, que sirve para determinar la frecuencia cardíaca máxima, los tiempos de recuperación, el umbral anaeróbico y, en el caso de los deportistas de alto rendimiento, el consumo de oxígeno máximo, el consumo de oxígeno máximo por kilo corporal, etc.

El aeróbic

El objetivo de esta disciplina es el desarrollo de la forma física general de la persona mediante la actividad aeróbica, es decir, con ejercicios de larga duración e intensidad baja y media. Para ello, el entrenamiento combina la música con una serie de pasos y ejercicios originarios de otras disciplinas, como pueden ser el baile y la gimnasia. Los beneficios de esta actividad que se practica en todo el planeta no sólo son físicos, sino también psíquicos.

La música es un ingrediente fundamental en este tipo de gimnasia porque, además de divertir, determina la velocidad de ejecución de los ejercicios. Según sea el ritmo más rápido o lento, el ejercicio también lo será. En aeróbic, los ritmos musicales se miden en *beats* (o batidas) por minuto (BPM), a partir de las cuales se forman las «frases» o bloques musicales. La forma cómo se reúnen las batidas es el «compás», que puede ser binario (1 batida fuerte + 1 batida débil) o cuaternario (1 batida fuerte + 3 batidas débiles).

La posición inicial

- Rodillas ligeramente flexionadas, alineadas con las puntas de los pies.
- Pelvis un poco hacia delante, con glúteos contraídos.
- Abdomen contraído.
- Espalda recta.
- Hombros relajados.
- Cabeza erguida, sin tensiones, alineada con la columna.

Los movimientos (o pasos) de aeróbic se dividen en movimientos de «impacto bajo» y movimientos de «impacto alto». En los primeros, un pie siempre está en contacto con el suelo, mientras que en los segundos existe una fase aérea en la que los dos pies están en el aire.

Las clases de bajo impacto producen un menor grado de estrés y se adaptan a una amplia gama de alumnos, como:

El aeróbic desarrolla la forma física general mediante una actividad de tipo aeróbico.

• alumnos principiantes a los que les falta un cierto nivel de preparación física;
• personas con sobrepeso y obesas;
• personas de edad avanzada, por las lógicas limitaciones físicas;
• mujeres gestantes.

Estructura de una sesión de aeróbic

• Calentamiento.
• Parte principal o aeróbica (coreografía).
• Relajación y estiramientos.

CALENTAMIENTO

Consiste en una serie de ejercicios que preparan el organismo para realizar una actividad, aumentando las frecuencias cardíaca y respiratoria. Esta fase es importante para prevenir el riesgo de lesiones. Los movimientos deben ser sencillos y de amplitud progresiva, y han de involucrar a todos los grupos musculares. El calentamiento tiene una duración de cinco

a diez minutos, aunque en determinadas condiciones (temperatura ambiental y del local) puede ser necesario alargarlo.

PARTE PRINCIPAL (COREOGRAFÍA)

La parte central de la clase tiene una duración que va de los veinte a los cuarenta minutos, según el nivel y el tiempo total destinado a la sesión.

La secuencia coreográfica es una combinación de movimientos y de desplazamientos en todas las direcciones.

Hay dos formas de combinar los movimientos: el estilo libre y el estilo estructurado. El primero consta de movimientos muy simples realizados en un período de tiempo corto y se basa en la improvisación. El segundo consiste en secuencias elaboradas previamente y presenta la ventaja de que el alumno, al memorizarlas, adquiere un mayor grado de confianza y trabaja con la intensidad deseada. El método estructurado es el más utilizado.

RELAJACIÓN

Al concluir la parte principal de la sesión (la que requiere el mayor esfuerzo por parte del alumno), es importante no parar de golpe la actividad. Para ello se puede repetir parte de la coreografía con una música más lenta, sustituyendo los pasos de alto impacto por otros equivalentes de bajo impacto. A continuación, es conveniente realizar una tabla de estiramientos suaves y personalizados.

VARIACIONES

Esta forma de estructurar una clase de aeróbic no es la única. Otra posibilidad consiste en reducir el tiempo dedicado a la fase central y, después de una breve pausa de relajación,

incluir una fase de tonificación de quince minutos, o también dividir el núcleo central de la sesión en dos partes iguales: una de coreografía y otra de gimnasia de tonificación.

Los pasos de aeróbic son una combinación de movimientos de baile y de gimnasia.

Variantes del aeróbic

EL STEP-AERÓBIC

Un tipo de gimnasia parecido al aeróbic es el *step-aeróbic*. El step se inició en Estados Unidos y hoy en día se ha convertido en una propuesta más de las que ofrece el sector del fitness. Consiste en una serie de ejercicios y pasos basados en subir y bajar de una plataforma, acompañados también con música para marcar el ritmo. La plataforma es graduable en altura y se ajusta según las medidas corporales del alumno y su nivel.

La altura no debe estar nunca por encima de la medida ideal, porque esto obliga al alumno a inclinar el tronco hacia delante, lo que conlleva la pérdida de la alineación corporal y una presión excesiva en la región

que sube, dando paso a la otra pierna en el movimiento siguiente. El *power step* es el movimiento con fase aérea, es decir, con los dos pies en el aire. Se utiliza en los giros realizados sobre la plataforma.

La estructura de la clase de *step* es la misma que una de aeróbic, y se pueden realizar las mismas variantes con la inclusión de ejercicios de tonificación. Sin embargo, para aumentar la intensidad de la sesión no se incrementa el ritmo de la música, sino que se utilizan otros recursos, como incluir más movimientos de brazos levantados, subir la altura de la plataforma o incluir pasos con fase aérea (*power step*).

La música también es un ingrediente fundamental de las sesiones de step.

lumbar. La norma estándar es que la flexión de la rodilla al subir a la plataforma nunca debe ser inferior a 90º.

Al igual que el aeróbic, la clase de *step* ha de ser dirigida por un técnico que evalúe el nivel y proponga las coreografías adecuadas. En este caso, además, es importante su consejo en lo que respecta a la ejecución de los movimientos de forma segura, en particular bajadas y giros, que pueden producir lesiones si no se realizan con la técnica correcta.

PASOS BÁSICOS EN STEP

En *step* existen dos tipos de pasos: los completos y los de apoyo. En los primeros se apoyan ambos pies en el *step*, con un cambio de peso constante de un lado a otro. En los segundos se apoya solamente el primer pie

EL SLIDE-AERÓBIC

Se trata de una variante del aeróbic en la que se trabaja predominantemente los músculos laterales. El refuerzo de esta musculatura es útil para otros deportes como el esquí, el fútbol, el tenis, etc., porque ayuda a prevenir las lesiones y mejora las capacidades de resistencia y equilibrio. Los ejercicios consisten en moverse lateralmente de un lado a otro del tapiz deslizante, partiendo de un paso inicial. Para realizar los ejercicios se necesita un tapiz con una superficie fabricada con una resina especial (el *slide*) y unos calcetines deslizantes también especiales (*booties*), que se colocan por encima del calzado normal de gimnasia. La superficie de deslizamiento está limitada por dos topes laterales que presentan una suave inclinación hacia arriba para suavizar el momento del paro.

EL BOX-AERÓBIC

En esta variante reciente del aeróbic se combinan los elementos del aeróbic con movimientos de boxeo. Esta mezcla de movimien-

Más información

FITNESS, SALUD Y NUTRICIÓN.
Vv. Aa.
Ediciones Folio

ESTAR EN FORMA
Vv.Aa.
Hymsa

1000 EJERCICIOS DE PREPARACIÓN FÍSICA
Alfonso Blanco Nespereira
Ed. Paidotribo

No olvide la seguridad

- Asegúrese de que el step esté bien fijado.
- No realice ningún movimiento de giro con la pierna cargada.

tos permite realizar un trabajo equilibrado de tronco y piernas. Un punto importante es que, a diferencia del boxeo, no se produce intercambio de golpes.

La música de acompañamiento más adecuada para las coreografías es la música *house* de 120 a 130 batidas por minuto. No requiere ningún instrumento específico.

EL AQUAERÓBIC

Se trata de un ejercicio de intensidad moderada o mediana que se realiza dentro del agua y con apoyo musical que activa el sistema cardiovascular y respiratorio.

El ritmo recomendado para el fitness acuático oscila entre 135 y 155 batidas por minuto. La resistencia que ofrece el agua obliga a ralentizar los movimientos. Como consecuencia, y a diferencia del aeróbic

Características del calzado de aeróbic

- Nunca deben realizarse ejercicios de aeróbic descalzo, en calcetines o con zapatillas de suela fina sin amortiguación.
- Debe ser ligero, cómodo y flexible.
- Tiene que proporcionar estabilidad al pie.
- Debe estar fabricada con materiales muy transpirables.
- Tiene que amortiguar los apoyos.
- La caña debe ser baja en la zona del tendón de Aquiles.

(que se realiza con compases de ocho tiempos), se vuelve al compás original de cuatro tiempos para que la velocidad sea más lenta. Algunos ejercicios con agua por la cintura se pueden realizar a ritmo normal (*skipping*, marcha, etc.).

Con el agua por el pecho y un poco más arriba se suele utilizar el llamado «ritmo de agua» y el «medio ritmo de agua».

El ciclismo *indoor*

El ciclismo *indoor* es un entrenamiento con bicicleta estática que es acompañado con música. Es conocido también con el nombre de *spinning*, una marca registrada cuyo nombre se ha impuesto en el habla popular.

El entrenamiento se realiza en grupo, bajo la dirección de un técnico cualificado que se encarga de planificar el tipo de sesión y de adaptar la intensidad del entrenamiento a todos los miembros del grupo.

Para aprovechar de forma eficaz el tiempo de entrenamiento es necesario llevar un control de la intensidad del esfuerzo, lo cual se consigue con un pulsómetro.

El ciclismo *indoor* es una disciplina idónea para iniciar el trabajo de resistencia y puede representar una alternativa a los ciclistas que no disponen de tiempo o tienen un contratiempo meteorológico. Esta modalidad se incluye en este capítulo porque se estructura como una clase en grupo que se realiza en las salas de los centros deportivos. Sin embargo, también podría incluirse en el capítulo dedicado al ciclismo, porque va dirigida principalmente a ciclistas y deportistas con probada capacidad de superación, que es un público bastante diferente del que suele practicar las otras disciplinas de carácter más lúdico.

LA BICICLETA

Aunque aparentemente sea una bicicleta estática, el modelo de ciclismo *indoor* presenta diferencias específicas con respecto a las bicicletas estáticas convencionales.

La bicicleta de spinning permite una serie de ajustes que hacen que la posición del ciclista se asemeje al máximo a la posición que llevaría en una bicicleta de carreras. Además de la altura del sillín, éste puede regularse longitudinalmente, de modo que favorece el pedaleo «redondo», optimiza el trabajo de las articulaciones y permite una posición correcta del tronco hacia delante. Otro aspecto importante es la forma del sillín, que es parecido al de las bicicletas y no el típico «taburete» de las bicicletas estáticas convencionales.

La palanca del manillar graduable sirve para acabar de ajustar la posición del tronco y ofrece diferentes posibilidades de apoyo, adaptadas a las diferentes técnicas de pedaleo. Otra ventaja que merece destacarse es el uso de pedales fijos y la posibilidad de llevar un calzado de suela rígida.

En la primera sesión, es conveniente que un técnico supervise los ajustes y compruebe que la posición del ciclista en acción sobre la bicicleta sea correcta.

LA ROPA ADECUADA

La ropa debe ser cómoda y fresca. Al escoger la vestimenta se debe tener en cuenta que la temperatura corporal aumenta considerablemente debido a la ausencia de aire que enfriaría el cuerpo yendo en bicicleta al aire libre, de modo que el sudor se queda en la superficie de la piel. Las molestias que se derivan de ello se pueden paliar usando una camiseta de rejilla debajo del *maillot*.

El pantalón de ciclista, el *coulotte*, es un prenda muy recomendable porque, además de tener una badana absorbente, evita el roce de la parte interior de los muslos con el sillín.

En las clases de ciclismo *indoor* es imprescindible teners una toalla a mano.

«¡A piñón!»

Las bicicletas originales de ciclismo *indoor* son de piñón fijo, lo cual significa que el ciclista no puede dejar de pedalear en el momento que se le antoja, sino que para detenerse está obligado a disminuir la cadencia de pedaleo gradualmente. Este detalle es importante porque ninguna bicicleta de carretera o de montaña posee esta característica, que es propia de las bicicletas de velódromo, y el principiante puede verse sorprendido por la falta de hábito en el uso de este tipo de mecanismo. Por lo tanto, el ciclista debe controlar siempre la cadencia, a sabiendas de que no puede interrumpir el movimiento de las piernas de forma instantánea.

LA CLASE DE CICLISMO INDOOR

La sesión de trabajo se diseña creando unos «perfiles» que son el resultado de la combinación de diferentes ingredientes técnicos de ciclismo. Del mismo modo que en un recorrido por la carretera el ciclista encontraría tramos que debería afrontar con diferentes técnicas, el ciclismo *indoor* también contempla la posibilidad de rodar en llano, efectuar demarrajes, realizar *sprints* sobre los pedales o sentado, escalar de pie o sentado, etc.

La elaboración de los perfiles permite combinaciones de diferentes intensidades, en función del nivel de cada clase y del punto en donde se encuentra dentro de la progresión.

Las clases de spinning están guiadas por un técnico cualificado que planifica el tipo de sesión.

LA FRECUENCIA CARDÍACA

En los niveles de iniciación y medio el alumno se familiariza con la bicicleta, aprende los movimientos técnicos y realiza una progresión de «perfiles» que entrañan una dificultad cada vez mayor. El técnico que guía la sesión controla la duración y la frecuencia de trabajo de los alumnos, y el control de la intensidad del esfuerzo se basa en la apreciación subjetiva.

El nivel avanzado, en cambio, exige un control de la intensidad cuyo indicador es la frecuencia cardíaca. Por lo tanto, en este nivel la programación del entrenamiento se rige por la frecuencia cardíaca del deportista y parte de los datos obtenidos en un examen médico.

LA MÚSICA

La música es importante porque, además de ser un elemento que motiva al alumno, también marca la velocidad y el ritmo. Una vez ha diseñado el perfil adecuado para un grupo determinado, el técnico tiene que «ponerle» música, buscando en la discografía que tenga a disposición cortes que tengan la duración y el ritmo deseados. En un perfil bien elaborado, la música fluye desde el principio hasta el final y secunda al ciclista en sus esfuerzos.

LA HIDRATACIÓN

El agua es un elemento que no puede faltar en una sesión de ciclismo *indoor*. El 75 % de la energía que produce el cuerpo se convierte en calor, y el resto en energía mecánica. En la carretera, el viento producido por el desplazamiento de la bicicleta actúa como un sistema de refrigeración, pero no ocurre lo mismo dentro de un local. Por lo tanto, aquí, hay que beber más y más a menudo que en el exterior.

En una clase de cuarenta minutos, beberemos un litro de agua como mínimo.

La natación

7

Un deporte sin contraindicaciones
Breve historia de la natación
Los principios físicos de la natación
Los estilos
Otros movimientos en el agua
Programas de entrenamiento

Un deporte sin contraindicaciones

La natación es un deporte que carece prácticamente de contraindicaciones, de ahí que los médicos lo recomienden al noventa por ciento de las personas que les piden consejo acerca del deporte más indicado para conservar la salud. Las ventajas de la natación se conocen desde hace mucho tiempo. Por un lado, combina un entrenamiento muscular de intensidad considerable con los beneficios de un ejercicio aeróbico y, por otro, el efecto sedante del agua hace que al salir de la piscina nos sintamos en perfectas condiciones.

Los cuatro estilos

En la actualidad existen cuatro estilos reconocidos de natación que se han ido perfeccionando desde finales del siglo XIX: el **crol** (también llamado estilo libre), que fue dado a conocer por el nadador inglés John Arthur Trudgen allá por 1870; la **espalda**, un estilo que el nadador estadounidense Harry Hebner utilizó por vez primera en los Juegos Olímpicos de 1912; la **braza**, que es el estilo más antiguo (se conoce desde el siglo XVII); y la **mariposa**, estilo que fue desarrollado en la década de 1930 por Henry Myers y otros nadadores estadounidenses, y fue reconocido a partir de 1950 como estilo independiente.

Una de las principales virtudes de la natación es su bajo impacto, por lo que difícilmente nos lesionaremos al practicarla.

Además, no podemos pasar por alto otra cualidad: su gran capacidad de aliviar la tensión psicológica. Cuando el nadador se desliza suavemente por el agua, flotando sobre su estómago o su espalda, las cosas se ven de otra manera. Qué duda cabe que nadar relaja, tranquiliza, refresca la mente y proporciona una sensación de bienestar.

Las gafas deben adaptarse perfectamente a la forma de los ojos y la nariz

EL EQUIPO NECESARIO

El equipo básico para nadar en la piscina consta de bañador, gorro de baño, gafas de natación y chancletas. A continuación veremos los criterios que deben tenerse en cuenta en la compra estos elementos.

• **Bañador.** Los modelos de lycra son los más cómodos, aunque los de nailon son más duraderos. Siempre hay que tomarse la molestia de aclararlo con agua después de utilizarlo. De no hacerlo, el cloro deteriorará las fibras. Los bañadores de playa, anchos y con bolsillos, crean mucha resistencia al avance en el agua y son absolutamente inadecuados. ¿Verdad que a nadie se le ocurriría hacer un entrenamiento de carrera a pie con sandalias?

• **Gorro de baño.** Al igual que en el caso del bañador, las diferencias entre los distintos modelos estriban en el material utilizado. Los de látex o silicona se ajustan mejor, pero también son más difíciles de poner, porque se adhieren al cabello y a algunas personas les causan sensación de compresión en la cabeza. Una alternativa práctica son los gorros de lycra, quizá no tan ceñidos como los de látex, pero más cómodos.

• **Gafas de natación.** Mejoran la visión bajo el agua y evitan la irritación de los ojos causada por el cloro. Al escoger el modelo de gafas habrá que comprobar que encajen bien en el ojo y que no se claven en ningún punto. Las gafas más baratas no ajustan bien y siempre acaban dejando entrar el agua. Las gafas pequeñas que encajan directamente en la cavidad ocular, las denominadas «suecas», son cómodas para los nadadores que están habituados a ellas, pero no son aconsejables para principiantes.

Por último, está la cuestión del color: ¿gafas claras o ahumadas? La norma general es que las primeras son preferibles para interiores, mientras que las oscuras resultan más indicadas para exteriores y para el mar.

• **Chancletas.** Son imprescindibles para caminar por el interior del recinto de la piscina y para acceder a las duchas y evitar el contagio de enfermedades de la piel. La suela no debe patinar al caminar sobre suelos mojados.

Dos complementos útiles

Algunas personas necesitan protegerse los oídos cuando nadan porque les entra el agua. Para ello existen unos tapones especiales de venta en los comercios especializados.

Otra solución efectiva consiste en colocarse en las orejas un trozo de algodón recubierto con un poco de vaselina.

Al finalizar el entrenamiento, es aconsejable secarse los oídos para eliminar el agua que haya quedado en ellos y ladear la cabeza para que salga el agua de su interior, en caso de haberla. Otro producto recomendable para después de nadar es una crema hidratante, porque la piel se seca bastante.

También existen productos especiales para proteger el pelo claro de los efectos de los productos químicos con los que se trata el agua de las piscinas. que en algunos casos provocan reflejos de tonalidad verdosa en las personas de pelo rubio.

Breve historia de la natación

Tanto en la antigua Grecia como en Roma, la natación era un deporte muy apreciado, sobre todo como método de entrenamiento para los guerreros. Igualmente, en Japón ya se celebraban competiciones en el siglo I a.C.

No obstante, durante la Edad Media, la práctica de la natación en Europa cayó en el olvido, circunstancia que se prolongó hasta finales del siglo XVIII. Fue entonces cuando se inició la era moderna de la natación, de la mano de un país precursor en materia deportiva: Gran Bretaña.

La National Swimming Society, fundada en Londres en 1837, y la Metropolitan Swimming Clubs Association, creada en 1869, se convirtieron durante aquellos años en las instituciones más representativas en el ámbito de la natación. Entre aquellos pioneros se recuerda especialmente el nombre de Tom Morris, que fue el primer campeón nacional británico tras ganar una carrera en el río Támesis en 1869.

La relación de las personas con el mar ha variado enormemente a lo largo de los años.

Records y más records

A diferencia del atletismo, donde los records mundiales suelen permanecer vigentes durante mucho tiempo, la natación es un deporte en el que las marcas universales se baten con gran rapidez. Así, las sorprendentes marcas que en su día establecieron nadadores míticos como Duke Paoa Kahanamoku, Johnny Weissmuller, Clarence «Buster» Crabbe, Mark Spitz o Michael Gross ya han sido totalmente superadas por los nadadores que les han sucedido. ¡En los últimos Juegos Olímpicos, celebrados en Sidney, se batieron un total de 14 records mundiales!

A partir de las victorias de Morris no pasaría mucho tiempo sin que la natación de competición empezara a establecerse en otros países del área anglosajona, como Australia, Nueva Zelanda o Estados Unidos. Los primeros Juegos Olímpicos de la era moderna, celebrados en Atenas en 1896, ya incluyeron en su programa varias pruebas de natación. Sin embargo, hasta la década de 1920 estas competiciones no quedaron definidas sobre una base regular y estable que se aprovechó para organizar en 1926 el primer campeonato de Europa en Budapest. Tanto ésta como otras competiciones internacionales han estado patrocinadas por clubes de aficionados a la natación desde finales del siglo XIX. Sin embargo, hubo que esperar a 1973 para que tuviera lugar la primera edición de los Campeonatos del Mundo.

Los principios físicos de la natación

LA FLOTABILIDAD

Según el principio de Arquímedes, «todo cuerpo sumergido en un líquido experimenta un empuje vertical hacia arriba igual al peso del volumen del líquido que desaloja».

La clave es flotar

La diferencia entre el peso de una persona y el empuje experimentado por el volumen de agua desplazado cuando ésta se sumerge es muy pequeña, puesto que las densidades del cuerpo y el agua son muy parecidas. Por este motivo, cuando el cuerpo aflora a la superficie, el empuje disminuye y equilibra rápidamente el peso. Si el nadador bracea tratando de sacar un brazo o la cabeza entera, este empuje resulta inferior al peso del cuerpo inmergido. En consecuencia, este último se hunde. La rapidez de dicho hundimiento es proporcional a la violencia de los esfuerzos que el nadador realiza para sacar su cuerpo del agua. La consecuencia que debemos extraer de todo ello es que para aumentar la flotabilidad del cuerpo debemos sumergirlo por completo, lo cual, entre otras cosas, significa que debemos acostumbrarnos a mantener el rostro en contacto con el agua.

Para comprobar la veracidad de este principio físico no hay más que sumergirse en una piscina: veremos cómo inmediatamente una fuerza empuja el cuerpo hacia la superficie. Se trata del empuje generado por el volumen de agua desplazado.

¿Por qué en el agua el cuerpo tiende a subir a la superficie en lugar de hundirse? Porque el peso específico de su cuerpo es inferior a la densidad del agua. La conclusión es que cuando una persona está sumergida en agua, el peso aparente de su cuerpo equivale a un diez por ciento del peso real en tierra.

Para las personas con problemas de obesidad, dolores de espalda, etc., esta circunstancia representa una gran ventaja a su favor, ya que les ofrece la posibilidad de realizar ejercicio en el agua sin forzar las articulaciones, tal como ocurriría si ejercitasen su cuerpo fuera del agua.

EJERCICIOS PARA MEJORAR LA FLOTACIÓN

Ejercicio 1

Extienda los brazos hacia delante, inspire y tome impulso en el borde de la piscina con la punta de los pies. Estire las piernas hacia atrás, sumerja la cara en el agua y exhale aire. Todos estos movimientos le permitirán adoptar una postura de flotación hidrodinámica. Cuando desee volver a respirar (no hace falta apurar las últimas reservas), flexione las rodillas y levante la cabeza.

Ejercicio 2

Para adoptar la postura de flotación de espaldas, incline la cabeza hacia atrás y deje que los pies, el pecho, las caderas y las piernas suban hacia la superficie. A continuación, coloque los brazos en cruz.

Transcurridos unos segundos, doble la cintura y lleve las rodillas al pecho para recuperar la posición erguida. Complete el movimiento pasando los brazos por detrás del cuerpo.

EL DESLIZAMIENTO EN EL AGUA

La natación es un deporte en el que la técnica tiene un papel fundamental. Por mucha capacidad aeróbica que se tenga, no es posible llegar a ser un buen nadador si no se ejecutan correctamente los movimientos que corresponden a cada estilo. Prueba de ello es que los grandes nadadores siempre han hecho gala de una técnica impecable, una técnica que, con independencia del estilo, se fundamenta en cuatro grandes pilares: el principio de inmersión total (principio de Arquímedes), el principio de penetración de un cuerpo en un fluido, el principio del deslizamiento y la respiración. Cuando un cuerpo penetra y avanza en un fluido, la resistencia que le ofrece éste último depende de su forma, de su superficie (es decir, la proyección del cuerpo sobre un plano perpendicular a la dirección de la progresión) y de la velocidad a la que se mueve.

Si observamos atentamente una gota de agua (o un pez o un avión) nos daremos cuenta de que un cuerpo fusiforme (es decir, un cuerpo que va adelgazándose desde el medio hacia sus dos extremos) progresa con gran facilidad y rapidez.

Del mismo modo, el cuerpo del nadador ofrecerá menos resistencia al avance si se coloca en posición extendida.

Para ello debe estirar los brazos más allá de la cabeza, algo que muchos ya hacen de forma intuitiva en el momento de zambullirse. Esta posición (llamada «de deslizamiento») optimiza la propulsión del nadador en el agua y es la base del aprendizaje de todos los estilos de natación.

No es posible llegar a ser un buen nadador sin una buena técnica.

LA BATIDA DE PIES

Ejercicio 1. Pies crol

Un clásico en todas las piscinas del mundo: tome una tabla de corcho y sujétela por la parte más lejana, de modo que los antebrazos se apoyen sobre ella. Colóquese en posición de deslizamiento, extendiendo al máximo los brazos, y empiece a propulsarse moviendo las piernas de forma continua hacia arriba y hacia abajo (pies de crol). Las rodillas deben estar ligeramente flexionadas y los tobillos relajados. Los pies, por su parte, han de orientarse ligeramente hacia el interior.

Ejercicio 2. Pies espalda

Colóquese de espaldas y comience a deslizarse. Mantenga el pecho y las caderas elevados en la superficie del agua, inclinando hacia atrás la cabeza y arqueando ligeramente la espalda. Mueva las piernas hacia arriba y hacia abajo para desplazarse, con las rodillas ligeramente flexionadas.

LA RESPIRACIÓN

Por el momento, hemos visto cómo el conocimiento del principio de Arquímedes nos ha conducido a la práctica de la inmersión total. Como también hemos podido comprobar, las leyes de penetración de un cuerpo en un fluido demuestran la necesidad de emplear la posición de deslizamiento.

Si tratamos de aplicar estos dos principios colocándonos para ello en posición ventral, rápidamente nos daremos cuenta de que surge el problema de la respiración, puesto que la suma de las dos condiciones mencionadas implican la necesidad de sumergir el rostro y, por lo tanto, de introducir bajo el agua las fosas nasales.

Así, los principiantes deben aprender a respirar de una manera que les permita mantener el cuerpo sumergido al máximo de sus posibilidades y al mismo tiempo conservar el ritmo respiratorio normal. Para lograrlo, en primer lugar hay que tener en cuenta que en el agua se respira de manera diferente que en condiciones normales.

EJERCICIOS PARA APRENDER A RESPIRAR

Tanto este ejercicio como el siguiente sólo se pueden hacer en una piscina de poca profundidad.

Ejercicio 1

De pie, inspire profundamente, flexione las piernas y sumerja la cara en el agua. Después, espire lentamente el aire por la nariz y la boca. Concéntrese en evitar que el agua penetre en las fosas nasales. Vuelva a sacar la cabeza del agua y repita el ejercicio.

Ejercicio 2

De pie, intente imitar los movimientos del crol sin desplazarse. Doble la cintura, gire la cabeza hacia el lado que escoja para inspirar aire y estire el brazo contrario hacia delante. A continuación, sumerja la cabeza en el agua y espire lentamente mientras el brazo completa el movimiento. Pruebe a respirar por ambos lados para comprobar cuál de los dos le resulta más cómodo.

Respirar correctamente

La coordinación de la respiración con el movimiento de la brazada es esencial para sacar partido del ejercicio que se está realizando y disfrutar nadando. Al espirar, el organismo expulsa el dióxido de carbono (acción que genera pequeñas burbujas en el agua), mientras que al inspirar toma oxígeno para alimentar los músculos. Un error frecuente en los principiantes es olvidarse de expulsar el aire cuando se sumerge la cara dentro del agua. Asimismo, es importante realizar espiraciones e inspiraciones profundas durante cada ciclo de respiración para obtener oxígeno suficiente y evitar acumulaciones indeseadas de dióxido de carbono.

Si normalmente la respiración consta de dos fases (inspiración y espiración), la respiración en el medio acuático se compone de tres períodos: inspiración, retención de aire y espiración.

Para inspirar hay que sacar las vías respiratorias fuera del agua durante el tiempo estrictamente necesario. Esta inspiración va seguida de una retención más o menos larga (depende de cada nadador) que favorece la flotación. Finalmente, comienza la fase de espiración que, como en todos los ejercicios físicos, es esencial y aquí tiene lugar dentro del agua. La espiración es lenta y progresiva, y se realiza por la boca, aunque se puede dejar escapar aire por la nariz de forma complementaria.

Los estilos

EL CROL, EL ESTILO MÁS RÁPIDO

Este estilo obliga a colocar el cuerpo del nadador en una posición muy hidrodinámica. En el crol, mientras uno de los brazos del nadador se mueve en el aire dispuesto a entrar en el agua, el otro, sumergido, efectúa la tracción. Este movimiento, que en principio parece tremendamente sencillo, no lo es tanto porque encierra una compleja técnica, que puede resumirse en los puntos siguientes:

• La palma de la mano debe entrar en el agua mirando ligeramente hacia fuera, con el pulgar hacia abajo.

• El codo ha de estar relajado, lo que no impide que el nadador tenga que intentar levantarlo al máximo cuando saca el brazo del agua.

• Cuando se sumerge el brazo, los dedos deben apuntar hacia el fondo; la mano «aga-

Dos defectos clásicos

Muchos nadadores de crol suelen cometer dos errores típicos: por un lado, no levantan suficientemente el codo en el momento de sacar el brazo a la superficie cuando, en realidad, deberían elevarlo de forma que quedara muy por encima de la mano. Así, con el brazo relajado, el nadador debería poder arrastrar la punta de los dedos por la superficie del agua.

Otro defecto muy común es entrar la mano en el agua cruzando la longitudinal del cuerpo. Para corregir este error, hay que procurar que la mano entre en el agua entre la línea del hombro y la longitudinal del cuerpo.

En la respiración de crol, la boca y la nariz apenas deben salir del agua.

Una «S» muy efectiva

Cuando se tiene un cierto dominio de la técnica básica del crol, se puede introducir una variante que hace la tracción más efectiva y permite desplazarse aún más rápidamente. Se trata de lo que se conoce como «el impulso en S». Tal como se puede observar en el dibujo adjunto, para realizar este tipo de brazada la mano sigue una línea en forma de «S». Es decir, cuando se sumerge el brazo y la mano llega a la altura de la cabeza, se entra hacia dentro (hacia la cintura). A continuación, hay que presionar la mano hacia abajo, moviéndola en diagonal en dirección al muslo.

Este movimiento, a diferencia de la brazada más clásica de crol (que consiste en empujar el agua directamente hacia abajo y hacia atrás), permite desplazar el agua «quieta» situada entre el tórax y la mano que empuja, lo cual aumenta el volumen de líquido movido en cada brazada. De este modo el nadador avanza más rápidamente.

rra» el agua y se apoya en ella para «empujar» el cuerpo hacia delante.

Paralelamente al movimiento de brazos, el nadador mueve las piernas mediante lo que se conoce como «patada oscilante»: un movimiento alternativo de las piernas hacia arriba y hacia abajo originado en la cadera (las piernas y los pies han de estar relajados). Por cada ciclo completo de brazos se suelen producir de dos a ocho batidas de pies.

La mayor parte de nadadores de competición sigue un ritmo de seis batidas por brazada.

Además de fijarnos en la técnica de los brazos y las piernas, el crol también requiere una respiración rítmica, sumergiendo la cara en el agua y girando la cabeza a derecha o a izquierda para inspirar. La boca y la nariz apenas han de salir del agua en el momento de tomar aire.

LA BRAZA, EL ESTILO MÁS NATURAL

El estilo braza recuerda al movimiento natatorio de las ranas. Se trata de la técnica más natural y la más lenta, aunque permite hacer metros y metros sin cansarse demasiado.

La secuencia de movimientos es la siguiente:

• El nadador se queda flotando boca abajo, con los brazos apuntando al frente y las palmas vueltas.
• Abre los brazos hacia atrás hasta que éstos queden en línea con los hombros.
• Encoge las piernas para aproximarlas al cuerpo, con las rodillas y los dedos de los pies mirando hacia fuera.
• Estira el cuerpo con un fuerte impulso.
• Lleva nuevamente los brazos al punto de partida.

A partir de ahí, comienza de nuevo todo el ciclo. La braza es el único estilo en el que las piernas pueden propulsar el cuerpo del nadador con más fuerza que los brazos. De hecho, en la mayoría de los casos, las extremidades inferiores proporcionan una fuerza que oscila entre el treinta y el sesenta por ciento de la propulsión total. De ahí la importancia de una ejecución correcta de la «patada de rana» característica de este estilo.

La brazada estrecha, el error más frecuente

Un error muy común es hacer una brazada demasiado estrecha. Es decir, en lugar de dirigir las manos y los brazos hacia afuera, llevarlos hacia atrás y hacia abajo. Algunas personas creen, erróneamente, que la brazada de poca amplitud les permite «empujar» hacia atrás con mayor celeridad pero, en realidad, el barrido de gran amplitud es más propulsivo. El motivo no es difícil de comprender: al partir de una posición más amplia, el nadador puede aplicar su fuerza a lo largo de una distancia mayor. El movimiento, por lo tanto, tiene más fuerza. Esto no significa que las brazadas deban ser «kilométricas», ya que si los brazos barren mucho más allá de la línea de los hombros, se tarda demasiado tiempo en iniciar la fase propiamente propulsiva. Una referencia clara consiste en empezar a girar los brazos hacia atrás cuando éstos han superado el ancho de los hombros.

En primer lugar, hay que concentrarse en llevar los talones hacia arriba (hacia las nalgas) al tiempo que se flexiona las rodillas. Toda la operación ha de realizarse sin que los talones rompan la superficie del agua. A continuación, se flexionan los pies y se separan las piernas en posición de «V». Por último, el movimiento se completa con una rápida unión de piernas.

En todo momento hay que intentar que el movimiento del cuerpo sea continuo, ya que si se producen grandes cambios de ritmo disminuye la eficacia.

Cuatro consejos para nadar como una rana

1. Cuando los brazos inicien su movimiento hacia el exterior, empezamos a subir la cabeza a la superficie para inspirar. Elevamos la cara sólo lo necesario.

2. El movimiento del cuerpo debe ser hacia adelante. Sólo se toma altura para impulsarse con más fuerza.

3. Si tenemos problemas de espalda, reducimos el movimiento ondulatorio característico de la braza. Es decir, realizamos la misma sucesión descrita arriba, pero a la hora de efectuar la patada no flexionamos excesivamente las piernas para que los pies queden más lejos de los glúteos. La impulsión será menos

efectiva, pero no se incide en la curva de la región lumbar.

4. La patada no ha de coincidir con la brazada, sino que se efectúa mientras los brazos están extendidos hacia delante. En la braza los pies intervienen de forma determinante en la velocidad.

La alineación del cuerpo

La colocación de los brazos cuando se sumergen en el agua es uno de los defectos más comunes. Debido a la inercia del movimiento continuo, muchos nadadores adquieren la mala costumbre de introducir la mano en el agua cruzándola excesivamente hacia el hombro opuesto. Este defecto provoca un movimiento lateral de las caderas que rompe la alineación del cuerpo. ¿Cómo se puede evitar este error? Un pequeño truco consiste en imaginar que nos encontramos yaciendo de espaldas encima de un reloj, con la cabeza orientada hacia las doce y los pies apuntando a las seis. De este modo ya podemos empezar a nadar, teniendo en cuenta que el brazo derecho ha de dirigirse hacia las once y el izquierdo en dirección a la una.

LA ESPALDA, EL ESTILO MÁS SANO

Algunos nadadores encuentran desconcertante deslizarse sobre su espalda. Otros, en cambio, aprecian mucho este estilo debido a la relativa facilidad de sus movimientos. No hay que olvidar que la técnica de espalda permite que la cara del nadador permanezca siempre por encima del agua, lo que facilita la respiración. Además, la espalda es el estilo «terapéutico» por excelencia, puesto que, entre otras cosas, ayuda a desarrollar la flexi-bilidad de los hombros y a corregir las desviaciones de la parte dorsal del cuerpo.

Exceptuando la cuestión de la posición del cuerpo en el agua, los estilos de espalda y crol tienen bastantes semejanzas, ya que la brazada, el impulso de pies y el ritmo acompasado de brazos y piernas son muy similares.

¿Cómo se ejecuta correctamente el estilo de espalda? En primer lugar, los brazos han de entrar en el agua completamente extendidos, con la palma de la mano mirando hacia fuera y el dedo meñique por delante. De este modo, las manos pueden deslizarse dentro del agua sin apenas provocar turbulencias. Con los dedos por delante, el nadador tiene que presionar con el brazo estirado hacia abajo (dentro del agua) para potenciar al máximo el momento de «agarre» de la brazada. A continuación, bascula este mismo brazo por debajo del agua hacia la cadera para realizar el impulso. Si el movimiento se realiza correctamente, el pulgar rozará el muslo cuando la extremidad suba hacia arri-

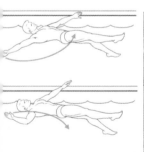

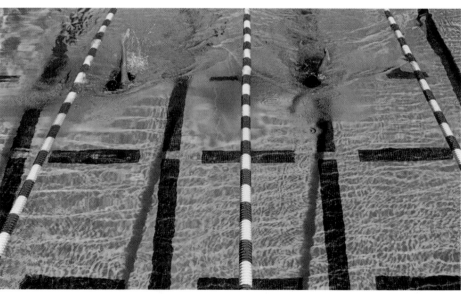

Una técnica más afinada

Además de la técnica de espalda elemental, en la que se nada girando los brazos como si fuesen aspas de molino, existe un movimiento un poco más complejo técnicamente que, si se realiza bien, aumenta la propulsión del brazo. Este movimiento consiste en flexionar el brazo poco después de sumergirlo en el agua y, a continuación, con el codo doblado, llevarlo hacia la cintura. Cuando el codo esté pegado a la cintura, se gira el antebrazo y se presiona en dirección a los pies.

ba (siempre con el meñique por delante). La clave de este estilo es conseguir que la alternancia entre el movimiento de ambos brazos sea fluida y continua.

Al igual que en el crol, las piernas del nadador que practica espalda se mantienen juntas y se mueven alternativamente hacia arriba y hacia abajo. Lo ideal es que por cada ciclo de brazos se realicen seis patadas. Un aspecto importante es procurar que los pies no sobresalgan demasiado de la superficie.

En cuanto a la respiración, para que el ritmo sea adecuado se recomienda tomar y expulsar aire de forma continua, de forma que el nadador realice un ciclo completo de respiración en cada movimiento de brazos.

LA MARIPOSA, EL ESTILO MÁS ESPECTACULAR

La mariposa es el estilo más difícil de ejecutar, ya que requiere fuerza y coordinación. Los nadadores deben dar dos golpes de piernas por cada brazada y, al mismo tiempo, poseer un gran sentido del ritmo.

Este esfuerzo se traduce en velocidad: el estilo mariposa es casi tan rápido como el estilo libre, aunque, eso sí, resulta mucho más cansado.

El movimiento de brazos de la mariposa es similar al impulso en forma de «S» que hemos visto en el apartado correspondiente al crol. La diferencia es que, en este caso, el cuerpo no se balancea porque los dos brazos se mueven de forma simultánea y continua. ¿De qué forma? Desplazándose hacia delante (por encima del agua) y luego hacia atrás, por debajo de la superficie.

Partiendo de la posición de brazos extendidos dentro del agua, éstos se separan a una distancia equivalente a la anchura de hombros, con los pulgares orientados hacia abajo. A continuación, se impulsan hacia fuera y hacia abajo, iniciando un movimiento en forma de «S». Las manos se juntan a la altura del abdomen al tiempo que se doblan los codos. Posteriormente, las manos vuelven a separarse y *bajan* hacia las caderas mientras presionan el agua hacia atrás. Es el preludio del momento en el que los brazos emergen de nuevo a la superficie, instante que el nadador aprovecha para inspirar y comenzar a expulsarlo de inmediato.

La patada de delfín

La complejidad del estilo mariposa no reside sólo en el movimiento de brazos. Para nadar correctamente también hay que aprender la «patada de delfín», un movimiento de piernas similar al que se efectúa en el crol (hacia arriba y hacia abajo), si bien, en el caso de la mariposa, las dos extremidades se mueven simultáneamente. Esta circunstancia provoca un movimiento de ondulación de todo el cuerpo. Los nadadores experimentados son capaces de efectuar dos patadas completas (dos batidas hacia arriba y hacia abajo) por cada brazada.

MARIPOSA PARA PRINCIPIANTES

Una de las principales dificultades de la patada de delfín estriba en la necesidad de dar dos golpes por cada movimiento de brazos. Los principiantes pueden familiarizarse con este estilo efectuando una sola patada por brazada. En primer lugar, el nadador se coloca en posición de deslizamiento, con los brazos totalmente extendidos hacia delante. A continuación, flexiona ambas piernas a la vez y, simultáneamente, dobla los brazos. Por último, extiende las extremidades inferiores y se impulsa hacia delante moviendo los brazos por encima de la superficie del agua. La posición de la cabeza debe ser natural, sin tensión en la zona cervical.

Otros movimientos en el agua

Una buena salida puede determinar el éxito en una competición.

TIRARSE DE CABEZA AL AGUA

Zambullirse de cabeza es la manera más rápida de entrar en el agua y permite dirigirse lo más deprisa posible hacia una dirección determinada.

Por otro lado, el hecho de sumergir la cabeza en primer lugar favorece la adaptación inmediata al medio líquido y a su temperatura, lo que evita la desagradable sensación de escalofrío que produce la inmersión gradual del cuerpo, empezando por los pies, en una piscina de agua fría o en el mar.

La mayor parte de personas, cuando se zambullen de cabeza, colocan el cuerpo en posición plana.

Así, al final del «vuelo», el nadador se sumerge con el torso doblado y, en consecuencia, las manos y el tronco entran en el agua por un sitio y las piernas y los pies lo hacen por otro punto más atrasado. La consecuencia es el aumento de la resistencia y la disminución de la velocidad de avance durante el deslizamiento. El hecho de que las manos, el pecho, las caderas y los pies tomen contacto con el agua en distintos puntos y casi de forma simultánea origina una turbulencia considerable que repercute en una rápida deceleración.

Para aprender a tirarse con una técnica efectiva, hay que adoptar la posición de «arco» durante el salto. Es decir, dirigir el cuerpo hacia arriba y, una vez alcanzado el punto más alto, doblar la cintura para reorientar la dirección del cuerpo hacia el agua. Gracias a esta

Salida de espalda

En las salidas de espalda, el nadador se prepara dentro del agua, agarrado al soporte de salida, con el cuerpo recogido, flexionando los codos y las rodillas.

Al oír la señal, extiende los brazos, lanza la cabeza hacia atrás y proyecta el cuerpo hacia arriba y hacia fuera, gracias a lo cual se separa rápidamente de la pared. Durante el vuelo, la espalda se arquea para procurar que todo el cuerpo entre en el agua por el mismo punto. Esto se logra doblando la cintura hacia atrás en el momento en el que la parte superior del cuerpo penetra en el agua.

trayectoria, la cabeza y los pies entrarán en la piscina por el mismo sitio, lo cual genera pocas turbulencias y permite un buen deslizamiento en el agua.

La salida

Los nadadores que participan en competiciones ensayan las salidas al detalle, ya que de su correcta ejecución depende directamente el resultado final. Una vez situado en la plataforma, el nadador se agacha y sujeta con la primera articulación de los dedos de las manos el borde delantero del plano de salida. Los pies guardan una distancia equivalente a la separación que corresponde al ancho de los hombros y las rodillas se flexionan unos treinta grados.

El nadador concentra toda su atención en el disparo de salida. La diferencia en el tiempo de reacción entre los nadadores profesionales oscila entre tres y seis centésimas de segundo.

Ya en el agua, el competidor deja que su cuerpo deslice en línea recta, manteniendo las piernas y los brazos extendidos. Finalmente, cuando pierde la velocidad derivada de la inercia inicial, empieza a dar los primeros impulsos con los pies.

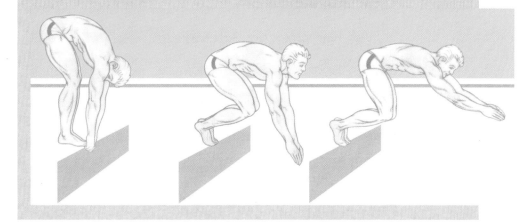

Segundos preciosos

En las competiciones se ha calculado que, si se suman los virajes y los deslizamientos dentro del agua, los nadadores suelen ganar de dos a tres segundos por largo de piscina. Eso significa que los giros representan, como mínimo, de un diez a un veinte por ciento del tiempo total en las carreras de corta distancia. Este cálculo indica la importancia de la técnica del viraje y explica el hecho de que en una piscina corta las marcas sean más bajas que en una piscina olímpica.

LOS VIRAJES

Dado que la natación es un ejercicio aeróbico, el éxito o el fracaso de un nadador depende en buena medida de su capacidad de mantener un ritmo continuado. Por este motivo, para nadar distancias medias o largas sin interrumpir el nado, hay que aprender las diferentes técnicas de viraje.

Los virajes no deben verse nunca como molestos escollos que hay que superar, sino todo lo contrario: bien aprovechados, ayudan a descansar entre largo y largo, conservando en todo momento una posición hidrodinámica.

El viraje más sencillo que se utiliza en crol, braza y mariposa consta de los siguientes pasos: cuando el nadador se aproxima al borde de la piscina, extiende un brazo hacia delante para agarrarse a la pared e impulsarse hacia el muro, flexionando las rodillas. A continuación, hunde el hombro del brazo que le queda libre en el agua y gira el torso 180⊕, basculando las piernas y las caderas por debajo del cuerpo. Seguidamente apoya los pies contra la pared de la piscina, toma aire, suelta la mano del borde y, pasando el brazo por encima del hombro, y con el tronco ya en posición hidrodinámica, se empuja con las piernas contra la pared.

Cuando empieza a disminuir la velocidad generada por el impulso en la pared, empieza la batida de pies, se da la primera brazada y se respira.

Otros virajes

El noventa por ciento de los nadadores aficionados suele utilizar alguno de los dos virajes que explicamos en estas páginas. Sin embargo, existen otros giros más específicos que también merecen ser reseñados. Para el estilo espalda, concretamente, se conocen tres técnicas diferentes: el viraje en hélice, el viraje revolviéndose y el viraje Naber.

• **El viraje en hélice.** El nadador rota sobre su propio eje después de tocar la pared con la punta de los dedos, de forma que pueda cambiar de dirección.

• **El viraje revolviéndose.** Se inicia cuando el nadador toma contacto con la pared mientras está de espaldas. A continuación, se coloca boca abajo y efectúa un giro con voltereta similar al que hemos reseñado anteriormente. En este caso el nadador toma impulso de espaldas.

• **El viraje Naber.** Llamado así en recuerdo de su inventor, el nadador John Naber, es muy parecido al de hélice, pero con la diferencia de que la cara del deportista permanece fuera del agua cuando cambia de dirección.

Los estilos braza y mariposa también tienen su propia técnica de viraje, que consiste básicamente en realizar el giro después de tocar la pared con ambas manos a la vez, situando los hombros al mismo nivel.

EJEMPLOS DE VIRAJES CON VOLTERETA

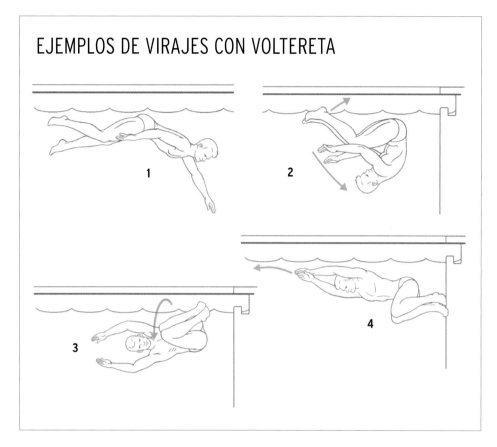

El giro con voltereta implica cuatro movimientos concretos que deben realizarse muy rápidamente.

El viraje con voltereta

El giro con voltereta es más eficaz, pero también más complejo porque exige hacer una serie ordenada de movimientos en poco tiempo.

Lo primero que el nadador debe recordar es algo tan simple como mirar la pared cuando se acerca al borde de la piscina para ajustar la brazada e iniciar el viraje a la distancia adecuada del muro. El viraje se inicia a un metro y medio de la pared. A falta de una sola brazada para llegar, el nadador coloca uno de los brazos junto a la cadera e impulsa el cuerpo hacia abajo con el otro brazo estirado. En el instante en el que las caderas pasan por encima de la cabeza, gira el cuerpo y dirige los pies hacia la pared para entrar en contacto con ella (cuando los pies se mueven por fuera del agua, las piernas han de estar dobladas). Finalmente, toma impulso al empujarse con los pies en la pared.

Calentar antes de nadar

Aunque a muchos les sorprenda, antes de nadar también conviene realizar algunos ejercicios de calentamiento. Básicamente, esta preparación previa se divide en dos partes: calentamiento fuera del agua y calentamiento dentro del agua. En el primer caso, los ejercicios no tienen ningún secreto: ejercicios de movilidad de las articulaciones, estiramientos, etc.

Después, ya dentro del agua, se recomienda realizar un calentamiento suave y variado con el objeto de soltar los músculos y obtener una buena amplitud de movimientos.

Programas de entrenamiento

PROGRAMA PARA NADADORES PRINCIPIANTES

El plan de entrenamiento que presentamos para nadadores principiantes tiene una duración de un año y se divide en cuatro trimestres. Durante el primer semestre, se han programado dos sesiones de entrenamiento a la semana, mientras que para los dos últimos trimestres se han previsto tres. Este plan pretende cumplir un doble objetivo: mejorar la técnica y la forma física del principiante. Por

ello, abundan los ejercicios con tablas, tanto para brazos como para piernas, y se hace especial hincapié en aquellos movimientos que trabajan la flotabilidad y la alineación del cuerpo. Se entrenan los estilos crol, braza y espalda. La mariposa, en cambio, se ha descartado por su dificultad.

Durante el primer trimestre, el nadador principiante no hará un número de series predeterminado. El objetivo principal es acostumbrarse al medio acuático y nadar a ritmo lento. En este sentido, es importante que empiece a practicar ejercicios de perfeccionamiento técnico, como pies de crol, pies de braza, pies de espalda, brazos de crol, punto muerto, etc. Transcurridos estos primeros tres meses iniciales, el programa prevé la realización de las series que se detallan en el siguiente cuadro:

La batida de pies

Muchos principiantes tienden a realizar el batido de pies con demasiada rapidez y se agotan en poco tiempo porque los músculos anchos de sus extremidades inferiores utilizan una gran cantidad de oxígeno. Además, la propulsión excesiva de piernas aumenta las posibilidades de sufrir un calambre.

En el entrenamiento de natación es fundamental fraccionar la distancia en bloques y series.

Segundo trimestre

Día	Número de series	Distancia (en metros)	Total (en metros)	Estilo	Tiempo de descanso en segundos
Lunes	1	100	100	Crol	60
	2	25	50	Pies crol	60
	4	25	100	Brazos crol	60
	2	25	50	Pies braza	60
	1	100	100	Braza	60
	1	100	100	Espalda	60
	1	100	100	Crol	60
	1	100	100	Braza	60
	1	100	100	Crol suave	
Total			800		
Jueves	2	100	200	Crol	60
	1	100	100	Braza	60
	2	25	50	Pies crol	60
	1	50	50	Pies braza	60
	1	100	100	Brazos crol	60
	1	100	100	Espalda	60
	1	100	100	Braza	60
	1	100	100	Crol suave	
Total			800		

Tercer trimestre

Día	Número de series	Distancia (en metros)	Total (en metros)	Estilo	Tiempo de descanso en segundos
Lunes	1	100	100	Crol	60
	2	25	50	Pies crol	60
	4	25	100	Brazos crol	60
	2	25	50	Pies braza	60
	1	100	100	Braza	60
	1	100	100	Espalda	60
	1	100	100	Crol	60
	1	100	100	Braza	60
	1	100	100	Crol suave	
Total			800		
Miércoles	2	100	200	Crol	60
–	1	100	100	Braza	60
–	2	25	50	Pies crol	60
–	1	50	50	Pies braza	60
–	1	100	100	Brazos crol	60
–	1	100	100	Espalda	60
–	1	100	100	Braza	
–	1	100	100	Crol suave	
Total			800		
Viernes	1	100	100	Crol	30
–	1	100	100	Brazos crol	30
–	1	100	100	Pies crol	30
–	1	50	50	Pies braza	30
–	1	50	50	Pies espalda	30
–	1	100	100	Braza	30
–	1	100	100	Espalda	30
–	4	50	200	Crol	15
Total			800		

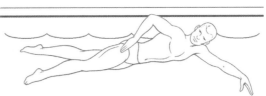

Manténgase en forma

Cuarto trimestre

Día	Número de series	Distancia (en metros)	Total (en metros)	Estilo	Tiempo de descanso en segundos
Lunes	1	100	100	Crol	60
	2	25	50	Pies crol	60
	4	25	100	Brazos crol	60
	2	25	50	Pies braza	60
	1	100	100	Braza	60
	1	100	100	Espalda	60
	1	100	100	Crol	60
	1	100	100	Braza	60
	1	100	100	Crol suave	
Total			800		
Miércoles	1	100	200	Crol	60
	2	100	100	Pies crol	60
	4	25	50	Brazos crol	60
	2	50	50	Pies braza	60
	1	100	100	Braza	60
	1	100	100	Espalda	60
	1	100	100	Crol	60
	1	100	100	Braza	60
	1	100	100	Crol suave	
Total			800		
Viernes	1	100	100	Crol	30
	1	100	100	Pies crol	30
	1	100	100	Brazos crol	30
	1	50	50	Pies braza	30
	1	50	50	Braza	30
	1	100	100	Espalda	30
	1	100	100	Crol	30
	1	100	200	Braza	15
	4	50	800	Crol suave	
Total					

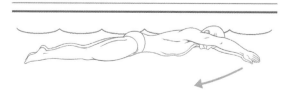

La natación

PROGRAMA PARA NADADORES DE NIVEL INTERMEDIO

Al igual que el plan de entrenamiento para nadadores principiantes, el programa de nivel intermedio también se divide en cuatro trimestres. Como se podrá comprobar, los tiempos de descanso entre serie y serie son ahora mucho más cortos (entre 15 y 30 segundos). Además de los ejercicios con corchos, los estilos que se practican continúan siendo el crol, la espalda y la braza, y se deja la mariposa para nadadores más expertos.

Primer trimestre

Día	Número de series	Distancia (en metros)	Total (en metros)	Estilo	Tiempo de descanso en segundos
Lunes	1	400	400	Crol calentamiento	5
	2	25	50	Pies crol	5
	1	50	50	Brazos crol	10
	1	50	50	Pies crol	15
	1	200	200	Brazos crol	20
	1	200	200	Braza	20
	1	50	50	Pies espalda	20
	1	50	50	Brazos espalda	20
	1	100	100	Espalda	
Total			1.150		
Miércoles	1	400	400	Crol calentamiento	20
	1	200	200	Braza	20
	1	50	50	Pies crol	20
	1	100	100	Braza	20
	1	50	50	Pies crol	20
	1	100	100	Espalda	20
	1	100	100	Brazos crol	20
	1	100	100	Crol	20
Total			1.100		
Viernes	1	200	200	Crol	20
	1	200	200	Brazos crol	20
	1	200	200	Braza	20
	1	50	50	Pies espalda	20
	1	100	100	Brazos espalda	20
	1	100	100	Braza	
	1	200	200	Crol	
Total			1.050		

Segundo trimestre

Día	Número de series	Distancia (en metros)	Total (en metros)	Estilo	Tiempo de descanso en segundos
Lunes	1	200	200	Brazos crol	15-30
	1	200	200	Crol	15-30
	2	50	100	Pies crol	15-30
	1	200	200	Braza	15-30
	2	50	100	Pies braza	15-30
	1	200	200	Espalda	15-30
	4	100	400	Crol	
Total			1.000		
Miércoles	200	200	200	Crol	15-30
	100	100	100	Braza	15-30
	400	800	800	Crol	15-30
	100	100	100	Braza	–
	100	100	100	Espalda	
Total			1.300		
Viernes	400	400	400	Crol	15-30
	200	200	200	Brazos crol	15-30
	200	200	200	Braza	15-30
	50	50	100	Pies crol	15-30
	50	50	100	Pies braza	15-30
	50	50	100	Pies espalda	15-30
	100	100	100	Brazos espalda	15-30
	400	400	400	Crol	
Total			1.600		

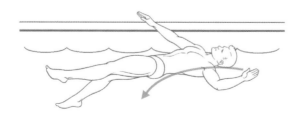

Tercer trimestre

Día	Número de series	Distancia (en metros)	Total (en metros)	Estilo	Tiempo de descanso en segundos
Lunes	1	400	400	Crol	10
	15	25	375	Crol suave	10
	5	25	125	Crol fuerte	10
	1	100	100	Espalda	15
	4	25	100	Braza	15
	1	200	200	Braza	15
	1	200	200	Crol	
Total			1.500		
Miércoles	1	400	400	Crol	10
	2	50	100	Pies crol	10
	7	25	175	Espalda	10
	7	25	175	Crol	10
	7	25	175	Braza	10
	7	25	175	Crol fuerte	10
	1	100	100	Braza	–
	1	200	200	Crol	
Total			1.500		
Viernes	1	400	400	Crol	10
	2	50	100	Pies crol	10
	2	100	200	Braza	10
	4	25	100	Crol	5
	4	50	200	Crol	5
	4	25	100	Crol	5
	4	50	200	Crol	5
	2	25	50	Crol	5
Total			1.350		

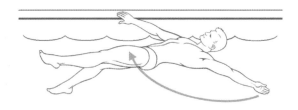

Manténgase en forma

Cuarto trimestre

Día	Número de series	Distancia (en metros)	Total (en metros)	Estilo	Tiempo de descanso en segundos
Lunes	1	500	500	Crol	15
	1	500	500	Brazos crol	15
	1	200	200	Pies crol	15
	1	200	200	Braza	15
	1	100	100	Espalda	
Total			1.500		
Miércoles	1	800	800	Crol	15
	8	100	800	Crol	15
Total			1.600		
Viernes	1	500	500	Crol	15
	1	200	200	Brazos crol	15
	1	200	200	Braza	15
	2	100	200	Pies crol	15
	2	100	200	Espalda	15
	1	500	500	Crol	
Total			1.800		

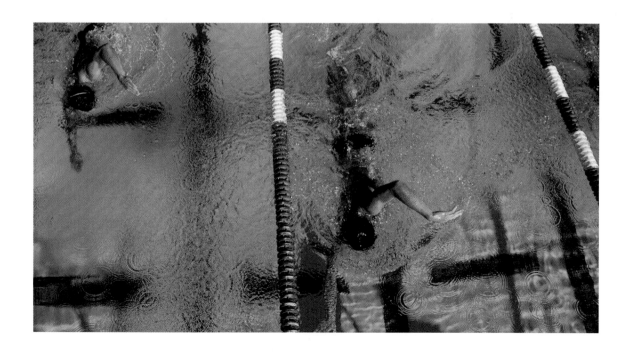

La natación

PROGRAMA PARA NADADORES EXPERTOS

Cuando la natación se convierte en algo más que un mero ejercicio físico, el nadador quizá sienta el deseo de orientar sus esfuerzos hacia una meta determinada, como puede ser participar en alguna travesía o en un triatlón. En este nivel, el entrenamiento debe dividirse en dos tipos de trabajo: el técnico y el físico.

El entrenamiento técnico consiste en mejorar la eficacia mediante ejercicios específicos. Los movimientos se realizan intentando ahorrar la máxima energía posible, puesto que el entrenamiento físico ya se ocupa de trabajar la fuerza, la velocidad y la resistencia del nadador.

Este entrenamiento propone combinar ejercicios de las dos clases. También está dividido en cuatro trimestres y el objetivo es que, después de un año de trabajo, el nadador sea capaz de cubrir 1.500 m en 25 minutos.

Primer trimestre

Día	Número de series	Distancia (en metros)	Total (en metros)	Estilo	Tiempo de descanso en segundos
Lunes	1	800	800	Brazos crol	10-15
	2	100	200	Crol	10-15
	1	200	200	Braza	10-15
	1	200	200	Pies crol	10-15
	1	100	100	Crol	
Total			1.500		
Miércoles	1	500	500	Crol	10-15
	1	500	500	Brazos crol	10-15
	1	200	200	Pies crol	10-15
	1	200	200	Braza	10-15
	1	500	500	Crol	
Total			1.900		
Viernes	1	400	400	Crol	10
	4	100	400	Crol	10
	1	200	200	Espalda	10
	1	200	200	Braza	10
	8	50	400	Crol	10
	1	100	100	Espalda	
Total			1.700		

Segundo trimestre

Día	Número de series	Distancia (en metros)	Total (en metros)	Estilo	Tiempo de descanso en segundos
Lunes	1	500	500	Crol	10-15
	5	75	375	Crol	10
	5	25	125	Braza	10
	5	25	125	Espalda	10
	5	25	125	Crol/mariposa	10
	5	25	125	Braza	10
	5	25	125	Crol	10
	1	200	200	Braza	10-15
	1	200	200	Crol	
Total			1.900		
Miércoles	1	500	500	Crol	10-15
	1	500	500	Brazos crol	10-15
	1	500	500	Crol	10-15
	1	500	500	Braza	
Total			2.000		
Viernes	1	400	400	Crol	10-15
	1	100	100	Pies crol	10-15
	4	100	400	Crol	10-15
	1	50	50	Crol	10-15
	4	25	100	Crol fuerte	10
	4	25	100	Espalda	10
	1	200	200	Braza	10-15
	1	400	400	Crol	
Total			1.750		

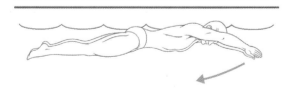

Tercer trimestre

Día	Número de series	Distancia (en metros)	Total (en metros)	Estilo	Tiempo de descanso en segundos
Lunes	500	500	500	Crol	10
	25	125	125	Crol fuerte	10
	25	125	125	Crol suave	10
	25	125	125	Crol fuerte	10
	25	125	125	Crol suave	10
	200	200	200	Pies crol	10
	500	500	500	Brazos crol	10
	200	200	200	Braza	10
	200	200	200	Crol	
Total			2.100		
Miércoles	1	800	800	Crol	30
	8	200	1.600	Crol	
Total			2.400		
Viernes	1	200	200	Crol	10
	1	200	200	Braza	10
	2	100	200	Crol	10
	2	100	200	Braza	10
	1	400	400	Crol	10
	1	200	200	Braza	10
	1	400	400	Brazos crol	10
	1	200	200	Crol	10
Total			2.000		

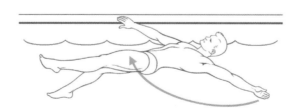

Cuarto trimestre

Día	Número de series	Distancia (en metros)	Total (en metros)	Estilo	Tiempo de descanso en segundos
Lunes	2	800	1.600	Crol	60
	8	200	1.600	Crol	10
Total			3.200		
Miércoles	1	800	800	Crol	60
	1	50	50	Crol	10
	1	50	50	Crol	20
	1	100	100	Crol	10
	1	100	100	Crol	20
	1	150	150	Crol	10
	1	150	150	Crol	20
	1	200	200	Crol	10
	1	200	200	Crol	30
	1	50	50	Crol	20
	1	50	50	Crol	30
	1	100	100	Crol	20
	1	100	100	Crol	30
	1	150	150	Crol	20
	1	150	150	Crol	30
	1	200	200	Crol	20
	1	200	200	Crol	30
	1	400	400	Braza	
Total			3.200		
Viernes	1	800	800	Crol, braza, espalda	60
	8	50	400	Crol	10
	8	50	400	Brazos, piernas	10
	6	50	300	Crol	10
	6	50	300	Braza	10
Total			2.200		

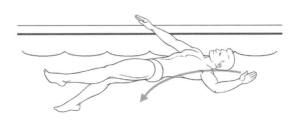

La natación

Nadar en el mar

Nuestras costas son un lugar privilegiado para nadar. Sin embargo, la bondad relativa de sus aguas, sobre todo en el Mediterráneo, en comparación con grandes mares, ríos y lagos de otros continentes, no debe inducir a excesos de confianza. En el mar no hay lugar a errores. Los dos aspectos fundamentales son el nivel de preparación del nadador y la observación de las condiciones del mar.

En cuanto al primer punto, más importante que el nivel técnico y la velocidad es la capacidad de dosificar el esfuerzo, de saberse capaz de cubrir una determinada distancia a un ritmo cómodo o de permanecer un determinado tiempo en el agua, lo cual sólo se consigue con un entrenamiento regular. El mayor grado de flotabilidad del agua de mar aligera en cierta medida el esfuerzo que debe realizarse, pero este elemento favorable puede verse contrarrestado con creces por la corriente y las olas.

En el mar conviene extremar la prudencia. Es preferible nadar en paralelo a la costa, para tener una referencia visual continua, y sin rebasar la línea de boyas situada a doscientos metros de la playa que limita la zona de baño. Cuando se nada en otras direcciones (hacia una roca, una cala, un espigón, etc.) hay que buscar un punto en el paisaje que sirva en todo momento referencia.

El nadador debe saber que nadie espera verle desde una embarcación, un windsurf y mucho menos desde una moto de agua. Por lo tanto, además de llevar un gorro de un color llamativo, debe nadar con respiración bilateral (cada tres brazadas, o bien cada dos pero cambiando a menudo de lado), mirando regularmente hacia delante y hacia atrás. Nadar en grupo da más confianza y es más divertido, pero todas las decisiones relacionadas con el ritmo de nado y posibles cambios de itinerario sobre la marcha deben realizarse teniendo en cuenta al nadador de menos nivel. La observación objetiva de la zona redunda directamente en la seguridad. Para ello debe tenerse en cuenta varios aspectos:

• **El estado de la mar.** Produce más o menos desgaste al nadar y condiciona la previsión de las distancias de nado (respetar las banderas en las playas).

• **Las corrientes.** Las consecuencias de nadar a favor o en contra son obvias, pero también pueden influir lateralmente, en cuyo caso debe rectificarse la dirección de nado para mantener la dirección de desplazamiento o cambiar a partir de un cierto punto.

Temperatura media del mar

Mes/Zona	Cataluña	Islas Baleares	Valencia	Andalucía occidental	Galicia Asturias Santander	Euskadi	Islas Canarias
enero	12	13	13	14	12,5	11,5	19,5
febrero	12	13	12,5	14	12	11,5	18,5
marzo	13	13,5	13	15	12	12	19
abril	14	14,5	14,5	15	12	12,5	19
mayo	15,5	16	16	16	13	12,5	19,6
junio	19	19,5	19,5	18,5	15	15	20,3
julio	22	23	23	20	18	17,5	22,5
agosto	23	24,5	24	21	18	18	22,5
setiembre	22	22,5	23	21	18	18	23
octubre	19	20,5	21	20,5	17,5	17,5	23
noviembre	16	17	17	17	14	13,5	22
diciembre	14	14,5	15	16	13	12,5	20

Más información

1060 EJERCICIOS
Y JUEGOS DE NATACIÓN
Francesc de Lanuza Arús
Antonio Torres Beltrán
Ed. Paidotribo

• Es fundamental **evitar las entradas de embarcaciones** a zonas portuarias, escuelas o alquileres de embarcaciones.

• **Conocer los horarios habituales de los diferentes colectivos** (pescadores, embarcaciones de recreo y motos de agua, surfistas, etc.) permite elegir la hora más tranquila del día, que suele ser por la mañana temprano.

• **En el mar las distancias engañan.** Cuando se nada en un lugar por primera vez no hay que sobrevalorarse. En cambio, es útil tomar referencias de tiempo para una próxima vez.

• **No olvidemos que nadando el cuerpo también se deshidrata,** y que el sol quema mucho a través de la película de agua salada que se forma en la espalda.

Bicicletas y ciclismo

8 La bicicleta como medio de transporte
Tipos de bicicletas
Los ajustes de la bicicleta
La técnica del pedaleo
Entrenar cuando se dispone de poco tiempo
La vestimenta
La bicicleta infantil
Los problemas habituales del ciclista en la carretera
Consejos para mejorar la seguridad
Resumen de la reforma de la Ley de Tráfico

Desde sus inicios, la bicicleta ha tenido una triple finalidad: utilitaria, lúdica y deportiva. En las draisianas de principios del siglo XIX ya se contemplaba la posibilidad de llevar una pequeña carga y de montar diversos accesorios, como adornos y parasoles. Pero sus usuarios no tardaron en establecer los primeros récords: con aquellos velocípedos rudimentarios se cubrieron los 35 km que separan Beaune de Dijon a un promedio de 15 km/h.

En 1838, McMillan, un herrero escocés, acopló por primera vez unas bielas con pedales al eje de una de las ruedas. Otros nombres famosos por haber incorporado pedales a los velocípedos fueron los hermanos Micheaux y el alemán Phillip Moritz Fischer. A partir de ahí, se idearon ruedas de más de dos metros de diámetro, la transmisión por cadena y un sinfín de innovaciones que han culminado en los actuales cuadros de aluminio de menos de un kilo de peso; en las aerodinámicas bicicletas de contrarreloj con cuadro monocasco de fibra de carbono y bielas igualmente de fibra; o en las bicicletas de montaña de suspensión integral. Y cabe esperar que el desarrollo de la bicicleta no se detendrá precisamente aquí.

El 31 de mayo de 1868 tuvo lugar en París la primera prueba ciclista, sobre un recorrido de 1.200 m, en la que tomaron parte siete participantes. A partir de aquellas fechas se formaron clubes deportivos y, un dato importante, se crearon normas de circulación y recomendaciones para evitar accidentes. A finales del siglo XIX, en Estados Unidos e Inglaterra ya se celebraban carreras de resistencia en las que se recorrían distancias de 500 o incluso 3.000 km con tiempos mínimos de descanso.

Esta breve visión de la historia de la bicicleta sirve para poner de relieve la pluralidad de la esencia del ciclismo, actividad en la que confluye la tecnología, el deporte, la utilidad, la moda, las normas viales, etc. No se trata de una actividad que se ha desarrollado en un sentido único, ni tampoco de un juego que ha evolucionado hasta convertirse en un deporte y que a lo largo de los años ha experimentado modificaciones hasta dar lugar a un reglamento y un conjunto de técnicas específicas, tal como ha ocurrido con muchos deportes de equipo, sino todo lo contrario, ya que la bicicleta interviene en muchas actividades de la vida y es protagonista de muchas disciplinas deportivas: pasear, ir al trabajo, viajar, prepararse para otro deporte, cicloturismo, ciclismo de montaña, descenso, triatlón, duatlón, ciclocross, pista, tras moto, persecución, trial-sin, tándem, criteriums, por etapas, contra el reloj, en diferentes distancias, y en diferentes modalidades de individual, equipos, parejas, etc.

Como es lógico, toda esta variedad de usos y concepciones se refleja en una extraordinaria variedad de tipos de bicicleta.

En este capítulo plantearemos el tema del ciclismo desde dos puntos de vista: la bicicleta como medio de transporte y la práctica deportiva.

La bicicleta como medio de transporte

La bicicleta es un medio de transporte que utilizan millones de personas en todo el mundo. Los modelos destartalados que circulan en los países pobres son para mucha gente el único recurso de movilidad, y gracias a ellas sus usuarios pueden ampliar su radio de acción, tanto para actividades comerciales como para estrechar las relaciones amistosas y familiares. En las grandes y bulliciosas ciudades asiáticas, la bicicleta ha cedido gran parte de su protagonismo a las ruidosas motocicletas de pequeña cilindrada, un vehículo más rápido y que permite llevar a un pasajero, pero menos limpio desde el punto de vista de la contaminación acústica y atmosférica. Sin embargo, la evolución de la bicicleta no debería ser la moto, del mismo modo que la evolución de la moto no es el coche. Cada medio de transporte tiene una esencia propia, que en la bicicleta se resume en máxima simplicidad e independencia, entendida en el sentido más amplio posible, es decir, no sólo como la capacidad de ir donde a uno le plazca, sino también de hacerlo sin tener que pagar constantemente por ello (autopistas, combustible, créditos interminables, recambios). Sin ir más lejos, la revisión periódica completa de un vehículo utilitario suele ser más cara que una bicicleta híbrida para ciudad.

En una parte de los países ricos, la bicicleta simboliza el triunfo del sentido común aplicado a la convivencia: el ciclista goza de la máxima movilidad y causa el menor perjuicio a terceros. Al visitante que pasea por primera vez por Amsterdam o Berlín le sorprende la naturalidad con que la bicicleta está integrada en la calle, y son pocos los que no profundizan

en sus observaciones. Las zonas de la ciudad donde apenas circulan coches son más amplias y abiertas, más respirables, los sonidos y los olores son más variados, la vista del transeúnte trabaja con menor tensión y la actividad es mucho mayor. La contención del automóvil privado está compensada por la proliferación de tranvías y de bicicletas, y esto significa que el peatón debe prestar atención a los movimientos de estos vehículos. La lógica de la calle es diferente, pero la principal diferencia con respecto a Barcelona, por ejemplo, es que los habitantes de estas ciudades se desplazan sin efectuar largas colas. En Holanda, el cuarenta por ciento de los desplazamientos diarios se efectúa utilizando la bicicleta. Es cierto que los holandeses que trabajan en las afueras se atascan inevitablemente en las entradas de las ciudades y en las vías periféricas a las horas punta, pero esto no condiciona la posibilidad de desplazamiento individual dentro del área habitada, la ciudad.

La bicicleta es un medio de transporte utilizado por millones de personas.

La declaración de Amsterdam

En junio del año 2000 se celebró en Amsterdam la Conferencia Mundial sobre la Bicicleta («Vélo Mondial 2000»), donde se abordó desde diferentes ángulos la conveniencia y el derecho al uso de la bicicleta como medio de transporte. Una vez expuestas las ventajas que supone incorporar la bicicleta en los planes globales de transporte y definidas las condiciones que se requieren para hacerlo, la declaración concluye con un llamamiento a los gobiernos, a las industrias relacionadas con la bicicleta y a las organizaciones internacionales para que adopten medidas en este sentido. A continuación resumimos los puntos principales de esta iniciativa, en un intento de contribuir a su divulgación.

Ventajas del uso de la bicicleta

El uso de la bicicleta aporta muchas ventajas, tanto para la persona como para la sociedad y el medio ambiente:
• Como modo de transporte particular, la bicicleta ofrece la posibilidad de desplazamiento de puerta a puerta rápido y eficaz.
• Es silenciosa, limpia y sostenible.
• Su disponibilidad es inmediata y su mantenimiento resulta relativamente barato.
• El uso de la bicicleta no amenaza ni la naturaleza ni el paisaje, ni tampoco supone ninguna carga para las reservas de combustibles fósiles.
• El uso de la bicicleta mejora el entorno donde vive la gente y dinamiza las ciudades.
• En definitiva, la bicicleta proporciona independencia.

Potencial de la bicicleta como medio de transporte

La mayor parte de los desplazamientos que efectúan las personas en todo el mundo son cortos, ya que entre el sesenta y el noventa por ciento de los trayectos son inferiores a seis o siete kilómetros, y se dan dentro de la propia ciudad o municipio:
• Comparado con el desplazamiento a pie, usar la bicicleta aumenta de forma considerable el área que puede cubrir una persona, así como su capacidad de transportar cargas ligeras.
• Dentro de las grandes ciudades y en las rutas interurbanas, la bicicleta puede aumentar el potencial del transporte público porque ofrece un acceso eficaz a las estaciones de transporte; a cambio, dichas estaciones deben contar con una zona habilitada para aparcamiento.
• En las situaciones en que las plazas de aparcamiento para automóviles cercanas al origen o destino de los viajes sean limitadas, las bicicletas ofrecen una alternativa de transporte fácil para llegar a los aparcamientos y para salir de ellos.

Condiciones para hacer viable el uso de la bicicleta

Las circunstancias pueden variar sustancialmente de un país a otro. Sin embargo, si se quiere asegurar que el uso de la bicicleta sea atractivo y seguro, deben cumplirse una serie de condiciones comunes a todos ellos:
• Una condición básica en muchos países es una mayor disponibilidad de bicicletas fiables, seguras y de precio asequible.
• Asegurar que la bicicleta tiene un valor y una funcionalidad dentro del sistema global de tráfico y transportes; para ello se precisa una mayor atención por parte de los urbanistas y la potenciación de un uso mixto del suelo en las zonas urbanas.
• Destinar espacio y adoptar las medidas necesarias para integrar las bicicletas en el medio urbano, tanto durante la marcha como estando aparcadas.
• Eliminar las barreras al flujo ininterrumpido de bicicletas.
• Eliminar las amenazas planteadas por el tráfico de vehículos a motor.
• Asimismo, es importante conceder una atención especial en facilitar el desplazamiento de los niños en bicicleta de manera segura e independiente.

La propuesta de Vélo Mondial 2000

Desde Vélo Mondial 2000, a través de sus delegados y representantes, se hizo un llamamiento a las instituciones gubernamentales de cada país para la elaboración de un Plan Director de la Bicicleta (PDB) antes de finales de agosto del año 2003, con objetivos que deben cumplirse antes del año 2010 y en el que se definan las políticas para aumentar el uso de la bicicleta, se establezcan las metas, las alianzas estratégicas con las partes implicadas y se habiliten partidas presupuestarias para la financiación de proyectos.

Por otro lado, se instó a las organizaciones internacionales y a los gobiernos a crear una plataforma para establecer, a nivel internacional, un sistema de puntos de referencia (benchmarking) y un intercambio de conocimientos sobre el tráfico en bicicleta. Asimismo, se pidió que se expongan claramente los beneficios potenciales del ciclismo cuando se redacten tratados internacionales sobre la calidad de vida, medio ambiente, salud pública y erradicación de la pobreza.

Ésta es la principal diferencia con Barcelona, para seguir con el ejemplo. Según los estudios, la velocidad media del transporte privado en la capital catalana es de 19 km/h (entendida como el promedio de las 24 horas del día, ya que en las horas punta es infinitamente menor, hasta darse el caso de que durante muchas horas del día sólo es posible realizar determinados desplazamientos en metro).

Desde el punto de vista del espectador objetivo, es deplorable pensar que los colapsos que día tras otro inutilizan y contaminan una ciudad consisten en largas hileras de vehículos que son el exponente máximo de la industria del motor, pero que no tienen posibilidad de moverse. ¿Es lícito que un vehículo equipado con un motor de 100 ó 200 CV, que supera fácilmente los 200 km/h y que reúne los últimos avances tecnológicos esté atascado cada día a la misma hora en la misma calle, conducido por la misma persona que, dicho sea de paso, en la mayor parte de los casos poco partido sabría obtener de las prestaciones de su automóvil? El uso irracional del automóvil se explica en parte por la falta de planificación urbanística y de inversiones en infraestructura de transporte, pero también tiene una vertiente psicológica y social: en nuestras latitudes el automóvil todavía es un símbolo de prestigio para la persona que lo conduce, forma parte de sus credenciales (las siglas refuerzan las personalidades inseguras) y, en medio de un atasco, se convierte paradójicamente en una parcela de libertad. Esto último es uno de los grandes logros de la publicidad.

Los desplazamientos en bicicleta se realizan a un promedio de 15 a 17 km/h, lo que significa que para recorrer tres kilómetros se tardan doce minutos aproximadamente. El coste por kilómetro es casi nulo (lo cual amortiza la compra rápidamente) y se viaja de puerta a puerta. Actualmente se puede circular por los carriles bici, por las aceras con vía señalizada para bicicletas y por las aceras de más de cinco metros de anchura. También existe la posibilidad de combinar el desplazamiento en bicicleta con el transporte público, si bien con algunas franjas horarias restringidas.

La bicicleta es un vehículo barato, silencioso y limpio, ideal para trasladarse por la ciudad.

Bicicletas y ciclismo

Tipos de bicicletas

En la actualidad, la oferta del sector de la bicicleta es muy amplio. Los grupos principales son: la bicicleta de carretera, la *mountain-bike*, la bicicleta de paseo, los modelos híbridos y las bicicletas infantiles. La elección de uno u otro tipo estará condicionada por el estilo de vida de cada persona, el lugar de residencia, la edad, el espíritu competitivo, etc.

LAS BICICLETAS DE PASEO

Suelen ser económicas, poco sofisticadas y tienen un diseño sencillo y tradicional. El marco perfecto para su uso son poblaciones con poca densidad de tráfico, sin grandes cuestas (porque son muy pesadas y la posición de conducción no invita al esfuerzo) y son idóneas para trayectos lentos y no demasiado largos. La posición del ciclista es cómoda, con la espalda prácticamente erguida. En ello contribuyen la potencia del manillar alta y el sillín, que generalmente es ancho y con un sistema de amortiguación. El cuadro suele ser de acero, aunque hay modelos menos económicos que son de aluminio, y se fabrica con geometría normal y *lady*. La denominación *lady* no debe interpretarse con connotaciones sexistas, ya que es un cuadro muy útil sobre todo para señoras mayores: no es necesario levantar la pierna cada vez que se sube y se baja de la bicicleta y, además, permite una cómoda maniobra que consiste en pasar un pie por encima del cuadro y bajarse de la bicicleta cuando todavía está en movimiento. Suelen estar equipadas con accesorios que proporcionan comodidad: cesta frontal, cubrecadenas, portabultos, luces, timbre, guardabarros, pata de cabra, candado incorporado (y muchas veces también un discreto acompañamiento musical). En nuestro país su uso es bastante restringido. Sin embargo, en el norte de Europa es el tipo de bicicleta más usado y en muchas ocasiones se convierte en bicicleta familiar, con uno o dos asientos para niño.

En la bicicleta de paseo la posición debe ser cómoda y relajada.

LA MOUNTAIN-BIKE

Se ha introducido en el mercado desde mediados los años ochenta y ha triunfado por su versatilidad. Con ella se puede rodar por todo tipo de suelos, se superan cuestas importantes (el ciclista poco entrenado se ve muy beneficiado por el abanico de posibilidades casi infinito que ofrece su cambio de velocidades con tres platos y siete, ocho o nueve coronas). Además, en la actualidad casi todas las gamas están equipadas con amortiguación en la horquilla delantera (de elastómeros o hidráulica) o amortiguación integral

Características de la mountain-bike

Cuadro: rígido, resistente, ligero, con soldaduras y pintura de calidad.

Geometría: adecuada para la talla del usuario, debe proporcionar la máxima maniobrabilidad y estabilidad.

Horquilla: resistente y de acción progresiva.

Sillín: ergonómico y de tacto «noble». El cierre de la tija del sillín debe ser con leva de cierre rápido, de manera que en los descensos se pueda bajar el sillín 10 ó 15 cm con respecto a la medida normal

Llantas: ligeras, de pestaña alta y bien pulida para que ofrezca un frenado suave.

Neumáticos: el esculpido de los neumáticos depende del tipo de terreno.

Frenos: las levas de los frenos han de trabajar con la máxima rigidez y las pastillas han de ser perfectamente ajustables en todos los ángulos. Muchos modelos llevan freno de disco delantero. Las palancas han de ser ergonómicas para permitir frenar con sólo dos dedos, manteniendo los otros en el manillar.

Grupo: el buen funcionamiento de los componentes mecánicos de la bicicleta no depende sólo de la calidad, sino del montaje y posterior ajuste. Una bicicleta muy aparente, con cuadro de aluminio y horquilla hidráulica puede dar muchos problemas si la caja del pedalier y la dirección no han sido montadas por un mecánico experto.

(que añade un amortiguador de aire posterior) que mejora la adherencia al terreno. Sin embargo, para disfrutar en los descensos no es imprescindible tener una bicicleta de doble suspensión.

Los cuadros pueden ser de acero, de aluminio o incluso de fibra de carbono. Se fabrican en tres o cuatro tallas, según las dimensiones corporales del usuario, y con diversas geometrías, adaptadas a usos más o menos específicos. La expansión de la bicicleta de montaña ha coincidido en el tiempo con la recesión del uso lúdico de las motocicletas de trial y todo terreno y con la desaparición de estos vehículos para uso mixto ciudad-campo. Dada la gran producción de bicicletas de este segmento, hay modelos de muchas calidades y precios.

LAS BICICLETAS HÍBRIDAS

Se denomina así a los modelos que parten de los cuadros de *mountain-bike* o *lady*, pero incluyen soluciones técnicas que las hacen más confortables, como por ejemplo soportes para instalar portabultos para *trekking*. Los neumáticos suelen ser más estrechos y menos esculpidos porque se usan en condiciones de terreno menos exigentes. Las horquillas con suspensión que equipan algunos modelos suavizan la marcha y facilitan el manejo de la bicicleta en superficies irregulares. Normalmente los sillines son de gel en la zona de contacto perineal o están dotados de un sistema de amortiguación (elastómero o resortes) que absorbe el traqueteo. Las potencias son ajustables en altura para que el

ciclista encuentre una posición relajada de brazos y hombros.

Todas estas características las hacen adecuadas para ciudad y caminos campestres poco exigentes.

La preparación de la bicicleta para trekking

Los desarrollos deben ser adecuados para la carga, ya que cuando se pedalea varias horas al día con una carga importante en la bicicleta, los puertos se suben con desarrollos mucho más cortos de lo normal. Además, al ir cargado el ciclista no puede alternar la posición sentada y sobre los pedales, de modo que debe pedalear sentado todo el tiempo. Los materiales de los portabultos y las alforjas deben ser de calidad; los fabricantes de los mejores productos hacen constar los kilos de resistencia máxima.

Un detalle importante es la tornillería de sujeción de las varillas, que conviene que sea especialmente resistente. En los viajes, además de las herramientas básicas, no cuesta nada llevar tornillos de recambio y bridas de emergencia.

Es importante prever la posibilidad de pasar el bulto central del equipaje a la parte delantera de la bicicleta, con enganches para el manillar, puesto que un reparto de peso equilibrado facilita los ascensos y las bajadas.

LA BICICLETA DE CARRETERA

Tiene un uso estrictamente deportivo. Además, para manejarla correctamente se requiere unas habilidades previas adquiridas en otras bicicletas, como encajar y desencajar las calas en los pedales o cambiar de velocidades, y un nivel mínimo de forma física, porque solamente la posición sobre la bicicleta resulta ya sumamente exigente. De hecho, la bicicleta de carretera «funciona» bien a partir de una cierta velocidad y con una cierta cadencia de pedaleo. En el caso hipotético de usarla como una bicicleta de paseo, el ciclista sufriría muchas incomodidades: la dureza y estrechez del sillín, la posición del tronco hacia delante y la falta de maniobrabilidad. No obstante, la bicicleta de carretera se ajusta perfectamente a la morfología de cada ciclista y al esfuerzo que debe realizar, y logra sacar de él el rendimiento máximo sobre asfalto.

La talla del cuadro de carretera

El hecho de que la tija del sillín pueda moverse arriba y abajo genera una importante confusión en el principiante, que cree errónea-mente que el ajuste del sillín permite utilizar una misma talla de bicicleta a personas con medidas corporales diferentes. Sin embargo, la realidad no es así. Los cuadros de carretera mantienen unas proporciones entre la altura y la longitud. Dado que la talla de la bicicleta se toma midiendo el tubo vertical, esta medida (y por tanto la talla nominal del modelo) está en función de la medida de entrepierna del ciclista, no de su estatura. Un ciclista con las piernas proporcionalmente cortas con respecto al resto del cuerpo se encontraría con una bicicleta corta si sólo tuviera en cuenta la medida de entrepierna para elegir la talla. Por lo tanto, el ajuste de la altura del sillín sirve para compensar las diferencias entre proporciones corporales de las personas, pero no permite que personas de medidas diferentes puedan utilizar bicis de la misma talla (si esto fuera posible, los fabricantes no harían el tallaje de centímetro a centímetro, normalmente desde 48 hasta 60). En términos prácticos se puede decir que, en un cuadro de geometría convencional, si la porción de tija que sobresale del cuadro es inferior a 6 - 8 cm, el cuadro es demasiado grande.

Sin embargo, la cuestión de las medidas del cuadro está en constante evolución. Por un lado, de un tiempo a esta parte los ciclistas tienden a utilizar cuadros más pequeños. Por otro lado, la imposición del aluminio ha comportado unas diferencias en la geometría de los cuadros que han influido también en las tallas. Recientemente se ha introducido una variación con respecto al cuadro convencional: la geometría *sloping*. La diferencia principal de este cuadro es la inclinación del tubo horizontal. En lugar de unirse al tubo vertical siguiendo la línea horizontal, lo hace en un punto

Diferentes formas de expresar la talla

Hay diferentes formas de tomar la medida del tubo vertical y, por tanto, de anunciar la talla: la forma convencional es tomar la medida desde el centro del eje del pedalier hasta el punto en que se cruza el centro del tubo vertical con el centro del tubo horizontal; otros fabricantes toman esta medida desde el centro del eje del pedalier hasta el final del tubo vertical; y, por último, están los que miden el tubo vertical en toda su longitud, sin incluir el radio del tubo del pedalier. La conclusión es que una talla 54 no es igual para todos los fabricantes.

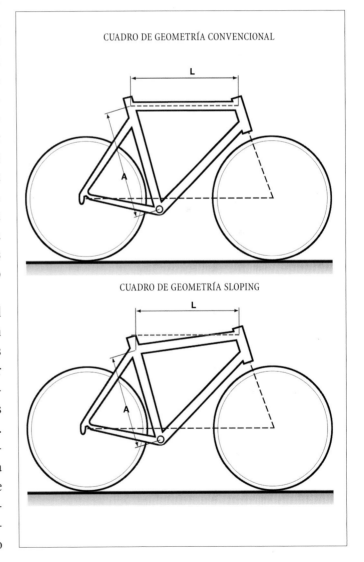

CUADRO DE GEOMETRÍA CONVENCIONAL

CUADRO DE GEOMETRÍA SLOPING

La compra de la bicicleta

A tenor de lo dicho hasta el momento acerca de las medidas del cuadro, está claro que difícilmente una bicicleta que esté ya montada se ajustará sin necesidad de modificaciones al comprador potencial que se interesa por ella. A pesar de tener dos ruedas y unos orígenes comunes, la bicicleta no tiene nada que ver con la moto: ésta es de «talla única», mientras que hay doce tallas de bicicleta, más que la mayoría de prendas de ropa. Aunque usted se disponga a adquirir la primera bicicleta de carretera o no pretenda gastar mucho dinero, no deje que le argumenten que las bicicletas «a medida» son sólo para los profesionales. Un buen comercio debe tomar las medidas del cliente y, a ser posible, plantearlas en un potro de medidas, en donde se pueden probar los diferentes ajustes. Sólo a partir de estos datos se puede escoger una bicicleta montada o un cuadro el que se montarán los componentes.

más bajo, con lo cual el cuadro queda más bajo en su parte media. Esta característica dota a la bicicleta de unas reacciones más «nerviosas», pero, como todas las innovaciones, tiene sus partidarios y sus detractores. Además, la caída del tubo horizontal es mayor o menor según los fabricantes.

Para resumir, diremos que en la bicicleta hay que tener en cuenta dos tipos de medidas: las fijas, que vienen dadas por las medidas corporales básicas del usuario (altura y longitud del cuadro, y longitud de las bielas), y las de posición, que permiten ajustar la posición (avance del sillín, longitud de la potencia, anchura del manillar, avance de las calas, altura de las manetas de freno).

Los ajustes de medida influyen directamente en el rendimiento y en la comodidad del ciclista.

Los ajustes de la bicicleta

Una vez se ha elegido la medida del cuadro y de las bielas, se debe ajustar la posición del ciclista sobre la bicicleta.

LA PROFUNDIDAD DE LAS CALAS

Una mala posición del pie con respecto al pedal se traduce en una pérdida de eficacia al pedalear. Si el pie se apoya en el pedal en una posición demasiado adelantada (calas retrasadas), el movimiento del tobillo se ve reducido y el pedaleo será más brusco. Si, por el contrario, el pie se apoya en el pedal por la punta (calas adelantadas), la consecuencia será una sobrecarga en los gemelos. La posición correcta es con el arco transversal del pie (formado por las cabezas de los metatarsianos) en línea con el eje del pedal.

LA POSICIÓN DEL SILLÍN

El sillín se ajusta en altura, retroceso e inclinación. Por lo que respecta a la altura, hay varias fórmulas para calcularla. La más conocida es multiplicar la medida de entrepierna por 0,65, aunque la más empírica consiste en tomar la medida apoyando el talón en el centro del pedal, de modo que la pierna quede prácticamente estirada. Al pedalear no debe producirse la oscilación de las caderas.

El retroceso del sillín depende de la longitud del fémur. Esta medida se calcula con una plomada: estando los pedales en posición totalmente horizontal, la línea perpendicular al suelo tangente a la rodilla (pasando por detrás de la rótula) debe coincidir con el arco transversal del pie y, a su vez, con el eje del pedal. La inclinación del sillín se mide con un

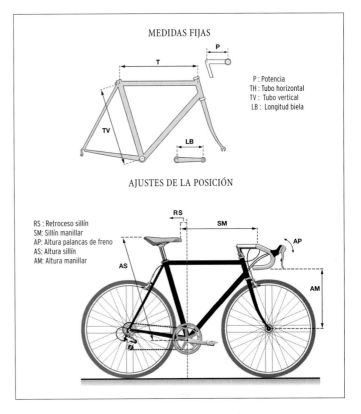

MEDIDAS FIJAS

P : Potencia
TH : Tubo horizontal
TV : Tubo vertical
LB : Longitud biela

AJUSTES DE LA POSICIÓN

RS : Retroceso sillín
SM: Sillín manillar
AP: Altura palancas de freno
AS: Altura sillín
AM: Altura manillar

nivel. Se coloca una superficie plana que lo cubra en toda su longitud, y encima se sitúa el nivel de burbuja. La posición idónea es totalmente horizontal: inclinado hacia atrás sería incómodo y, caído hacia delante, se cargarían los brazos, las muñecas y los hombros.

EL MANILLAR

El manillar de carreras siempre está en una posición más baja que el sillín, en una medida que se conjugue la aerodinámica con la comodidad para respirar y evitar el dolor de espalda. Al apoyar las manos encima de las manetas de freno, las muñecas no deben quedar dobladas, porque se carga la musculatura del antebrazo. Los codos deben estar en todo momento ligeramente flexionados.

La técnica del pedaleo

Al pedalear intervienen tres articulaciones: la cadera, la rodilla y el tobillo, que trabajan conjuntamente. La mayor o menor coordinación del movimiento hace que el pedaleo sea más o menos «redondo». Por pedaleo redondo se entiende el movimiento que aprovecha uniformemente todo el giro del pedal. Por el contrario, los ciclistas que solamente empujan el pedal hacia abajo desaprovechan parte del giro, concretamente los puntos muertos inferior y superior. Esta forma de pedalear se denomina *a pistón* (Fig. 1). Una forma práctica de darse cuenta de esta diferencia es subirse a un rodillo o incluso a una ciclostatic y pedalear con una sola pierna. De este modo veremos claramente la diferencia que hay entre sólo presionar el pedal hacia abajo o hacerlo empujando primero hacia delante, luego hacia abajo y finalmente hacia atrás (pedaleado «redondo») (fig. 2).

FIG 1

FIG 2

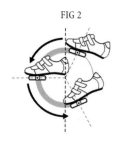

LOS DESARROLLOS

La combinación de platos y coronas proporciona diferentes desmultiplicaciones.

Actualmente las bicicletas de carretera disponen de nueve o diez coronas y dos platos en casos excepcionales se montan tres platos. El cambio no sirve simplemente para ir más deprisa o más despacio, sino que permite mantener la cadencia adecuada según las condiciones de resistencia (viento o pendiente). Como norma general, hay que procurar mantener una cadencia de pedaleo alta por varios motivos. En primer lugar, con una cadencia elevada se tiende a pedalear más redondo. Además, los músculos se cargan

menos, la actividad se puede prolongar más tiempo y se pueden afrontar las ascensiones con más soltura. De hecho, ir «clavado» es la forma más directa de acumular fatiga y dolor. Por otro lado, llevar un desarrollo demasiado «largo» o «duro» supone un esfuerzo mayor por parte de los músculos de la espalda, con el consiguiente aumento del cansancio en esta zona y del consumo energético global. En realidad los músculos de la espalda y del abdomen deben intervenir solamente con la tensión necesaria para actuar como «fijadores» del movimiento de las piernas.

Del mismo modo que no entra en la cabeza de nadie instalar una caja de cambios de un Fórmula 1 en un utilitario, no sirve de nada utilizar los mismos desarrollos que los profesionales que acumulan 30.000 km anuales, que realizan un entrenamiento específico y en su momento fueron tentados por el profesionalismo por sus prometedoras cualidades físicas. Es más, llevar un desarrollo más largo de lo que permite la potencia de las propias piernas implica perder velocidad y flexibilidad, y aumenta el riesgo de lesiones por microrruptura fibrilar o por inflamación de los tendones.

La habilidad manejando el cambio en los recorridos accidentados o eligiendo el desarrollo adecuado contra el viento o en los puertos de montaña es una cualidad indispensable para el buen ciclista.

Dada la importancia del ritmo de giro de los pedales, para llevar a cabo un entrenamiento de calidad es recomendable utilizar, además del contador multifunciones, un indicador de la cadencia.

Entrenar cuando se dispone de poco tiempo

Sería absurdo iniciarse al ciclismo empezando a acumular kilómetros sin ton ni son. Como en todas las otras actividades deportivas, el punto de partida depende de la condición física, del historial deportivo y de la disponibilidad de cada persona. Para empezar a entrenar no hay que sufrir encima de la bicicleta, sino acostumbrar el cuerpo a un ritmo de trabajo que permita aumentar poco a poco el rendimiento. Un plan de entrenamiento para iniciarse en este deporte puede estar basado en una salida «larga» el fin de semana y otras complementarias entre semana. A continuación pueden verse cuatro modelos de programas para organizarse la preparación cuando se dispone de poco tiempo para dedicar a la bicicleta (los días laborables una hora como máximo), pero que permiten mejorar poco a poco el nivel y disfrutar de la salida del fin de semana y llegar al periodo veraniego con una forma mínima que permita disfrutar del ciclismo.

Ejemplo de entrenamiento con tres días disponibles entre semana

Lunes: de 30 a 45 minutos pedaleando en llano, con desarrollo suave y cadencia alta.

Miércoles: 1 hora por un trazado con repechos, o con subidas y bajadas.

Viernes: de 30 a 45 minutos con 10 ó 15 minutos de calentamiento y el resto con cambios de ritmo de 3 minutos fuertes (con plato grande) y 3 minutos suaves (sin plato).

Domingo: salida de 1 hora y media o 2 horas, a ser posible en grupo, por terreno variado.

Ejemplo de entrenamiento sin ningún día disponible entre semana (siendo socio de un gimnasio)

Es una situación muy frecuente en invierno para aquellas personas que salen tarde de trabajo, pero que pueden ir a un gimnasio.

Martes: sesión de *spinning*.

Jueves: correr 30 minutos a ritmo suave o bien realizar una sesión de gimnasia y estiramientos (calentar con bicicleta estática, a ser posible utilizando un programa de fuerza).

Sábado: salida de 45 minutos a 1 hora (trabajando principalmente la cadencia).

Domingo: salida de 1 hora y media o 2 horas, a ser posible en grupo, por terreno variado.

Ejemplo de entrenamiento con dos días disponibles entre semana

Martes: de 30 a 45 minutos pedaleando en llano, con desarrollo suave y cadencia alta.

Jueves: de 30 a 45 minutos por una carretera con repechos, o con subidas y bajadas (semanas pares); de 30 a 45 minutos con cambios de ritmo de 3 minutos fuerte, con plato grande, y 3 minutos suaves, con plato pequeño (semanas impares).

Sábado o domingo: salida de 1 hora y media o 2 horas, a ser posible en grupo, por terreno variado.

Ejemplo de entrenamiento sin ningún día disponible entre semana (ni posibilidad de acudir a un gimnasio)

Martes: sesión de rodillo de 30 minutos, con los 15 del núcleo de entrenamiento con intervalos de mayor y menor cadencia (30"/30", 1'/30", 2'/30", 3'/1', etc.) y 10 minutos de estiramientos.

Miércoles: circuito natural o bien correr 30 minutos y realizar la tabla de ejercicios de piernas en escaleras.

Jueves: sesión de rodillo de 30 minutos, con los 15 del núcleo con intervalos fuertes y suaves (1'/1', 2'/1', 3'/2', etc.) y 10 minutos de estiramientos.

Sábado: salida de media hora a 1 hora trabajando la cadencia.

Domingo: salida de 1 hora y media o 2 horas, a ser posible en grupo, por terreno variado.

La vestimenta

En este apartado veremos las prendas que se utilizan en ciclismo deportivo. Naturalmente, utilizar la bicicleta como medio de transporte sólo requiere vestirse con ropa cómoda y sentido común.

La ropa de ciclista es ceñida para lograr que el cuerpo oponga la mínima resistencia al aire y para protegerlo de la acción de los agentes atmosféricos. Normalmente es de colores llamativos, y es recomendable que así sea por razones obvias. La cualidad más importante es que sea transpirable, ya que los efectos del aire sobre el cuerpo empapado son muy perjudiciales. Además, los patrones han de estar diseñados de modo que las costuras no molesten ni produzcan irritaciones. Incluso en épocas de calor es conveniente llevar una camiseta interior de rejilla que absorba el sudor e impida que el *maillot* se pegue al cuerpo.

Los *maillots* de ciclismo llevan bolsillos en la zona de los riñones, útiles para llevar las barritas energéticas u otros productos nutritivos, la cámara de repuesto, el impermeable o incluso el teléfono móvil.

El pantalón de ciclismo, el *coulotte*, es una prenda fundamental. Por un lado, el largo de la pernera protege del roce contra el sillín y, por otro, la protección acolchada de la entrepierna, la badana, suaviza la incomodidad y los roces que se generan en el periné, la zona del cuerpo que está en contacto con el sillín. En los productos de calidad, los materiales empleados son absorbentes y antialérgicos, y no requieren el uso de ropa interior convencional.

La ropa del ciclista debe ser ceñida y de colores llamativos.

Otras prendas interesantes, sobre todo en verano porque reúnen todos los requisitos que hemos mencionado –además de la vistosidad y sencillez– son los conjuntos de licra y materiales parecidos de duatlón o los *tri-suits* de triatlón. La pernera no es tan larga como la convencional, la badana es ligeramente más pequeña y carecen de mangas.

Los *guantes* son de medio dedo, con la palma acolchada con gel o de toalla, y el dorso de rejilla o licra.

EN CASO DE FRÍO

En invierno la ropa interior es tan importante como la cobertura exterior; un concepto que en los países fríos está más asimilado que en nuestras latitudes, en donde muchas veces se combate el frío pensando sólo en el grosor y en las características de la prenda que va encima de las demás. Se pueden utilizar prendas especiales para deportes invernales, por ejemplo conjuntos térmicos de esquí de fondo, que son muy calientes y a la vez transpirables, o ropa interior específica para ciclismo, que se caracteriza por llevar una protección contra el viento en la parte del pecho, muy útil en los descensos y cuando el viento sopla de cara.

El chaleco de *wind-stopper* es una prenda de entretiempo muy útil porque corta el viento por delante y es transpirable en la parte dorsal. Además, se ajusta mucho al cuerpo, tiene bolsillos, un poco de cuello y pesa poco.

En caso de lluvia, el impermeable es un seguro de vida contra el frío. Esta prenda es muy práctica y relativamente económica. El impermeable de ciclismo no lleva capucha y es más largo por la espalda para proteger los riñones (al no llevar guardabarros el agua escupida por los neumáticos va directamente a la espalda). Es muy ligero, cierra con una tira fina de velcro y cabe en un bolsillo. Al no ser transpirable, conviene que tenga pequeños orificios de ventilación para paliar la condensación. Además de la lluvia, tiene otras utilidades, como por ejemplo de abrigo a primera hora de la mañana cuando todavía no se ha entrado en calor, o en caso de avería o algún otro imprevisto.

Los puntos de fuga del calor corporal son la cabeza, las manos, los pies y, en el caso concreto del ciclismo, debido a la posición, también la región lumbar. De hecho, en condiciones extremas de supervivencia, el organismo concentra la producción de calor en las zonas vitales, y desatiende las parte distales. Por lo tanto, es importante cubrir adecuadamente estas partes para no tener frío.

Por lo que respecta a las manos, en el mercado encontramos una amplia gama de guantes de gore-tex y tejidos de características similares que cumplen perfectamente con este cometido. También se pueden usar guantes específicos de esquí de fondo, pensados para satisfacer una doble necesidad: proteger del frío y conservar el tacto de las manos.

En cuanto a los pies, aparte de usar calcetines más o menos calientes, el ciclista utiliza botines cubrebotas térmicos.

En caso de frío intenso, hay gorros (incluso con orejeras) diseñados específicamente para colocarse debajo del casco.

EL CALZADO

La característica básica del calzado para ciclismo es que tiene la suela rígida, para que la transmisión de la fuerza sea óptima.

Además, debe ser ligero, transpirable y ha de sujetar bien el pie.

Los cierres son de velcro y algunos modelos llevan sistemas de tensores.

Las calas son intercambiables, porque se desgastan, no sólo de andar (de hecho, el ciclista se limita a entrar y salir de casa andando cuidadosamente, para no resbalar y muchas veces para no despertar a los menos madrugadores), sino también por el efecto de entrar y salir de los pedales. Atención: la orientación y avance de las calas forma parte del ajuste de la bicicleta, y por tanto, al sustituirlas no hay que modificar su colocación, porque un cambio aparentemente insignificante puede repercutir muy negativamente en el rendimiento y originar lesiones.

EL CASCO

El casco protege la cabeza en caso de accidente, y decir que su uso es más que aconsejable sería una obviedad. Es muy ligero porque está hecho de poliuretano de alta densidad. Actualmente, todos los modelos permiten una ventilación total. Su capacidad de absorción de los impactos se debe a las carac-

Más información

BICICLETA
F & G Editores

RUTAS CICLOTURÍSTICAS
POR ESPAÑA
C. Aceituno, A. Montejo
Ed. Ayuntamiento de Jaén

PREPARACIÓN FÍSICA PARA
LA BICICLETA
José Luis Algarra
Ed. Dorleta

GUÍA DE MOUNTAIN BIKE
Juanjo Alonso,
Ed. Espasa

LA TÉCNICA DEL CICLISMO
Guía práctica para instructores y corredores
Giuseppe Ambrosini,
Ed. Hispano Europea

El efecto psicológico del casco

Llevar casco influye psicológicamente en el propio ciclista y en algunos conductores.

De cara al conductor normal, que conduce más o menos rápido, pero sereno, atento y dueño de su vehículo, la imagen de un ciclista que lleva casco le advierte, aunque sea de forma inconsciente, de la posibilidad de caída y, por tanto, le indica subliminalmente la fragilidad de quien marcha pedaleando delante de su vehículo. Además, el casco es un punto de color importante para el conductor despistado y un buen lugar para pegar adhesivos reflectantes para túneles y situaciones de falta de luz.

Desde el punto de vista del ciclista, el hábito de ponerse el casco antes de salir a la calle le obliga a recordar que se trata de un elemento de seguridad, con lo cual reactiva instintivamente los demás mecanismos de alerta. Porque, no lo olvidemos, la efectividad del casco está restringida a los golpes en la cabeza que pueden sufrirse en una caída, pero desgraciadamente no evita el riesgo de lesiones y accidentes graves.

entre el casco y la oreja, y el ciclista no pierde audición. Este detalle es importante porque el oído para el ciclista es como un radar, ya que le sirve, entre otras cosas, para detectar cuándo se le acerca por detrás un vehículo pesado que viaja en vacío sobrepasando todos los límites de velocidad o el «quemado» de los cristales tintados, y actuar en consecuencia, es decir apartarse al máximo, aunque sea al precio de pillar un socavón o pisar gravilla.

El casco de ciclismo es de un solo uso. Es decir, después de un impacto debe ser sustituido, incluso aunque exteriormente no se aprecie rotura.

El uso del casco es un tema inexplicablemente controvertido. La realidad es que un casco pesa 200 g y una gorra 60 g, y nadie se descuelga del pelotón o «se queda» en el ascenso a un puerto por ir con o sin casco.

Unos pocos ciclistas profesionales todavía no lo utilizan. Sus razones tendrán, aunque sospecho que en la base de sus argumentos predomina la tradición por encima de la racionalidad. Y la tradición tiene, por definición, raíces muy profundas. El ciclista tradicionalmente ha llevado una gorra a conjunto con el maillot, y se siente cómodo así, aunque en ciertos descensos deje atrás a las motos de la organización.

Sea como fuere, es de agradecer el paso que han dado ya la mayor parte de ciclistas profesionales rompiendo con la tradicional gorrita de visera en favor del casco (salvo en los finales de etapa en alto, lo cual es bastante comprensible). Con ello no sólo ejercen su profesión con más seguridad, sino que contribuyen, con su ejemplo, a evitar muchos traumatismos craneales por culpa de caídas banales sufridas por ciclistas aficionados que entrenan en condiciones de tráfico infernales.

terísticas del material y a la estructura del diseño. La parte exterior está cubierta con un material plástico muy fino o con gel-coat que, además de darle el color, permite que en caso de caída el poliuretano no se adhiera al asfalto, y el casco deslice en la medida de lo posible por el suelo.

El casco debe estar homologado, es decir debe reunir las normas CE, hecho que garantiza la adecuación para el uso al cual se destina. Las antiguas «chichoneras» utilizadas en ciclismo no están homologadas.

Al probarlo hay que proceder con calma y comprobar que sea cómodo y de la talla correcta (el tallaje de los cascos coincide con el perímetro craneal). Con la cinta de sujeción cerrada no tiene que moverse en la cabeza, ni tampoco comprimirla demasiado. En la actualidad casi todos los modelos dejan la oreja al descubierto, de modo que el aire que penetra frontalmente no se arremolina

El casco de ciclismo es muy ligero y está ventilado.

La bicicleta infantil

Las bicicletas infantiles, si bien a efectos de mercado se encuentran a caballo entre el sector de la juguetería y el de las bicicletas, podrían considerarse el primer peldaño del ciclismo. Pero hemos dejado este tipo de bicicletas para el final, sin atender al criterio «cronológico», porque creemos que en una obra en la que se trata la salud a través del deporte, la bicicleta infantil merece un análisis más detallado, y más aún si tenemos en cuenta que quizá por lo sencillo que es el tema, siempre se da por descontado. En efecto, hay una vasta literatura sobre técnicas de entrenamiento, historia y gestas del ciclismo, itinerarios famosos y rutas por todo el mundo, etc., pero en pocas ocasiones se habla de bicicletas de niños.

En primer lugar, veamos cómo se desarrolla el proceso de aprendizaje de un niño. Es curioso constatar que aprender a montar en bicicleta es una actividad que no sigue una progresión estandarizada como la mayoría de deportes. Por ejemplo, los niños aprenden a nadar o a esquiar en grupos organizados, bajo la tutela de un técnico que enseña una serie de habilidades guiándose por su formación teórica y su experiencia. A nadie se le ocurriría dejar al niño solo con unos esquís, porque con un poco de sentido común es fácil deducir los problemas de equilibrio y de adaptación que llegaría a tener. Hace falta escoger la pendiente idónea, unos esquís de la medida correcta, una serie de accesorios que le estimulen a realizar una serie de movimientos, una atención personalizada combinada con el calor y la diversión que proporciona el grupo. En la piscina ocurre lo mismo: el monitor propone una

serie de juegos y de ejercicios sabiamente encaminados a la adquisición de unas habilidades que permitirán al niño aprender a nadar sin sufrir grandes traumas. Sin embargo, casi todos hemos aprendido a montar en bicicleta en circunstancias muy distintas, con bicicletas prestadas o, en cualquier caso, extraordinariamente grandes, con una mano en la pared o con ruedecitas laterales torcidas, con frenos deslavazados y mirando cómo lo hacen los demás niños, obedeciendo a unas indicaciones pedagógicas que se resumen en la frase «¡Tú sigue haciendo el tonto con la bici, como aquél del chiste: primero iba con una mano, luego sin manos y luego sin dientes!». Se aprende a ir en bicicleta en la calle o en la plaza, en el lugar de veraneo y casi siempre de forma autodidacta. Dominar la bicicleta supone un reto que demuestra un nivel de madurez por parte de la persona.

Aprender a ir en bicicleta no sólo consiste en descubrir el equilibrio sobre dos ruedas. Hay muchos otros conocimientos y sensaciones previas que encierran un cierto grado de

Es imposible olvidar la magia de la primera bicicleta.

complejidad: saber frenar, decidir por dónde hay que pasar, intuir el grado de deslizamiento del pavimento, el radio de las curvas, aumentar la fuerza para superar inclinaciones o pequeños desniveles, detenerse con progresividad, etc.

Antes de descubrir el equilibrio dinámico, hoy en día la mayor parte de niños ha manejado con distinta suerte e interés varios artilugios.

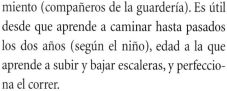

• **El correpasillos.** Gracias a este aparato el bebé se familiariza con la inercia, asocia el ruido con la velocidad, y aprende a esquivar objetos fijos (columnas, muebles) y en movi-

miento (compañeros de la guardería). Es útil desde que aprende a caminar hasta pasados los dos años (según el niño), edad a la que aprende a subir y bajar escaleras, y perfecciona el correr.

• **El triciclo.** Le permite descubrir la sensación de autopropulsarse y coordinar voluntariamente el movimiento alternativo del pedaleo (que hasta entonces no era más que un movimiento reflejo) en oposición al movimiento simultáneo (saltar con los pies juntos). Además, descubre la direccionalidad del aparato. A diferencia del correpasillos, el triciclo lo usa también en la calle, lo cual le permite mejorar la apreciación de las distancias y conocer las sensaciones de subida y bajada. El niño y el triciclo se atraen entre los dos y los tres años.

• **La primera bicicleta (con ruedas auxiliares).** Tiene forma de bicicleta de verdad y, desde el punto de vista del niño, es *alta* (no hay que sentarse como en el triciclo, sino subirse a ella y, con buena lógica, la idea de altura se asocia con la posibilidad de caerse). Las novedades son importantes: el tamaño de las ruedas, la diferencia de diámetro entre el plato y el piñón, y el buje libre comportan un aumento significativo de la velocidad, cuyo control acaba en las manos del interesado, que desempeñan un nuevo trabajo: frenar. En definitiva, las cuatro extremidades intervienen en una misma acción, manejar la bici, lo cual exige un grado superior de coordinación y concentración. Otro aspecto importante, y fundamental para el siguiente paso, es que el

Manténgase en forma

El paso siguiente consiste en suprimir las ruedas auxiliares.

niño debe aguantar la espalda erguida. Es fundamental porque con los músculos de la espalda equilibra la descompensación lateral que se produce al aplicar fuerza a una pierna y a otra alternativamente. Una última diferencia: los triciclos actuales son de plástico, tienen colores planos y todas las aristas redondeadas, mientras que la bicicleta combina varios materiales, entre ellos el metal, y encierra unos conceptos mecánicos básicos: las palancas, los cables, las coronas dentadas y la transmisión por cadena.

El siguiente paso consiste en mantener el equilibrio sobre la bicicleta sin las ruedas auxiliares. La bicicleta es la misma, pero la dificultad aumenta sensiblemente. Aguantarse sobre dos ruedas es la culminación de una serie de habilidades aprendidas a lo largo de todo este proceso y de cinco años aproximadamente de experimentación. El desarrollo del equilibrio no habría sido posible sin un nivel de coordinación suficiente, sin un dominio previo de las distintas posibilidades de la bici, y sin una percepción correcta del medio externo y de la propia persona en el espacio.

CÓMO SUPRIMIR LAS RUEDAS AUXILIARES

Nadie puede permanecer indiferente viendo a un niño que pedalea por primera vez sobre dos ruedas, espoleado por el miedo a caerse, pero siguiendo una trayectoria quebrada por el deseo de sostenerse como los mayores. Ojalá el ser humano conservara el mismo afán de equilibrio a lo largo de toda su vida… Los padres o hermanos mayores pueden ayudar al niño a progresar sobre dos ruedas, asegurándose de que se cumplen las condiciones previas y propiciando la «metamorfosis» en un marco seguro y estimulante.

En realidad, la verdadera «preparación» se va gestando cuando el niño todavía utiliza las ruedas auxiliares.

CONTROL DE LA VELOCIDAD Y FRENADO

El niño ha de saber frenar dosificando la fuerza de los dedos, y mantener la presión de frenado en una pendiente. El objetivo final es que realice frenados de emergencia sin sacar instintivamente los pies de los pedales. Para conseguirlo, puede realizar los siguientes ejercicios:

• Marcar con una línea el límite de la frenada.

• Colocar un objeto y frenar sin derribarlo.

• Acordar dos señales auditivas diferenciadas para frenar (disminuir la velocidad) y detenerse (pararse totalmente), y combinarlas.

• Enseñarle a no frenar cuando la bicicleta está girando.

EL TERRENO ADECUADO

Circular con la bicicleta de ruedas laterales por una superficie irregular o de tierra con grava de un cierto diámetro no aporta «recursos» al niño, porque las dificultades que encuentra son traicioneras: los cambios de elevación del terreno le hacen perder la tracción y sufre desequilibrios que tienen el origen en las ruedas auxiliares (él elige bien el lugar por donde pasar con la rueda delantera, pero las auxiliares entran en un socavón o se

enganchan en una piedra, con lo cual el niño no relaciona la causa con el efecto, o más concretamente, constata que una buena elección no tiene un resultado eficaz). En cambio, sí es útil hacerlo cuando ya sabe maniobrar con dos ruedas, porque la variedad de estímulos implica riqueza de respuestas de equilibrio.

TERCERA FASE

El sillín (imprescindible con leva de cierre rápido y no con tuerca) se le tiene que haber subido progresivamente hasta que el niño prácticamente estira toda la pierna. Esto implica que debe coordinar los movimientos necesarios para presionar el pedal y al mismo tiempo subirse al sillín (para ponerse en marcha) y bajarse al final de la frenada (para detenerse). Si se desea, pueden enseñársele los ejercicios siguientes:

• Salida «Le Mans», vuelta a la plaza y aparcar;

• Arrancar en una cuesta suave (con el pedal arriba), girar a los pocos metros, bajar sin pedalear, frenar en el punto de arrancada, bajarse de la bicicleta y colocarla de forma que no se vaya sola por la pendiente (atravesada).

• Arrancar a favor de la pendiente (con el pedal abajo y soltar los frenos), contener la velocidad hasta casi detener la bici, girar y pedalear para volver al punto de salida. (Téngase en cuenta que al llevar ruedas auxiliares los giros han de ser muy amplios).

LAS RUEDAS AUXILIARES

Para realizar un intento sin ruedas laterales, con expectativas reales de éxito, las condiciones óptimas son:

• Motivación (hay que intentar que el clima sea de diversión y animosidad.

• Un lugar adecuado, como una superficie lisa, llana ancha (una plaza, un paseo), poco

El miedo a caerse

Para enseñar una actividad física a un niño es importante saber que no son ciertos los tópicos según los cuales «los niños no tienen miedo» y «los niños son de goma: nunca se hacen daño». Habrá niños más aguerridos que otros, pero el mecanismo del miedo (para sobrevivir) está en todos. Algunos de los que más movidos e impetuosos, en realidad no se comportan así por desconocer el miedo, sino porque han encontrado en este comportamiento una fórmula para superarlo o porque les da la posibilidad de obtener un anhelado reconocimiento ajeno. Por otro lado, es verdad que si un adulto se cayera tantas veces como un niño, en bici, esquiando o jugando a fútbol, seguro que se lesionaría gravemente. Pero esto no significa que caer deba formar parte del juego infantil: caer se debe a un error y es un accidente.

transitada y, a ser posible, que disponga de una ligera contrapendiente al final;

• Calzado cómodo para el niño (¡y para la persona que le ayuda!)

Las ruedas hay que retirarlas al mismo tiempo para que el desequilibrio sea igual por los dos lados y el esfuerzo continuo de compensación dé lugar a un «ritmo» de pedaleo. Retirar sólo una de las ruedas laterales no hace la transición más facil, sino que induce al niño a pedalear con el cuerpo torcido.

Al principio, la persona mayor ayuda al niño sosteniéndolo por detrás del sillín, no sujetándolo por el cuerpo o los brazos. De este modo puede ceder al movimiento lateral cuando el niño vence el desequilibrio, y sostenerlo cuando la caída sería irremediable, animándole con convencimiento y sin infundirle nerviosismo.

Cuando sea capaz de dar dos pedaladas sin ayuda, alargaremos progresivamente esta situación, pero sujetándolo siempre al final para evitar la sensación de indefensión que le produciría caerse cada vez. De esta manera, en cambio, se le puede animar enseñándole el tramo que ha recorrido solo, y si con las ruedecitas sabía frenar bien, no tardará en aplicar la misma técnica.

Una reacción normal del niño ante la falta de equilibrio es querer llegar con los pies en el suelo. Esto no es ningún inconveniente: se abre la leva de cierre rápido y se le baja el sillín hasta que, sentado, apoye cómodamente las puntas de los pies en el suelo. Como ya conoce la posición, cuando se desenvuelva mínimamente bien sin las ruedas auxiliares se le subirá gradualmente el sillín (incluso sin que él se dé cuenta) hasta llegar a la posición que tenía al final de la etapa con ruedas laterales.

La regla de tres

Un niño de tres años puede pesar unos 15 kg y medir cerca de un metro, lo cual daría una longitud de piernas de 40 cm aproximadamente. Una bicicleta convencional para su estatura pesa 7 kg y lleva una biela de 12 cm. Si aplicáramos esta proporción a un ciclista adulto de 1,80 m, 70 kg y 87 cm de entrepierna le correspondería una bici… ¡de 32 kg de peso y una longitud de biela de 264 mm! (Lo normal sería de 7 a 9 kg para la bicicleta y 172,5 mm de longitud de biela).

Cuando el niño sea capaz de avanzar unos metros sin ayuda, no deberemos espaciar los intentos, e intentaremos motivarlo para reforzar el aprendizaje.

Un elemento útil es que el niño pueda ver a su acompañante también en bicicleta. En aquel momento de máximo esfuerzo por superarse, observará sus movimientos con otros ojos, y seguramente le ayudarán a «entender» algún detalle que ni él sabría preguntar ni nosotros responder.

Los problemas habituales del ciclista en la carretera

El ciclismo es un deporte de grandes contrastes, de satisfacción y sufrimiento. Unas veces el ciclista devora los kilómetros administrando su esfuerzo a voluntad, perfectamente acoplado a la máquina, integrado en el paisaje casi como si fuera una necesidad de la propia naturaleza; otras, en cambio, el viento racheado o la llovizna que atenaza las piernas convierten el regreso a casa en un calvario. Los sueños del aficionado al ciclismo se hacen realidad subiendo por carreteras serpenteantes que llevan a colinas solitarias, atravesando los campos de girasoles cualquier tarde de julio o, en Semana Santa, coronando los puertos de montaña con las últimas nieves a los lados del asfalto. Sin embargo, muchos kilómetros de entrenamiento transcurren irremediablemente en las transitadas vías de las afueras de las urbes, con toda la problemática, el riesgo y los no pocos conflictos que ello supone.

A continuación exponemos los problemas más frecuentes.

CIRCULACIÓN EN PARALELO

La circulación de dos ciclistas en paralelo es más segura, porque estos pueden ser vistos más fácilmente por los conductores. Sin embargo, algunos automovilistas se convierten en jueces improvisados de la problemática vial y obsequian a los ciclistas que marchan en paralelo con sonoras amonestaciones, porque en su opinión no son dignos del esfuerzo que representa realizar un adelantamiento. Circular en paralelo obliga al conductor a extremar las precauciones y a realizar una maniobra de adelantamiento completa, que debe ser señalizada como indican las normas de tráfico. El problema de circular en solitario es que los conductores de automóviles desvían muy poco la trayectoria y no señalizan la maniobra, con lo cual el conductor que les sigue no percibe la presencia del ciclista hasta que lo tiene muy cerca.

ADELANTAMIENTOS

Muchos conductores no respetan la norma de mantener una distancia mínima de 1,5 m al adelantar a una bicicleta. Y muchos otros tampoco respetan la prohibición de adelantar cuando en sentido contrario circula una bicicleta que no dispone de arcén.

ARCENES

Los arcenes no sirven de nada si están descuidados y sucios, porque el ciclista no puede rodar sobre los límites de un manto asfáltico deteriorado, esquivando cristales, animales muertos, latas, envoltorios gigantes, cajas de madera o de porexpán, vegetación que sobresale del margen de la carretera, etc. Las carreteras de nueva construcción deberían contar con un carril para la circulación de bicicletas pintado de otro color y separado de la calzada con bandas sonoras que avisan de invasión (carril para bicicletas protegido).

Los principales «enemigos» del ciclista

La fauna motorizada es diversa y peligrosa. Todo buen ciclista debe identificar los distintos especímenes de conductor. Conocer sus costumbres, reacciones, horarios y forma de «comunicarse» mediante pegatinas, monigotes y derroche de vatios es una gran ayuda para el ciclista en situaciones en las que no le queda otro remedio que lidiar con dicha fauna.

A grandes rasgos se dividen en los grupos que mostramos a continuación, aunque podrían ser más (en el caso de los energúmenos, gamberros y asociales en general, es mejor remitirse a un buen tratado de psicopatología).

De hecho, visto fría y objetivamente, el «examen» de conducir es el único que todo el mundo puede aprobar, simplemente pagando y asistiendo de vez en cuando a las clases; algo que en los exámenes convencionales no está muy bien visto precisamente...

• El conductor agresivo

En el trabajo le toca «tragar», en casa seguramente también, y para mayor desgracia el físico empieza a traicionarlo. Pero una vez al volante de su automóvil, por una extraña aunque en el fondo comprensible ley de la compensación, pretende hacer pagar al prójimo su frustración. Los peores son los que beben alcohol en el desayuno. Comparte una costumbre con el taxista que lleva un pomo en el volante: cuando un español hace un buen papel en el Tour de Francia respetan a los ciclistas, pero durante el resto del año no.

• El pequeño transportista estresado

Lleva el bloque de albaranes apoyado en el cenicero y el plano de la zona en el asiento del lado. Tiene por costumbre estacionarse justo enfrente de su destino, aunque haya un lugar mejor para hacerlo a menos de veinte metros. Suele ir acumulando retraso a lo largo del día, pero como es rápido de reflejos, consigue causar situaciones de peligro sin el menor sonrojo y entregar el pedido justo antes de cerrar.

• El indeciso, el apocado y el incapaz

Dudan y aplican a la circulación una filosofía más propia de los vegetales que del mundo motorizado; trazan (por llamarlo de alguna manera) las curvas inclinando lateralmente la cabeza; como quieren ser amables y respetuosos, ceden el paso cuando tienen preferencia y utilizan el ABS para frenar en ámbar. En los cruces miran mucho rato, pero esto no es garantía de que vean al ciclista. Una variante peligrosa es la señora que acaba de recoger a los niños del colegio, con un todoterreno que haría las delicias de los talibanes. Por suerte, los niños son quienes se encargan de avisarle: «¡Mira, mamá, un tío en bici!».

Consejos para mejorar la seguridad

Es evidente que la *educación vial* debe ser el centro de cualquier acción preventiva. La mayoría de conductores desconoce la normativa de tráfico en lo que se refiere a la circulación de bicicletas y a las maniobras relacionadas con ésta, o sencillamente ha perdido el hábito de aplicarla.

Por otro lado, la *mejora de la red de comunicaciones*, con espacios y señalización específicos para bicicletas y que avisara a los automovilistas de la presencia de ciclistas, no sólo mejoraría la fluidez del tránsito y la seguridad del ciclista, sino que dotaría a la bicicleta del estatus que se merece.

RECOMENDACIONES PARA LOS CICLISTAS

- Usar siempre el casco.
- Circular por el arcén o por el carril especial, si los hay. En caso contrario, debe hacerse pegado a la derecha de la calzada.
- Mantener una trayectoria recta.
- Procurar salir en grupo y evitar circular de noche. Cuando se circula en grupo es conve-

niente ponerse en fila para no obstruir la circulación en trazados sinuosos o en los cambios de rasante. Al rodar a rueda de otro ciclista, no debemos alinear la rueda delantera con su rueda posterior, ya que en caso de frenazo imprevisto la caída sería inevitable. Es mucho más seguro dejar un pequeño margen de separación. Debemos aumentar un poco la separación en el momento de beber, y a ser posible no hagcerlo en el mismo momento que otro ciclista.

• Ser precavidos cuando salimos con personas poco entrenadas o principiantes. Desmoralizar a un principiante no tiene ningún mérito; al contrario, debemos observar sus movimientos porque la persona poco familiarizada con este deporte suele seguir trayectorias inadecuadas, dar bandazos, frenar inesperadamente, o bajar la atención sin ser consciente de ello.

• Extremar las precauciones cuando circulemos detrás de vehículos que impidan la visibilidad.

• Elegir, siempre que sea posible, carreteras y franjas horarias con poca densidad de tráfico.

• Nunca está de más informarse sobre la previsión meteorológica.

• Mantener la bicicleta en buenas condiciones y revisarla siempre antes de salir.

• Vestir prendas de colores llamativos.

• Cuando circulemos en grupo, hay que procurar no crear momentos de «relajación colectiva»: se afloja el ritmo porque se entra en un pueblo, un ciclista bebe del bidón, el otro se desentumece los brazos, y el resultado es una caida brusca de la atención.

• No cometer imprudencias y estar siempre atento a las acciones de los automovilistas –y a ser posible, intentar hacer una lectura de sus intenciones. Las carreteras pueden deparar todo tipo de sorpresas: socavones, agua procedente de un riego, manchas de aceite o gravilla.

• Respetar siempre el código de la circulación. Además, aunque tengamos preferencia debemos ser prudentes, porque en caso de accidente el ciclista siempre lleva las de perder.

CONSEJOS A LOS AUTOMOVILISTAS

• En presencia de ciclistas, deben esmerarse las precauciones.

• En los semáforos hay que tener en cuenta que la capacidad de aceleración de un ciclista es limitada.

• No adelantar a otro vehículo si viene una bicicleta en sentido contrario.

• Mantener la distancia de seguridad con respecto a la bicicleta.

• Cuando se vaya a adelantar a un ciclista hay que avisarle, pero sin tocar el claxon cerca porque puede asustarse y desviar la trayectoria.

• Mantener la distancia de seguridad en los adelantamientos (1,5 m). Hay que tener en cuenta que el aire que desplaza el vehículo puede desequilibrar al ciclista.

• Respetar siempre el carril bici.

• Antes de poner en marcha el vehículo, hay que pensar adónde nos dirigimos y por dónde vamos a pasar. Así evitaremos indecisiones y maniobras improvisadas.

¡Controle esos nervios!

Cuando veamos un ciclista por la carretera, debemos recordar que no es un obstáculo que haya brotado justo en aquel punto kilométrico con la única finalidad de fastidiarnos. Debemos respetarle. Es un deportista que en otros momentos del día también actúa como peatón, automovilista, profesional e incluso presidente de su comunidad, y que incluso podría ser el profesor de educación física a quien tanto adora nuestro hijo o el médico que trató la piedra del riñón de nuestro padre...

Resumen de la reforma de la Ley de Tráfico

L a ley 19/2001, de 19 de diciembre, reforma el texto de la Ley sobre Tráfico, Circulación de Vehículos a Motor y Seguridad Vial, en los artículos que atañen a la circulación de bicicletas:

ARTÍCULO 15. UTILIZACIÓN DEL ARCÉN

1. El conductor de cualquier vehículo [...] en seguimiento de ciclistas, en el caso de que no exista vía o parte de la misma que les esté especialmente destinada, circulará por el arcén de su derecha, si fuera transitable y suficiente, y si no lo fuera, utilizará la parte imprescindible de la calzada [...].

ARTÍCULO 18. CIRCULACIÓN EN AUTOPISTAS Y AUTOVÍAS

1. [...] los conductores de bicicletas podrán circular por los arcenes de las autovías, salvo que, por razones de seguridad vial, se prohíba mediante la señalización correspondiente.

ARTÍCULO 23. CONDUCTORES, PEATONES Y ANIMALES

c) Cuando los conductores de bicicleta circulen en grupo, serán considerados como una única unidad móvil a los efectos de prioridad de paso.

ARTÍCULO 33. NORMAS GENERALES DEL ADELANTAMIENTO

4. No se considerará adelantamiento a efectos de estas normas los producidos entre ciclistas que circulen en grupo.

ARTÍCULO 34. EJECUCIÓN DEL ADELANTAMIENTO

4. [...] Queda expresamente prohibido adelantar poniendo en peligro o entorpeciendo a ciclistas que circulen en sentido contrario.

ARTÍCULO 37. SUPUESTOS ESPECIALES DE ADELANTAMIENTO

Cuando en un tramo de vía en que esté prohibido el adelantamiento se encuentre inmovilizado un vehículo [...] podrá ser rebasado [...]. Con idénticos requisitos, se podrá adelantar a conductores de bicicletas.

ARTÍCULO 42. USO OBLIGATORIO DE ALUMBRADO

3. Las bicicletas [...] estarán dotadas de los elementos reflectantes debidamente homologados [...]. Cuando sea obligatorio el uso de alumbrado, los conductores de bicicletas además llevarán colocada alguna prenda reflectante si circulan por vía interurbana.

ARTÍCULO 45. PUERTAS

Se prohíbe [...] abrirlas o apearse [del vehículo] sin haberse cerciorado previamente de que ello no implica peligro o entorpecimiento para otros usuarios, especialmente cuando se refiere a conductores de bicicletas.

La acera-bici es la solución para calles relativamente espaciosas.

Correr

9 Un deporte natural
El calzado
Empezar a correr
Correr sin tensión
La técnica de carrera
Planificar el entrenamiento
La primera carrera popular

Un deporte natural

Correr es una acción natural en el ser humano. Cualquier persona sana puede correr, aunque sea de forma muy lenta. Sólo se necesitan unas zapatillas deportivas y ganas de poner el cuerpo en marcha. Algunas personas añadirían que también hace falta una pista de atletismo, aunque para la mayoría este último requisito resulta innecesario. Para correr sólo hay que ponerse las zapatillas, abrir la puerta de casa y salir a la calle.

Este deporte ofrece grandes recompensas a cambio: contribuye a la pérdida de peso, a la normalización de la presión sanguínea, disminuye el riesgo de trastornos cardíacos, contrarresta el estrés diario, etc. Por lo que respecta a los beneficios psíquicos, correr disminuye el riesgo de depresión y aumenta la creatividad.

Al correr se diluyen muchas preocupaciones. Evidentemente, una vez finalizada la carrera los problemas seguirán estando ahí, pero el estado de relajación física y mental que se experimenta después ayuda a afrontar los contratiempos diarios con mucha menos tensión.

Tanto es así que muchos corredores empiezan a correr con el objetivo de perder unos kilos de más y se encuentran con la agradable sorpresa de que esta actividad física también les aporta una serenidad inusitada. Era algo con lo que no contaban a priori y a lo que, una vez descubierto, ya no están dispuestos a renunciar.

Además, correr tiene otro valor añadido: quien practica este deporte siempre sale ganando. No importan las marcas ni las comparaciones con otros deportistas. Cada corredor marca su propio ritmo y mide su propio progreso. No corre contra nadie: sólo contra sí mismo. Y por el hecho de correr, ya gana.

¿Dónde correr?

Una de las ventajas de la carrera a pie es que puede practicarse en cualquier momento y lugar. Sin embargo, cuando se vive en una gran ciudad y se dispone de un poco de tiempo, a veces merece la pena renunciar a la solución más sencilla (empezar a correr desde la puerta de casa) y desplazarse a sitios mucho más apropiados.

El lugar idóneo para iniciarse a la carrera a pie es un sitio tranquilo y poco transitado, con un suelo regular, no demasiado duro y llano en la medida de lo posible.

En el caso de que decidamos correr por alguna carretera por la que pasan coches esporádicamente, debemos circular siempre por la izquierda y, si apuramos la luz del día, es preferible llevar alguna prenda reflectante.

El calzado

El equipamiento del corredor es muy sencillo: pantalón, camiseta, calcetines y unas zapatillas adecuadas. Si hace mucho calor y el día es muy luminoso, puede ponerse una gorra y gafas de sol. Si hace frío, una sudadera, unas mallas, un gorro y unos guantes .

El elemento más importante es el calzado. Sin embargo, escoger el modelo adecuado no es tarea fácil. El bombardeo publicitario de las multinacionales de equipamiento deportivo en muchas ocasiones no hace más que desorientar al corredor en lugar de ayudarlo. A la hora de comprar unas zapatillas, hay que tener en cuenta dos puntos fundamentales: que se adapten perfectamente al pie y que se ajusten a las necesidades de cada corredor.

CARACTERÍSTICAS DEL BUEN CALZADO

Hay muchos tipos de zapatillas para correr, que van desde las de entrenamiento (resistentes y con gran capacidad de amortiguación, y las más adecuadas para iniciarse en la carrera a pie) hasta los modelos de competición sobre asfalto (las «voladoras», muy ligeras y reactivas, pero poco indicadas para acumular kilometraje), además de modelos más específicos de cross, montaña, pista, etc.

La suela tiene más o menos taco, o es prácticamente lisa, en función del tipo de suelo.

La parte anterior del calzado debe ser muy flexible para no dificultar la flexión del pie, pero debe tener resistencia a la torsión.

La parte posterior debe amortiguar el impacto del talón contra el suelo y a la vez ha de ser dura en los lados para contener los desplazamientos laterales. Además, la suela debe ser un poco más alta en la parte posterior que en la anterior para facilitar el trabajo del tendón de Aquiles.

El material de la parte superior ha de tener una estructura que permita una ventilación correcta.

También existen modelos con ayudas correctivas para atletas con un apoyo anómalo de la planta del pie (pronadores y supinadores).

Zapatillas idóneas para cada corredor

En un comercio dedicado específicamente al material de atletismo encontrará vendedores especializados y con experiencia que le aconsejarán perfectamente.

LA COMPRA

Al comprar unas zapatillas para correr conviene no dejarse llevar por el capricho, la marca o el grado de sofisticación del modelo y tener en cuenta las siguientes indicaciones:

• En la tienda, debemos probarnos las zapatillas con los calcetines que solemos usar en los entrenamientos.

• No comprar nunca zapatillas de correr estrechas pensando que se ensancharán con el uso. Para estar seguros de que son del tamaño correcto, entre la punta del pulgar y la puntera de la zapatilla debe haber de un centímetro a un centímetro y medio de distancia.

• El talón debe alojarse cómodamente en la parte trasera de la zapatilla y no levantarse mientras corremos.

• El empeine y la lengüeta deben dar sensación de comodidad y sujetar el pie con seguridad, sin apretar en ningún punto.

Existe una zapatilla deportiva para cada objetivo.

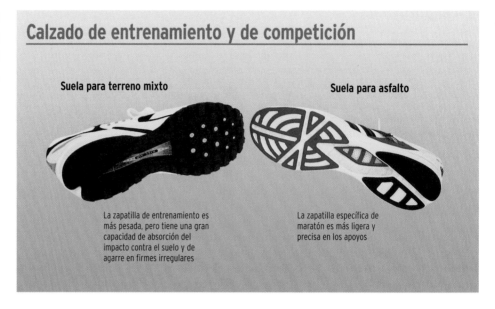

Calzado de entrenamiento y de competición

Suela para terreno mixto

Suela para asfalto

La zapatilla de entrenamiento es más pesada, pero tiene una gran capacidad de absorción del impacto contra el suelo y de agarre en firmes irregulares

La zapatilla específica de maratón es más ligera y precisa en los apoyos

• El calzado debe ser el adecuado a nuestro peso corporal.

• Cuando compremos unas zapatillas nuevas, las utilizaremos primero en entrenamientos cortos. No las usaremos para carreras largas hasta estar seguros de que nos van bien y no nos producen ampollas ni roces.

• No siempre existe una relación directa entre el precio y la calidad de la zapatilla.

Dos pares mejor que uno

Para evitar lesiones pueden alternarse dos pares de zapatillas de tacto un poco distinto. Así se evita forzar los músculos de la misma manera. Una buena opción consiste en tener unas zapatillas estables, reforzadas y con gran capacidad de amortiguación para los días de carrera larga, y otras más ligeras y rápidas para las sesiones más veloces.

EL MANTENIMIENTO DEL CALZADO

Aunque las zapatillas de deporte son un calzado como otro cualquiera, su mantenimiento tiene ciertas peculiaridades:

• No debemos usar las zapatillas de atletismo para tiempo libre (trekking, ir en moto, etc.).

• Después del entrenamiento las dejaremos airear en un lugar fresco y ventilado, que no esté expuesto al sol.

• En caso de que se ensucien de barro, las pondremos a secar y las cepillaremos con cuidado. Cuantas menos veces vayan a la lavadora, mejor. No debemos ponerlas a secar directamente en el radiador.

LA SUSTITUCIÓN

El deterioro que sufren las zapatillas no consiste simplemente en el desgaste de la suela. Aparte del desgaste «visible», la estructura se deforma y los materiales pierden propiedades. Por lo tanto, no tenemos que esperar a que se desgasten totalmente: hay que cambiarlas en cuanto notemos que han perdido el tacto original.

Empezar a correr

Muchas personas se muestran reticentes a la hora de iniciarse en esta actividad, no porque desconozcan los argumentos a favor de hacerlo, sino porque consideran que a pesar de los beneficios que aporta, se trata de una actividad cansada y monótona.

Correr puede convertirse en una auténtica tortura para quien sobrestime su resistencia física, pero puede llegar a ser un deporte indispensable si se practica con equilibrio e inteligencia.

Muchas personas corren pensando sólo en la satisfacción que sentirán al finalizar el entrenamiento; de hecho, las endorfinas que el organismo segrega durante el esfuerzo físico son euforizantes. Otras corren con la pretensión de perder peso en poco tiempo o de ponerse «en forma» en quince días. Estos corredores no disfrutan mientras corren, sino que se autoimponen un entrenamiento y, tarde o temprano, renuncian a seguir entrenándose.

Cuando se empieza a correr, hay que realizar un entrenamiento de tipo aeróbico, es decir, un ejercicio prolongado de baja intensidad. Trabajar en un nivel de esfuerzo bajo es la forma más eficaz de incrementar la resistencia, más que realizar sesiones cortas y muy intensas. En la práctica, trabajar de forma aeróbica significa correr con una frecuencia cardíaca que no sobrepase el 75 % de la frecuencia máxima, es decir, a un ritmo que permita mantener una conversación. Además, la carrera larga a ritmo suave proporciona la posibilidad de pasar un rato agradable, solo o en compañía.

El entrenamiento no puede endurecerse hasta que el organismo se haya adaptado a la nueva actividad. La duración de este período «de adaptación» puede estimarse en seis meses, pero depende de las cualidades de cada uno, de la edad, del historial médico y deportivo; en definitiva, del punto de partida de cada persona. La clave es «escuchar» el cuerpo para descubrir el ritmo que resulta confortable para cada cual. Sólo así se tiene la certeza de no lesionarse y no acumular fatiga.

El sistema aeróbico se trabaja sin sobrepasar el 75 % de la frecuencia cardíaca máxima.

El reposo es fundamental para asimilar el entrenamiento.

LA REVISIÓN MÉDICA

Cuando se empieza a correr es aconsejable realizar una revisión médica, principalmente para excluir el riesgo de una patología cardíaca en estado latente que podría agudizarse si se aumenta el nivel de esfuerzo habitual. En la actualidad, la mayor parte de instalaciones deportivas cuenta con un servicio médico que permite realizar una revisión que certifica la aptitud para el deporte y que en muchos casos incluye un test de esfuerzo.

Este tipo de test se realiza en una cinta rodante o una bicicleta estática y sirve para valorar diversos parámetros cardiológicos y respiratorios (umbral anaeróbico, frecuencia cardíaca máxima, consumo máximo de oxígeno, etc.).

La prueba permite diagnosticar eventuales alteraciones que, en el futuro, podrían convertirse en un problema real. No hay que olvidar que, en muchos casos, el primer síntoma de un trastorno coronario es la muerte repentina.

Las personas que fuman, sufren hipertensión o son diabéticos, o las que tienen familiares que han padecido fallos cardíacos antes de los cincuenta años son especialmente propensas a sufrir problemas coronarios. Un plan de footing moderado puede ser muy beneficioso para todas ellas.

LOS ESTIRAMIENTOS

A medida que aumenta el volumen de entrenamiento, el corredor pierde flexibilidad y sus músculos (sobre todo los de la parte posterior de la pierna) se vuelven más tensos y proclives a las lesiones. Para prevenirlas, es fundamental realizar estiramientos antes y después de la carrera. Los estiramientos son el complemento imprescindible de todos los deportes y, en especial, del atletismo (véase el capítulo «El stretching»).

EL DESCANSO

Muchos corredores se resisten a «descansar» porque un día sin entrenamiento les procura una desagradable sensación de inactividad y pérdida de forma. Nada más lejos de la realidad: un día de reposo es la mejor forma de asimilar los entrenamientos. Aunque correr nos guste, hasta el punto de que se haya convertido en una parte importante de nuestra vida, no debemos obsesionarnos con salir a correr cada día. Es recomendable descansar, por lo menos, una vez a la semana.

Si a pesar de todo no está dispuesto a quedarse en casa durante el día de descanso, confórmese con realizar ejercicios muy suaves o practique otro deporte que no sobrecargue los músculos que más se desgastan en carrera. La natación sería una buena opción.

Correter sin tensión

Para conseguir una buena técnica de carrera hay que correr de forma relajada.

La relajación y la coordinación en el movimiento son tanto o más importantes que la potencia. El motivo es fácil de comprender: si se piensa sólo en la potencia, los músculos se endurecen y se tensan, la eficacia es mucho menor de la que cabría esperar y aumentan las posibilidades de sufrir sobrecargas y lesiones. En cambio, el corredor que se esfuerza en correr relajadamente no sólo deja a un lado la tensión mental y física, sino que establece la base para una mejora definitiva del rendimiento.

La relajación beneficia al corredor en dos aspectos básicos:

• **Un cuerpo relajado es más resistente** que uno tenso, lo que, obviamente, interesa mucho a la persona que aspira a correr largas distancias sin detenerse. Los músculos relajados permiten que la sangre circule con mayor facilidad.

• **Correr sin tensión implica un cierto grado de concentración**, y un corredor concentrado probablemente se comportará con menos ansiedad frente a las dificultades que se presentan en una carrera. Esta capacidad reviste especial importancia cuando se empieza a notar el cansancio.

Un último apunte: en los últimos minutos del entrenamiento, cuando se va suavizando el ritmo, es importante asumir el compromiso con uno mismo para la próxima sesión.

Lógicamente, el entrenamiento debe acabar con cansancio, pero sin llegar al extremo de que la fatiga «extermine» las ganas de salir a correr al día siguiente (o el día que esté previsto). Es importante pensar lo que se hará el próximo día y decidir de antemano cuándo y dónde se realizará el próximo entrenamiento.

Relajándonos dos minutos antes de iniciar el entrenamiento

Durante un minuto aproximadamente, inspiramos lentamente por la nariz, dejando que el diafragma se desplace hacia abajo y los pulmones amplíen su volumen al máximo.

Contamos interiormente cuánto dura la inspiración (por ejemplo 1, 2, 3, 4). Retenemos el aire dentro de los pulmones la mitad del tiempo que ha necesitado para la inspiración (1, 2). Exhalamos el aire por la boca sin fuerza, cediendo a la presión interna (no pasa nada si el aire provoca al salir una vibración sorda de las cuerdas vocales). La espiración debe durar igual que la inspiración (1, 2, 3, 4). Seguidamente, se efectúa una pausa equivalente al tiempo que se ha retenido el aire dentro de los pulmones (1, 2).

En resumen, las cuatro fases en que se ha dividido el ciclo respiratorio se cuentan del siguiente modo:

1, 2, 3, 4

1, 2 | Rectángulo respiratorio | 1, 2

1, 2, 3, 4

Durante el segundo minuto seguimos respirando igual, pero alargamos las pausas, de modo que el esquema pase a ser:

1, 2, 3, 4

1, 2, 3, 4 | Cuadrado respiratorio | 1, 2, 3, 4

1, 2, 3, 4

Si realizamos este ejercicio antes de entrenar, nos sentiremos más ligeros y menos tensos.

La técnica de carrera

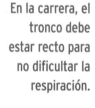

No hay dos atletas iguales y, por lo tanto, nadie puede afirmar que exista una forma de correr única y perfecta. Lo mejor que puede hacer quien se está iniciando en la carrera a pie es correr con tranquilidad, sin estar pendiente del «estilo». Cuando se corre de manera relajada, disfrutando, la madeja de pensamientos que ocupa nuestro cerebro se va desenredando, las ideas afloran con espontaneidad y algunas veces se ordenan de una manera distinta a la inicial, estableciendo así la jerarquía real de nuestras ideas y preocupaciones. Y todo esto es material aprovechable para conocerse mejor a uno mismo. Otras veces, no se piensa en nada mientras se corre; quizá porque es lo que más se necesita en aquel momento: el corredor disfruta simplemente de la actividad, sin preocuparse del resto de la gente y mucho menos de cómo corre.

Entonces, ¿no debe preocuparnos la técnica de carrera? Sí y no. Es absurdo imponerse movimientos forzados pretendiendo ser la viva imagen de un atleta de elite, pero por otro lado es interesante saber cómo hay que correr y cuáles son los errores más frecuentes. Esto nos permitirá, si no ganar, por lo menos no perder eficacia en los movimientos

En la carrera, el tronco debe estar recto para no dificultar la respiración.

LOS PIES

Las puntas de los pies deben alinearse con la dirección de la marcha. Si el movimiento de traslación del corredor es hacia delante, las puntas de los pies también deben estar orientadas en la misma dirección, de modo que uniendo con una línea imaginaria los puntos de contacto de las puntas de las zapatillas en el suelo en la fase de impulso del pie se obtenga una línea recta y no en zigzag.

El hecho de que los velocistas no apoyen el talón en el suelo no significa que la persona que corre a 5' 20" el km (lo que en la jerga se denomina «al trote cochinero») también tenga que hacerlo. Corriendo de puntas el impacto del pie contra el suelo es más duro, lo cual repercute negativamente en las articulaciones del pie y en la rodilla, y entraña riesgo de sobrecarga en los gemelos. La forma «normal» de correr es con una fase de recepción con el talón, y una fase de impulso con la punta.

LA CADERA

El objetivo de todos los movimientos es impulsar el cuerpo hacia delante. Por lo tanto, las oscilaciones del centro de gravedad del cuerpo (la línea de desplazamiento de la cadera sube y baja en cada zancada) representan una pérdida de energía.

Un defecto muy común de los atletas que corren en asfalto, que han empezado a correr

Cada persona debe respirar al ritmo que le resulta más natural.

ya mayores y no poseen una base técnica de atletismo de pista, es llevar la cadera demasiado baja. Esto se debe al movimiento incompleto de la pierna en el impulso, por falta de flexibilidad y de fuerza, de modo que en la fase de impulso la pierna no se extiende totalmente.

TRONCO Y CABEZA

El tronco debe estar centrado para no dificultar la respiración, es decir, el corredor no lleva el tronco inclinado hacia delante, pero tampoco sacando pecho. Y la cabeza tiene que permanecer quieta con respecto al cuerpo.

LOS BRAZOS

El movimiento de los brazos debe ser hacia delante y hacia atrás. Un defecto típico del principiante es llevar los brazos demasiado altos y a menudo por delante del tronco. Esto se debe a la tensión y la mala colocación de los hombros. La articulación del codo tampoco tiene que estar rígida, pero debe mantener el ángulo.

LA RESPIRACIÓN

No sirve de nada correr forzando la respiración, es decir, aumentando voluntariamente la frecuencia respiratoria o marcando la espiración en dos tiempos como los instructores militares de los dibujos animados.

«Entrenarse» no consiste en correr cada día un circuito determinado un poco más rápido hasta batir todos los records. Sería demasiado sencillo. Al contrario, bajar la «marca» cada día un segundo es la garantía de una lesión segura.

Prevención de las lesiones

Un ritmo de entrenamiento sostenido entraña el lógico riesgo de sufrir molestias o lesiones. Las lesiones se pueden prevenir siguiendo una serie de normas básicas:

• **Elegir un lugar idóneo para el entrenamiento.** La superficie del suelo debe ser firme (pero no excesivamente dura), llana y, a ser posible, sin agujeros ni surcos. Las carreteras poco transitadas y los caminos de tierra en general son lugares adecuados para correr. Naturalmente, si se puede correr en un sendero no dudaremos en hacerlo. La tierra de un camino siempre será más blanda que el asfalto y las rodillas (y en general toda la musculatura de la pierna) se cargarán menos. Muchos creen que la hierba es el sitio más adecuado para correr. En parte es cierto, porque la hierba proporciona una superficie blanda, pero por otro lado, los prados presentan desigualdades que obligan a forzar los músculos y los tendones de los pies. Además, las irregularidades son difíciles de ver, lo cual redunda en un riesgo de torceduras nada despreciable. La playa tampoco es un lugar perfecto para correr: la arena es demasiado blanda, lo que carga excesivamente la musculatura posterior de las piernas. Además, las playas suelen estar inclinadas hacia el mar, lo que hace que los pies tengan apoyos muy desiguales.

• **Realizar un buen calentamiento.** Cuando empecemos a correr, trotaremos lentamente sin forzar, hasta «romper a sudar» y notar que las piernas se sueltan. De la misma manera, al acabar el entreno no terminaremos de correr de golpe. Un trote fácil resulta eficaz para una recuperación rápida, pues ayuda a eliminar el ácido láctico acumulado en los músculos. No aceleraremos en el tramo final del entrenamiento como si fueran los últimos metros de una carrera, porque la velocidad se trabaja haciendo series y no un sprint final, ya que de este modo lo único que se consigue es acabar más cansado.

• **Cuidar la flexibilidad.** Sin esta cualidad aumentan las posibilidades de lesionarse. De hecho, la falta de flexibilidad es la causa de una de las lesiones más típicas de los corredores: la tendinitis del tendón de Aquiles.

• **Correr a nuestro ritmo.** Si coincidimos en el entrenamiento con corredores más expertos o más rápidos, no nos entregaremos al máximo para seguirlos. Aunque podamos hacerlo en la primera parte del entrenamiento o los días que salgan a «rodar», no hay que intentar seguirlos a toda costa cuando comiencen a «tirar».

• **Llevar un control de las actividades.** Debemos anotar en una libreta u hoja de cálculo los días que entrenamos, el tiempo dedicado y otras apreciaciones, como el tipo de trabajo realizado o el tipo de recorrido. Además de contabilizar con exactitud el kilometraje semanal, mensual, etc., en caso de sufrir molestias musculares esta memoria será de gran utilidad para descubrir posibles errores en la planificación que hayan podido contribuir a la aparición de la lesión.

• **Escuchar nuestro cuerpo.** El descanso es vital. Si nos sentimos cansados no forzaremos la máquina, por mucho que el programa diga que ese día debemos realizar un entrenamiento. Por dejar de entrenar un día o sustituir un entrenamiento fuerte por otro más suave no perderemos la forma. Por el contrario, si por culpa de una lesión hay que dejar de correr, las consecuencias son más graves.

Ni se logra que llegue más oxígeno a los músculos, ni el rendimiento aumenta por ningún lado. Lo máximo que se consigue es una leve sensación de mareo. La respiración es un acto reflejo y, como tal, depende directamente del cerebro. Cada persona tiene que respirar al ritmo que le resulta más natural, que por término medio es de unos veinte ciclos por minuto cuando se realiza una actividad aeróbica. Una forma práctica de saber si se lleva una frecuencia respiratoria correcta, es que el corredor debe poder hablar sin ahogarse. En cualquier caso, la respiración no debe ser acelerada.

Planificar el entrenamiento

Para mejorar el rendimiento, nada mejor que planificar el entrenamiento en función de unos objetivos determinados. Pero, ¿cuáles son estos objetivos? ¿Ponerse en forma? ¿Participar en una carrera popular? ¿O quiere ir más allá y no descarta la posibilidad de enfrentarse, tarde o temprano, al reto que supone correr un maratón?

Sea cual fuere el objetivo, es recomendable empezar estructurando la preparación de un año entero. El esquema general que proponemos a continuación (un plan lo suficientemente flexible como para adaptarse a los horarios y las obligaciones de la vida diaria) es un ejemplo de programación de los entrenamientos:

• Dividimos el año de entrenamiento en **dos grandes ciclos de seis meses**.

• Estructuramos cada uno de estos ciclos en **dos períodos de doce semanas de preparación cada uno**: el primero se dedica al entrenamiento de base (que consiste en acumular kilómetros a bajo ritmo) y el segundo constituirá un entrenamiento un poco más específico.

• Durante las doce semanas de entrenamiento específico deberemos decidir qué días de la semana son más adecuados para realizar carreras de larga distancia, de velocidad, etc., y qué días nos va mejor descansar. Es aconsejable subdividir este período en pequeños ciclos de dos semanas para que la planificación sea más precisa.

ENTRENAMIENTO
PARA CORREDORES PRINCIPIANTES
(PRIMER SEMESTRE)

Como ya hemos dicho, para ponerse en forma corriendo hay que desarrollar, ante todo, la capacidad aeróbica. Y esto se logra con entrenamientos de baja intensidad.

Aunque anteriormente hayamos practicado otros deportes, hay que tener en cuenta que correr requiere unos movimientos específicos y conlleva un esfuerzo nada despreciable que necesita un período de adaptación.

El entrenamiento que sugerimos a continuación es un ejemplo indicativo de cómo se podría plantear la iniciación a la carrera.

Inicialmente basta con salir a correr un par de veces por semana y, si se dispone de tiempo suficiente, dedicar dos días más a realizar ejercicios que fortalezcan los músculos que no están solicitados directamente por los movimientos de carrera.

En total, un principiante que desee ponerse en forma debería hacer ejercicio tres o cuatro veces por semana.

Una carrera popular es un buen objetivo para culminar un plan de entrenamiento.

Si bien es cierto que los grandes corredores de fondo apenas tienen desarrollado el tren superior, éste no es el modelo que debe seguir el principiante. Los objetivos de una persona que se dedica profesionalmente a correr no tienen nada que ver con los de alguien que desea mejorar su estado físico o simplemente corre por placer. Por este motivo, la natación, el remo, el esquí de fondo, el aeróbic, el ciclismo, la gimnasia de mantenimiento o los programas de tonificación pueden representar un complemento muy adecuado para el corredor aficionado.

Todas estas actividades complementarias no sirven para correr más rápidamente, pero hacen que los beneficios del ejercicio físico sean más globales. Una consecuencia positiva de la variedad en el entrenamiento es la reducción del riesgo de lesión. Y éste es un riesgo que nunca debe desestimarse, sobre todo a partir de cierta edad, porque si un joven de veinte años puede permitirse perder varios meses de entrenamiento y reemprender sus sesiones preparatorias como si tal cosa, la misma lesión a los cincuenta puede desanimar al corredor hasta tal punto que incluso llegue a abandonarlo todo.

La clave de este primer semestre es la continuidad y la progresividad.

ENTRENAMIENTO PARA CORREDORES PRINCIPIANTES (SEGUNDO SEMESTRE)

Transcurrido el primer período de medio año, los tres o cuatro días de ejercicio físico pueden pasar a ser cinco o seis, siempre y cuando no se observen signos evidentes de fatiga. El segundo semestre requiere el trabajo previo desarrollado en el semestre anterior. En términos prácticos, incluiremos en dicho grupo a los atletas que ya están acostumbrados a correr 25 km a la semana como mínimo.

El sistema cardiovascular del corredor ya tiene una preparación que le permite soportar un entrenamiento más duro, con la inclusión de ejercicios de intensidad. Esto significa que en esta etapa se combinan la carrera larga con otros entrenamientos más cortos e intensos. La intensidad se refiere a la mejora de la potencia muscular y la velocidad, aunque por ahora no es recomendable llevar a cabo más de una sesión de intensidad a la semana.

Además, al igual que el corredor novel, el atleta que ya tiene una base debería realizar otros ejercicios además de la carrera propiamente dicha. Sin embargo, teniendo en cuenta que hablamos de personas que ya gozan de un mínimo de forma, además de

Programa de iniciación a la carrera (primer semestre)

Objetivo

Adaptar el sistema cardiovascular y muscular al ejercicio. La persona sedentaria tiene que pasar por una fase de adaptación a la actividad física. En caso contrario, el deporte puede perjudicarla en lugar de beneficiarla.

Semana tipo

- *Lunes:* descanso.
- *Martes:* 30 minutos de carrera continua a ritmo suave (aeróbico).
- *Miércoles:* gimnasia de mantenimiento o tonificación.
- *Jueves:* 30 minutos de carrera continua: los primeros y los últimos 10 minutos se realizarán a ritmo suave, mientras que los 10 minutos centrales deberán correrse en un lugar con desniveles para que el atleta principiante se acostumbre a los cambios de nivel de esfuerzo.
- *Viernes:* descanso.
- *Sábado y domingo:* el deportista dedicará de hora a hora y media a realizar una actividad aeróbica complementaria a ritmo suave (ciclismo de carretera, mountain-bike, remo, etc.).

las tablas de tonificación también pueden optar por actividades más exigentes, como el esquí de fondo o el ciclismo *indoor*.

Una forma de aumentar el kilometraje consiste en realizar entrenamientos un poco más largos durante los fines de semana. Hay que intentar, además, que los recorridos sean especiales, que nos ilusionen. Nuestro cuerpo responderá mejor si las circunstancias que rodean el entrenamiento son favorables. A medida que vayamos desarrollando la resistencia gracias al trote lento, descubriremos que somos capaces de cubrir distancias que, al principio, ni tan siquiera hubiéramos imaginado (10 km, 12 km, etc.). Esta progresión no debe impedir que nuestros entrenamientos estén precedidos por un calentamiento lento y progresivo, consistente en caminar algunos tramos intercalados en el trote.

El objetivo de este segundo semestre sería correr unos 40 ó 50 km semanales. Para ello no es necesario dividir la distancia total entre el número de sesiones semanales, sino al contrario: un día podemos correr 12 km y al siguiente, 8 km. Una buena combinación de entrenamiento semanal consiste en efectuar dos sesiones largas y tres cortas, a un ritmo ligeramente superior al de la primera etapa. Alcanzado este punto, una sesión de entrenamiento podría ser: calentar 3 km; correr a ritmo 1.500 m; bajar el ritmo; aumentarlo de nuevo a 1.500 m, y rodar soltándose hasta el final del recorrido (que, en principio, no debería exceder los 7 u 8 km). Ninguno de los tramos «rápidos» debe dejarnos sin aliento, ya que ello echaría a perder el programa.

Una vez finalizada la segunda parte del plan (después del segundo bloque de seis meses) podremos comprobar nuestros progresos participando en alguna carrera popular.

Programa de iniciación a la carrera (segundo semestre)

Objetivo

Mejorar la condición física del atleta, de forma que éste pueda disfrutar de la práctica deportiva y mejorar su calidad de vida.

Semana tipo

- *Lunes:* 40 minutos de carrera continua a bajo ritmo (aeróbico suave).
- *Martes:* rodar 15 minutos, gimnasia de tonificación y tabla de estiramientos.
- *Miércoles:* 50 minutos de carrera continua. Esta sesión se estructurará de la forma siguiente: durante los primeros y últimos 10 minutos, el atleta correrá a ritmo suave. En cambio, durante los 30 minutos centrales del entrenamiento, se dedicará a hacer cambios de ritmo. Concretamente, estos cambios consistirán en correr 4 minutos a ritmo normal y 1 minuto a ritmo fuerte, o 2 minutos a ritmo normal y 2 minutos a ritmo fuerte (entre el 70 y el 80 % de la frecuencia cardíaca máxima).
- *Jueves:* de 40 a 45 minutos de carrera continua (aeróbico suave).
- *Viernes:* descanso.
- *Sábado:* 12 km a ritmo suave.
- *Domingo:* otra actividad aeróbica (ciclismo, mountain-bike, remo, natación, patines, esquí de fondo, etc.), con una duración que oscilará entre 1 y 2 horas.

La primera carrera popular

Por «carrera popular» se entiende cualquier carrera en la que participan atletas no federados. Las distancias son muy variadas, al igual que los desniveles y el terreno por donde transcurren. Normalmente van de los 4 km a los 15 km. También hay las medias maratones y los maratones, donde también participan atletas denominados «populares», pero que en realidad poseen experiencia, muchos kilómetros en las piernas y marcas más que aceptables. Hay carreras muy modestas, organizadas por alguna asociación de vecinos o por la comisión de fiestas del ayuntamiento de un pueblo con pocos habitantes, y carreras populares multitudinarias con un cartel de lujo, en la que atletas de elite y simples aficionados comparten un mismo trazado.

Normalmente las distancias se adaptan al circuito y en la mayor parte de ellas están marcados los puntos kilométricos. Si la distancia lo requiere, hay puntos de avituallamiento. En algunas, es costumbre organizar algún tipo de merienda en la meta.

PREPARACIÓN DE LA CARRERA

En primer lugar, hay que programar la carrera en el contexto del entrenamiento semanal. Así, por ejemplo, si la carrera que se celebra cada año en el lugar de veraneo tiene lugar el sábado por la tarde, organizaremos los entrenamientos de la semana en función de ello. Para empezar, habrá que descansar el día anterior o, si se prefiere, dos días antes. Como norma, el

último entrenamiento que se realice no debe tener cargas fuertes de intensidad, sino unas «rectas» en progresión como máximo.

El día antes, o bien será de descanso total o bien rodaremos poco y suavemente, con estiramientos al final del entrenamiento. Por lo que respecta a todo lo demás, no tiene ningún sentido hacer cambios el día antes de una carrera. Simplemente evitaremos comer platos pesados, que sepamos que pueden sentarnos mal. Que el día previo a la carrera sea de descanso o prácticamente de descanso no significa que nos olvidemos de beber: hidratarse no consiste en beber dos vasos de agua seguidos media hora antes de correr.

El día de la carrera tendremos la precaución de comer ligero, con tres horas de antelación como mínimo. No hace falta tomar complementos ni otras sustancias que no sean las habituales. Hay que recordar que la vestimenta debe ser cómoda, y que ni el calzado ni los calcetines serán nuevos.

Llegar con tiempo suficiente permite recoger el dorsal sin prisas, calentar, estirar suavemente, etc., y disfrutar del ambiente de «calma tensa» previo a la carrera.

El calentamiento debe ser efectivo, no «simbólico», es decir, debe durar por lo menos diez o quince minutos, hasta que notemos que el cuerpo está en funcionamiento. No debe realizarse una hora antes porque no serviría de nada. Cuanto más se pueda apurar, mejor. Además de tomar los tiempos parciales, ésta es otra gran utilidad del reloj: medir el tiempo de calentamiento y ajustarlo al máximo a la hora de salida.

LA CARRERA

El punto fundamental es saber a qué velocidad podemos correr, teniendo en cuenta que a partir del momento de la salida el ritmo es,

El maratón

El maratón es una carrera a pie de 42,195 km y, en un principio, pocas cosas en la vida tienen precisamente esta distancia. Algunas personas poco avezadas al deporte llaman «maratones» a todas las carreras en donde se ven atletas corriendo y sudando. Quizá la carga emotiva y el halo de proeza que envuelve a la propia palabra ha dado pie a un uso un tanto frívolo del término. Muchas veces oímos expresiones del tipo «corrió el maratón», para referirse a una carrera popular de 12 km organizada por unos grandes almacenes o se habla de «maratones»

de baile o de aeróbic para destacar que la duración de la actividad es inusual, o de «maratón» televisivo, cuando en realidad se trata de un programa extraordinario. En todos estos usos, el elemento que se quiere destacar es la dureza y la duración. Pero, paradójicamente, un maratón dura mucho menos que todas estas actividades: un atleta marroquí de 1,65 de altura y 54 kg, que emigró a Nueva York, Kalid Kanouchi, en el año 2002 invirtió sólo 2 horas 05 minutos y 38 segundos: menos tiempo del que emplea una actriz para maquillarse y arreglarse.

No se corre para demostrar nada a nadie: cada uno se plantea sus retos personales.

como mínimo, muy vivo. Debemos tener pensada una estrategia de carrera e intentar recordarla a partir del momento en que las piernas empiezan a moverse. Si estamos acostumbrados a correr en solitario, el hecho de arrancar junto con 100, 1.000 o 10.000 personas más origina un poco de desconcierto, porque en este instante se descubre una realidad: incluso en la carrera más humilde de la comarca, en una urbanización que ni siquiera aparece en el mapa, siempre hay alguien que pasa el primer kilómetro en tres minutos o menos. Y lo más grave es que otros le siguen de cerca. Probablemente no los habremos visto entrenarse nunca por los alrededores, pero está comprobado que basta con que haya un jamón para el primero, para que salgan atletas hasta de debajo de las piedras dispuestos a hacer un entreno «de calidad». Esta pequeña sorpresa quizá nos haga equivocarnos en el ritmo de salida. Si esto ocurre, recordaremos que no tenemos que demostrar nada a nadie. Simplemente tendremos la entereza de estabilizar la velocidad a un ritmo que no nos dé sensaciones negativas, y con toda seguridad acabaremos por cruzar la meta con un tiempo que en ningún entrenamiento habríamos llegado a soñar y con la satisfacción de haber superado un reto totalmente personal.

En realidad, la principal diferencia entre un entrenamiento y una carrera de este tipo no es la intensidad –que ya se supone–, sino el hecho de que en ninguna sesión de un entrenamiento como el que hemos propuesto en este capítulo se nos ocurriría salir tan rápidamente como en una carrera, por la sencilla razón de que su objetivo es mejorar la forma física, no competir. De ahí la importancia, insistimos, de realizar un buen calentamiento.

Durante la carrera no olvidaremos beber (si la distancia lo exige); tener una referencia aproximada del tramo que hemos recorrido y del que todavía nos falta por recorrer (para poder regular el esfuerzo), y vigilar el tráfico. Esta última recomendación no es en absoluto superflua, porque no sería la primera vez que un conductor, por despiste o incluso voluntariamente, ha desatendido las indicaciones de los controles de algún cruce.

Después de la carrera, diez minutos de *jogging* lento permiten que la sangre elimine los subproductos del trabajo muscular. Al día siguiente de la prueba, quizá se «noten» un poco las piernas. Salir a trotar lentamente, caminar o nadar un poco nos procurará un cierto alivio. Al cabo de un par o tres de días ya estaremos en condiciones de correr la distancia habitual, quizá con algún otro corredor con quien hayamos coincidido en la carrera del fin de semana.

Más información

TRIATLÓN:
*del principiante
al ironman*
Isabelle y Béatrice
Mouthon
Ed. Paidotribo

ATLAS
DE EJERCICIOS FÍSICOS
Kazimiersz Fidelus,
Josef Kocjasz
Ed. INEF

EN FORMA
Enciclopedia práctica
de musculación
F & G Editores

Ejemplo de calentamiento

- Caminar 200 m.
- Correr 400 m al trote, 400 m a un paso un poco más ligero y, por último, 4 x 50 m recuperando 50 m.
- Estiramientos de piernas.
- Correr 400 m al trote y otros 200 m al ritmo previsto de carrera.
- Caminar 200 m.

Gimnasia en casa

11 Ponerse en marcha

Ejemplo de circuito casero

Reforzar la espalda

Fortalecer el tobillo

Fortalecer el tobillo por parejas

Los circuitos en el parque

Ejercicios de técnica de carrera

Fuerza y coordinación de piernas en las escaleras

Cómo fortalecer los abdominales

Cómo instalar un pequeño gimnasio en casa

Qué duda cabe de que un piso no es el lugar idóneo para hacer ejercicio. En una casa las condiciones son diferentes, sobre todo por el espacio disponible, si bien es cierto que no suele haber los mismos instrumentos que hay en los gimnasios ni se cuenta con el asesoramiento y los alicientes para seguir un programa largo y variado.

Sin embargo, puede darse el caso de que, por diversas circunstancias, no se disponga de tiempo para ir al gimnasio (por ejemplo, una situación laboral concreta puede exigir el tiempo destinado a la actividad física) o bien que se desee entrenar un poco más (pense-

Una tabla de gimnasia al aire libre completa cualquier programa de entrenamiento.

mos en una persona aficionada a correr, que se entrena prácticamente todos los días, y que decide incluir una tabla de gimnasia en su programa para ampliar su preparación). También puede ocurrir que a causa de unas molestias musculares leves se prefiera no salir en bicicleta y, por ejemplo, se sustituya la actividad por una sesión de abdominales y ejercicios del tren superior. Y así podríamos encontrar infinidad de casos: completar una sesión de bicicleta en rodillo con unos ejercicios de fortalecimiento, un día que llueve y se sienten los primeros síntomas del resfriado…

Para hacer las cosas con un cierto método, se debería efectuar un calentamiento de diez o quince minutos que incrementara la actividad cardiovascular. En casa se puede hacer con la ciclostatic, con un rodillo o bien saltando a la comba. En caso de no disponer de ninguno de estos accesorios o de que hubiese algún impedimento para hacerlo (por ejemplo, si se sufre alguna molestia en un pie, no habrá que saltar a la comba), se puede empezar por la tabla de movilización que presentamos a continuación.

Ponerse en marcha

Como todos los ejercicios de gimnasia, los ejercicios de movilización deben efectuarse sin desplazarse. Sus objetivos son la mejora del movimiento articular.

Los ejercicios de movilización convencionales no conllevan riesgos, a diferencia de los estiramientos y los ejercicios de potenciación que, si se realizan incorrectamente, pueden favorecer la aparición de algunos problemas.

Esta tabla consta de trece ejercicios básicos, fáciles, conocidos y eficaces que se han dividido según la parte del cuerpo en la que inciden: tronco, cuello, hombros y cadera.

EJERCICIOS DE MOVILIZACIÓN DEL TRONCO
1. Flexiones hacia delante.
2. Torsiones.
3. Flexiones laterales.
4. Ejercicios de amplitud torácica.

Tabla de movilización

1. Las **flexiones hacia delante** se realizan con las piernas separadas y sin flexionar las rodillas; las manos en la nuca; las puntas de los dedos medios en contacto; y los codos bien abiertos, paralelos a los hombros. El movimiento consiste en flexionar el tronco hacia delante hasta alcanzar la flexión máxima. El ejercicio debe repetirse diez veces.

2. Las **torsiones** se realizan con las manos en el pecho, las puntas de los dedos medios en contacto y los codos bien abiertos. Las piernas están separadas y extendidas. El movimiento consiste en hacer girar la línea de los hombros hacia un lado al tiempo que se extiende el brazo de aquel mismo lado. La cadera permanece quieta en todo momento. Es preciso realizar el ejercicio cinco veces a cada lado.

3. Las **flexiones laterales** se realizan partiendo de la posición inicial del primer ejercicio. La flexión lateral se produce inclinando la línea de los hombros lateralmente. Hay que realizar el ejercicio cinco veces a cada lado con un movimiento continuo, sin rebotes y sin desplazamiento de las caderas.

4. Los ejercicios de **amplitud de tórax** se realizan con las piernas juntas, el pecho hacia fuera, la cabeza alta y los brazos abiertos en cruz. El movimiento consiste en empujar con ambos brazos simultáneamente lo más hacia atrás que sea posible, con las palmas de las manos orientadas hacia delante. La abertura de brazos se acompaña con una elevación sobre las puntas de los pies. Hay que repetir el ejercicio diez veces.

EJERCICIOS DE MOVILIZACIÓN DEL CUELLO

1. Flexiones hacia delante y laterales.
2. Rotaciones axiales.
3. Rotaciones de 360º.

1. Las **flexiones hacia delante** y **laterales** se realizan moviendo la cabeza hacia delante y hacia atrás las primeras y hacia ambos lados las segundas. Los hombros se mantienen quietos y relajados. Es importante llegar al ángulo máximo, aunque sin sentir nunca dolor. El ejercicio debe repetirse diez veces.

2. Las **rotaciones axiales** consisten en girar la cabeza a derecha y a izquierda sobre el eje del cuello, como si miráramos hacia los lados. Hay que repetir el ejercicio cinco veces a cada lado.

3. Las **rotaciones** de 360º se realizan despacio y en ambos sentidos, relajando bien el cuello.

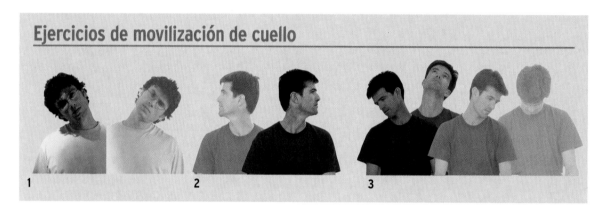

Ejercicios de movilización de cuello

1   2   3

EJERCICIOS DE MOVILIZACIÓN DE HOMBROS

1. Aberturas de hombros.
2. Oscilaciones alternativas hacia delante y hacia atrás.
3. Rotaciones de hombros con brazos en cruz.
4. Rotaciones disociadas.

1. Las **aberturas de hombros** se realizan con las piernas separadas, el tronco inclinado hacia delante y los brazos sueltos hacia abajo. Se levantan simultánea y lateralmente los brazos y se dejan caer, relajados, cruzándolos por delante del tronco. Diez repeticiones. Seguidamente, se lleva un brazo adelante y el otro atrás, también con el tronco a 90º. Hacemos diez repeticiones.

2. Las **oscilaciones de brazos** hacia delante y hacia atrás se hacen siguiendo un plano perpendicular al de los hombros. El ejercicio se realiza con los brazos extendidos. Cuando el brazo se encuentra en posición vertical, la palma de la mano mira hacia delante. Hay que repetir el ejercicio diez veces.

3. Las **rotaciones de hombros con brazos en cruz** se realizan con las piernas separadas, el tronco erguido y los brazos extendidos lateralmente, alineados con los hombros. Se trazan pequeñas circunferencias con las manos que, poco a poco, adquieren más amplitud. Primero se realiza el ejercicio hacia delante y luego se invierte el sentido.

Ejercicios de movilización de hombros

1   **2**   **3**   **4**

4. En las **rotaciones disociadas** los brazos giran en un plano perpendicular a la línea de los hombros, pero en sentidos opuestos. Se parte de una posición en la que se mantengan los brazos extendidos delante del tronco y quietos. A continuación, se levanta lentamente un brazo y a la vez se baja el otro, hasta lograr que cada brazo gire en un sentido. Repetimos cinco veces en cada sentido.

EJERCICIOS DE MOVILIZACIÓN DE LA CADERA

1. Movimiento de «tijera».
2. Movimiento de «bicleta».

Ambos ejercicios parten con la espalda apoyada en el suelo y las piernas extendidas verticalmente, formando un ángulo recto con el suelo. Para que la posición sea más cómoda, pueden colocarse las manos bajo las nalgas.

1. Se abren y se cruzan las piernas. El ejercicio debe repetirse diez veces.

2. Se efectúa un movimiento de pedaleo, flexionando y extendiendo las piernas alternati-

vamente. Hay que realizar quince ciclos hacia delante y quince ciclos hacia atrás.

Ejercicios de movilización de la cadera

Gimnasia en casa

Ejemplo de circuito casero

Esta serie de ejercicios puede realizarse íntegramente dentro de casa. Antes de empezar, conviene haber aireado la sala. Es recomendable disponer de una alfombra, una toalla de playa o una esterilla aislante de montaña para realizar los ejercicios de suelo o de saltos. Aunque estemos en casa, es conveniente llevar calzado deportivo, especialmente para los saltos y los apoyos de los pies en ciertos ejercicios.

En primer lugar efectuaremos unos minutos de calentamiento, saltando a la comba o con una tabla de ejercicios de movilidad (véase el apartado correspondiente).

DIEZ EJERCICIOS PARA REALIZAR DENTRO DE CASA

1. Saltar abriendo y cerrando las piernas.
2. Flexiones de brazos.
3. Abdominales superiores.
4. Media sentadilla.
5. Lumbares y nalgas.
6. Saltar apoyando los pies alternativamente delante y detrás.
7. Tríceps.
8. Abdominales oblicuos.
9. Canguros.
10. Lumbares.

1. Saltamos abriendo y cerrando las piernas, y simultáneamente levantamos brazos (al separar las piernas) y los bajamos hasta tocar con las palmas los lados de los muslos (treinta segundos a ritmo vivo).
Inspiramos al alzar los brazos y espiramos al bajarlos.

Ejercicios en casa

2. Flexionamos los brazos diez veces.

3. Abdominales superiores. Deben realizarse con las piernas flexionadas, sin sujeción de pies y con las manos en la nuca. El ejercicio consiste en contraer los abdominales (no en levantar el tronco) hasta tocar las rodillas. El ejercicio debe repetirse diez veces.

4. Media sentadilla. A partir de la posición sentada en una silla, con las rodillas flexionadas en ángulo recto (nunca menor),

zamos una extensión de piernas para levantar el tronco, que debe inclinarse hacia delante lo menos posible. Realizamos el movimiento lentamente. A continuación bajamos, también despacio, hasta alcanzar el punto de flexión inicial, pero sin que las nalgas lleguen a tocar el asiento. El ejercicio debe repetirse diez veces

5. Lumbares y nalgas. Nos apoyamos con las manos en una silla, los brazos extendidos y el tronco inclinado hacia delante, formando un ángulo recto con las piernas. La separación de pies es igual a la anchura de la cadera. Levantamos hacia atrás las piernas alternativamente y mantenemos la posición unos segundos. Repetimos el ejercicio diez veces.

6. Saltamos apoyando los pies delante y detrás alternativamente, y al mismo tiempo subimos y bajamos los brazos. Debemos practicar el ejercicio durante treinta segundos, a ritmo vivo. Coordinamos la respiración con el ritmo de los movimientos

7. Tríceps. Con las manos y los talones apoyados en dos sillas o en una silla y una mesita baja (véase dibujo) flexionamos y extendemos los brazos. Inspiramos durante la extensión y espiramos durante la flexión. Repetimos el ejercicio diez veces.

8. Abdominales oblicuos. Se comienza con las piernas flexionadas, sin sujeción de pies y con las manos en la nuca. El ejercicio consiste en contraer los abdominales al tiempo que se efectúa una torsión de tronco, de modo que el codo se aproxime a la rodilla del lado opuesto. El ejercicio debe repetirse diez veces.

9. Canguros. Saltamos sobre un mismo punto, flexionando las piernas hacia arriba y manteniendo el equilibrio en el aire con los brazos extendidos hacia delante. Repetimos el ejercicio cinco veces, hacemos una pausa y repetimos cinco veces más.

10. Lumbares. Echados boca abajo en el suelo, levantamos simultánea y lentamente un brazo y la pierna del lado contrario. Repetimos el ejercicio diez veces a cada lado.

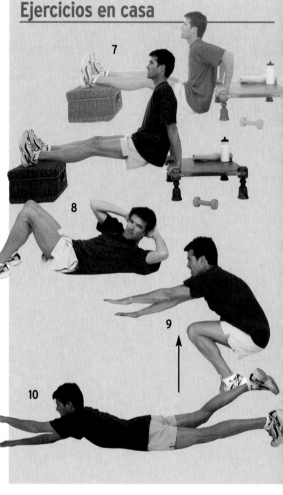

Ejercicios en casa

El circuito concluye con diez minutos de estiramientos de los principales grupos musculares.

Cuando estemos familiarizados con los ejercicios y seamos capaces de realizarlos correctamente y sin experimentar una gran fatiga, podemos trabajar el circuito de *forma avanzada*.

El primer paso consiste en hacerlo por *tiempo*. Para ello se necesita un reloj digital o con segundero. En lugar de contar el número de repeticiones, se ejecuta cada estación durante un tiempo determinado, con un tiempo de recuperación fijo. Por ejemplo, podemos empezar con treinta segundos de ejecución y treinta segundos de descanso; y la semana siguiente realizar cuarenta segundos de ejecución y después, veinte segundos de descanso; eso sí, siempre con metas «realizables» y sin llegar nunca al punto en que el esfuerzo conlleve una mala ejecución del movimiento. En segundo lugar, podemos realizar dos *vueltas*, es decir, repetir dos veces toda la tabla de ejercicios. Para ello, volvemos a los tiempos iniciales de ejecución y descanso, y repetimos

Más información
ENCICLOPEDIA ILUSTRADA
DE EJERCICIOS
Vv. Aa.
Ed. Edaf

ESTAR EN FORMA
Bob Anderson, Ed. Burke,
Bill Pearl
Ed. RBA Integral

Cómo aumentar la dificultad del ejercicio 2

Cómo aumentar la dificultad del ejercicio 7

el circuito dos veces. En las sesiones siguientes, proseguimos el aumento proporcional de tiempo de ejecución y la reducción de tiempo de reposo. Al finalizar la primera vuelta, la pausa puede ser un poco más larga.

El tercer ingrediente que se puede combinar es el aumento de la *fuerza* en determinados ejercicios. Por ejemplo, los ejercicios número 1 y 6 pueden realizarse con un paquete de un kilo de arroz en cada mano; el 5, con unas botas de esquiar puestas; y el 7, con un bidón de agua de 5 l apoyado en el ángulo formado por el abdomen y las piernas.

Los ejercicios 2 y 7 pueden trabajarse con más o menos fuerza, tal como se indica en los dibujos del recuadro superior.

Conclusión del circuito

En este circuito se han trabajado los principales grupos musculares, y si los ejercicios se han realizado correctamente se habrá sudado y se notará cierta sensación de fatiga.
Es recomendable:

• Secarse y cambiar la camiseta empapada por una seca.
• A continuación, dedicar cinco o diez minutos a hacer estiramientos.
• Reponer líquidos y relajarse durante unos minutos.

Reforzar la espalda

El dolor de espalda producido por malos hábitos posturales tiene solución con unos sencillos ejercicios.

EL DOLOR DE ESPALDA

El dolor de espalda puede tener diferentes orígenes y niveles de gravedad. Puede estar causado por una malformación congénita, como por ejemplo una desviación de la columna, o por un dolor muscular debido a un mal hábito postural, a una contractura o a la falta de tonicidad de la musculatura que aguanta el tronco.

Lógicamente, el primer tipo de lesión requiere un diagnóstico médico, a partir del cual se dictan unas pautas de rehabilitación que deben llevar a cabo especialistas.

El segundo caso es el dolor de espalda que sufre una gran parte de la población y que está originado principalmente por la falta de ejercicio físico, el exceso de horas que muchas personas se pasan sentadas y las posiciones de trabajo incorrectas, el sobrepeso, la gestación y el calzado inadecuado.

A continuación presentamos una serie de ejercicios especialmente indicados para combatir el dolor de espalda.

NUEVE EJERCICIOS PARA EVITAR EL DOLOR DE ESPALDA

Estos ejercicios deben realizarse lentamente, sin rebote y sin bloquear la respiración.

1. Estiramiento de los escalenos. Con la mano debajo del muslo, flexionamos lateralmente la cabeza, acercando la oreja al hombro La mano se apoya en la región parietal, y el peso del propio brazo produce el estiramiento de los músculos escalenos.

2. Inclinaciones laterales del cuello. Con la mano debajo del coxis, rotamos la cabeza 45º

Ejercicios para el dolor de espalda

hacia un lado y flexionamos el cuello llevando la nariz en dirección al pezón. La mano se apoya en la región occipital, y el peso del brazo produce el estiramiento de los músculos elevadores de la escápula.

3. Estiramiento del trapecio. Sentados con los pies cruzados, sujetamos la pata de la mesa con las manos a la altura de los hombros. Al espirar dejamos caer hacia atrás el busto y flexionamos la cabeza. Mantenemos la posición para lograr el estiramiento del trapecio.

4. El «gato desperezándose». De rodillas y con las manos apoyadas en el suelo (brazos estirados), arqueamos la espalda hacia arriba

mientras bajamos la cabeza. A continuación, hacemos el movimiento contrario: desplazamos el abdomen hacia abajo y levantamos la cabeza a la vez. Repetimos cinco veces.

5. El «supermán». De rodillas, con las manos apoyadas en el suelo (brazos estirados), estiramos una pierna y el brazo del lado contrario. Repetimos el ejercicio cinco veces cambiando de lado.

6. Torsiones del tronco. De rodillas y con las manos apoyadas en el suelo (brazos estirados), levantamos un brazo mientras lo acompañamos con toda la línea de los hombros. Repetimos el ejercicio cinco veces a cada lado.

7. La «plegaria árabe». De rodillas, sentados sobre los talones, apoyamos las palmas de las manos en el suelo y, estirando los brazos, las alejamos tanto como sea posible. Hacemos dos repeticiones de quince segundos.

8. Estiramiento axial. Sentados con las piernas cruzadas, entrelazamos los dedos y extendemos los brazos hacia arriba, con las palmas mirando al cielo. Hacemos dos repeticiones de quince segundos.

9. Estiramiento de lumbares. Tumbados boca arriba, flexionamos totalmente las piernas y sujetamos las rodillas con las manos. Hacemos dos repeticiones de quince segundos.

Fortalecer el tobillo

En este apartado veremos una serie de ejercicios que sirven para fortalecer los músculos del tobillo. Trabajar el tobillo da una mayor potencia a la zancada y previene el riesgo de torceduras. En caso de utilizar estos ejercicios para la recuperación después de un período de lesión (un esguince de tobillo, por ejemplo), los ejercicios deben realizarse con ambos pies para evitar desequilibrios musculares. La tabla consta de cinco ejercicios.

1. La máquina de coser. Sentados y con el talón apoyado en el suelo, subimos y bajamos los pies simultáneamente, procurando que las plantas toquen el suelo. Durante los primeros días, este ejercicio puede producirnos una ligera sobrecarga en los músculos tibiales y flexores dorsales en general. Sin embargo, si se realiza a diario, al cabo de unos diez días se notará un sensible aumento de la fuerza de estos músculos. El ejercicio debe repetirse de diez a quince veces.

2. Movimiento prensil del pie. Este movimiento consiste en abrir y cerrar el pie, tal como hacemos con las manos, como si quisiéramos agarrar un objeto con la planta del pie (2a). Al «abrir» el pie, se extienden totalmente los dedos (2b). Este ejercicio debe hacerse descalzo y repetirlo entre diez y quince veces.

3. Levantarse de puntillas. Este ejercicio sirve para fortalecer los músculos peróneos y gemelos. Nos apoyamose en una barra, una mesa o una barandilla, y colocamos ambos pies totalmente de puntillas. Aguantamos la

Ejercicios para el tobillo

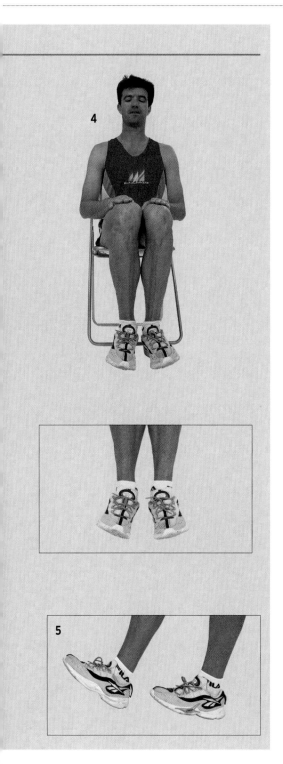

posición un par de segundos. Repetimos el ejercicio de diez a quince veces.

4. Flexión lateral externa del tobillo. Sentados y con las rodillas juntas, levantamos el borde externo de ambos pies. Es importante que las rodillas estén juntas, de manera que el movimiento no se produzca por el desplazamiento de la rodilla, sino por la contracción de los peróneos.

5. Caminar «de talón». Andar de esta manera, con los dedos hacia arriba, fortalece los músculos tibiales. Basta con dar diez pasos.

Unos tobillos fuertes dan una mayor potencia a la zancada y previenen lesiones.

Fortalecer el tobillo por parejas

Para realizar estos ejercicios se precisa la ayuda de otra persona. Quien practica el ejercicio (le llamaremos «P») se sienta en el suelo con la pierna que va a trabajar extendida. Su ayudante («A» desde ahora) se sienta frente a «P». Este bloque se divide en ejercicios de fortalecimiento y estiramientos

EJERCICIOS DE FUERZA

En la posición de partida, «A» sujeta el talón de «P» entre el pulgar y el índice para que no pueda deslizarse a un lado.

1. «P» empuja con el pie imprimiendo un movimiento de rotación hacia dentro, pero «A» se lo impide con la otra mano. El ejercicio debe repetirse entre 20 y 25 veces con cada pie.

2. «P» empuja con el pie imprimiendo un movimiento de rotación hacia fuera, pero «A» se lo impide con la otra mano, sujetándole el pie justo por debajo del dedo pequeño. Hay que repetir el ejercicio entre 20 y 25 veces con cada pie.

3. «P» empuja con el pie hacia abajo, pero «A» se lo impide sujetándole el pie con la palma de la mano. Hay que repetir el ejercicio entre 20 y 25 veces con cada pie.

4. «P» flexiona el tobillo y empuja con los dedos en dirección a la rodilla, pero «A» se lo impide con la otra mano sujetándole el pie por el empeine. Hay que repetir el ejercicio de 20 a 25 veces con cada pie.

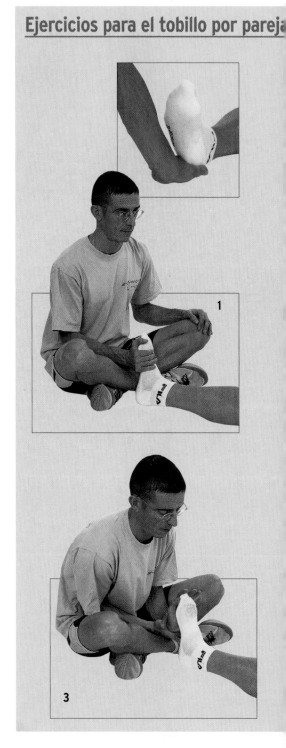

Ejercicios para el tobillo por pareja

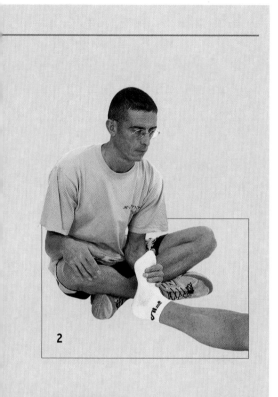

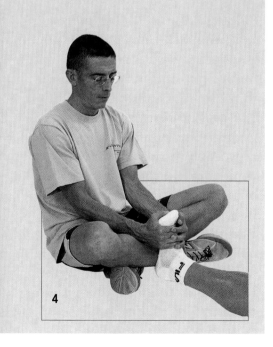

Estiramientos

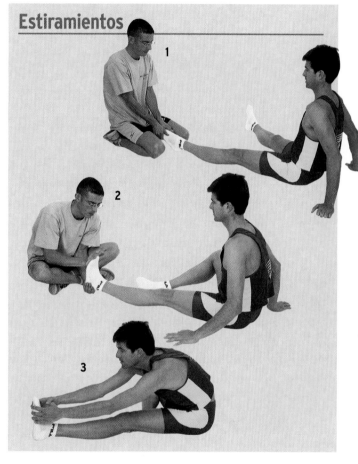

ESTIRAMIENTOS

1. «P» deja el pie relajado y «A» se lo extiende suavemente. El ejercicio debe durar de 15 a 20 segundos.

2. «P» sujeta el pie de «A» con una mano por debajo del talón y con la otra le presiona la planta del pie hacia la rodilla. El ejercicio debe durar entre 15 y 20 segundos.

3. Finalmente, «P» realiza solo un estiramiento de la parte posterior de la pierna, flexionando el tronco hacia delante.

Los circuitos en el parque

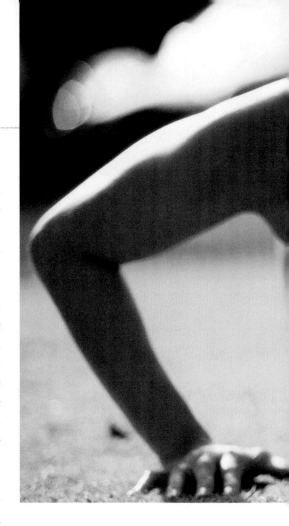

En las grandes poblaciones, los parques atraen a gran parte de las personas que salen a correr, sobre todo al final del día. De manera inconsciente, los recorridos habituales del corredor acaban pasando por un parque próximo a su domicilio y, en muchos casos, los recorridos favoritos son el resultado de la unión de distintas zonas verdes que constituyen los puntos de referencia. También hay personas que corren poco tiempo y que prefieren dar varias vueltas a un mismo circuito dentro de un parque antes de tener que cruzar constantemente calles, pasar entre automóviles mal estacionados y correr por aceras estrechas y de firme irregular.

Una zona verde, aunque tenga poca superficie, es un pequeño oasis para el corredor ciudadano y nocturno porque le proporciona un ambiente más reservado, lejos de las miradas curiosas, del ruido y del humo, con caminos de tierra, zonas de hierba, fuentes, bancos, matorrales para esconder la sudadera, y en invierno escaleras e incluso instalaciones de juego infantil que se pueden convertir (esta vez *de la mañana a la noche*) en aparatos para realizar estiramientos, dominadas, abdominales etc. Los puntos de encuentro más clásicos, concurridos a diario por corredores de todos los niveles, suelen tener distancias medidas, señaladas con marcas discretas o puntos de referencia cuyos emplazamientos acuerdan los propios aficionados y que los corredores que siguen un entrenamiento medianamente específico utilizan para hacer series, progresiones, cuestas o ejercicios de técnica.

En algunos lugares incluso se puede encontrar un «circuito natural» patrocinado por alguna firma relacionada con el deporte.

En este apartado daremos algunas ideas para aprovechar las zonas ajardinadas de la ciudad. No olvidemos que el parque es el lugar idóneo para realizar muchos de los ejercicios que presentamos en otras partes del libro. Así, por ejemplo, los ejercicios de movilidad, los ejercicios para fortalecer el tobillo, los estiramientos, los ejercicios para el dolor de espalda o el circuito casero que se ha visto anteriormente pueden realizarse en el parque (si es necesario, con la ayuda de una «chuleta» plastificada para no tener que exprimir la memoria y poder disfrutar relajadamente del entrenamiento).

El circuito natural consta de una serie de estaciones en las que se realizan diferentes ejercicios.

EL CIRCUITO NATURAL

Tal como su nombre indica, el circuito natural es un recorrido jalonado por una serie de estaciones en los que se realizan diferentes ejercicios. Las estaciones están separadas a una misma distancia, que acostumbra a oscilar entre los 200 y los 500 m, y los ejercicios propuestos siguen el principio de la alternancia. Esto significa que si, por ejemplo, en una estación el ejercicio consiste en flexiones de brazos, en la siguiente se encontrará un ejercicio de piernas, en la que venga después uno de abdominales y en la otra quizá uno de flexibilidad. Normalmente en cada estación hay un panel explicativo en donde se describe el ejercicio y se indica la duración o el número de repeticiones, que resulta especialmente útil la primera vez. Gran parte de la gracia de los trazados depende de su adaptación al perfil y a las características del lugar. Los tramos entre estaciones se cubren trotando, de manera que el esfuerzo se concentre fundamentalmente en la ejecución de cada ejercicio.

El trabajo en un circuito potencia la musculatura de todo el cuerpo y representa una alternativa muy interesante al gimnasio. Sirve para coger la forma cuando se practica algún deporte de temporada, como el esquí o los deportes de equipo. También es útil incluirlo en alguna época cuando se corre durante todo el año y se hacen muchos kilómetros para romper la rutina y para fortalecer las partes del cuerpo que no se ven implicadas en la carrera.

Ejercicios de técnica de carrera

Una recta poco transitada en un parque es un buen lugar para llevar a cabo este tipo de ejercicios, que requieren ganas y concentración.

Los ejercicios de técnica de carrera tienen como objetivo mejorar el rendimiento atlético a través de la mejora del gesto técnico. Esto se logra trabajando la coordinación, potenciando la amplitud o la fuerza con la que se ejecutan determinados movimientos y con ejercicios específicos para cada fase de la zancada. Este ingrediente del entrenamiento se incluye a partir del momento en que el corredor se plantea el atletismo como una actividad competitiva, aunque sólo en la categoría *amateur*. Sin embargo, si se dedica un poco de tiempo a una serie de ejercicios cualquier corredor con una mediana capacidad de trabajo puede obtener mejoras sensibles en lo que respecta a la eficacia de su forma de correr. Y lo más importante: la mejora técnica que adquiera, la conservará siempre.

Los ejercicios se realizan en series cortas, por ejemplo en un tramo de cincuenta metros o incluso menos, para que el cansancio no repercuta negativamente en la calidad de la ejecución, que es el objetivo principal. De ahí la dificultad de realizar estos ejercicios de forma autodidacta.

La intervención de un preparador o un corredor con experiencia es importante para corregir los posibles errores, tanto en el gesto como en la cadencia. En cualquier caso, si se concentra la atención exclusivamente en la ejecución, estos ejercicios pueden ser muy beneficiosos.

Técnica de carrera

1

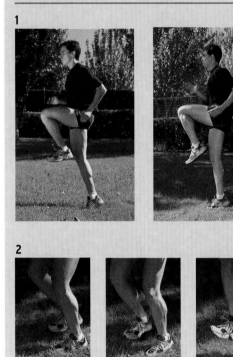

2

1. Uno de los ejercicios de técnica más conocidos es el *skiping*, que sirve para aumentar la agilidad de la zancada. Consiste en correr levantando las rodillas al máximo, con el tronco recto y los brazos en perfecta coordinación con el movimiento de piernas. La cadencia de este ejercicio es progresiva. Se puede realizar en parado o en progresión.

2. Correr sin levantar casi la pierna, creando el impulso con los tobillos, sin apoyo de talones.

3. Correr lateralmente cruzando los pies a cada paso.

4. Caminar a pasos de gigante, finalizando cada paso con el atleta apoyado en la pierna anterior flexionada y la posterior completamente extendida.

5. Skiping con una pierna.

6. Correr hacia atrás.

7. En parado, llevar los talones a las nalgas.

Gimnasia en casa

Fuerza y coordinación de piernas en las escaleras

En muchos parques o plazas es posible encontrar unas escaleras que nos permitan realizar una serie de ejercicios de piernas.

Es conveniente que sean anchas para poder efectuar desplazamientos laterales a dos o más deportistas a la vez. De este modo pueden trabajar simultáneamente o establecer una línea de subida y otra de bajada.

En cuanto a la longitud, con veinte peldaños se puede realizar correctamente este tipo de entrenamiento. Otra posibilidad es hacerlo en gradas, en cuyo caso se deberá adaptar el ejercicio a sus medidas.

El objetivo de estos ejercicios es mejorar la potencia, la agilidad y la coordinación del tren inferior. Son aplicables tanto a atletas como a deportistas que corren para mejorar su capacidad aeróbica, con vistas a una posterior aplicación a otros deportes. Antes de empezar una sesión de entrenamiento en escaleras o gradas es necesario efectuar un buen calentamiento en el que se ejerciten los tobillos. Al finalizar conviene realizar estiramientos, sobre todo de los músculos extensores y elevadores de las piernas.

Por otro lado, hay que prestar especial atención a la seguridad: el calzado debe estar bien abrochado y hay que mirar bien dónde se pisa, ya que algunos peldaños pueden tener diferentes medidas, presentar roturas o haber zonas resbaladizas. Igual que en los ejercicios de técnica de carrera, no se trata de hacer carreras, ya que lo realmente importante es la calidad de la ejecución de los ejercicios.

El número de series depende principalmente de la longitud de las escaleras, de su inclinación, de la forma física del atleta, etc. Para los ejercicios que proponemos a continuación, tomamos como referencia un corredor que lleva como mínimo unos meses corriendo y una longitud de veinte peldaños.

Los ejercicios en las escaleras mejoran la potencia y la coordinación del tren inferior.

Ejercicios

1
5
9

1. Se suben los peldaños de uno en uno corriendo. Hay que realizar cinco series y recuperar al bajar.

2. Se suben los peldaños de dos en dos corriendo. Al igual que en el ejercicio anterior, deben hacerse cinco series y recuperar al bajar.

3. Se suben los peldaños de uno en uno, saltando con los pies juntos lo más alto posible. Hay que realizar dos series y hacer una pausa hasta recuperarse por completo.

4. Se repite el ejercicio anterior, pero esta vez subiendo las escaleras de dos en dos.

5. Con los brazos estirados hacia delante, los pies separados cómodamente y las rodillas en media flexión, se suben los escalones de uno en uno con desplazamiento lateral (es decir, realizando una trayectoria en zigzag). Deben realizarse dos series y hacer una pausa hasta recuperarse por completo.

6. Se repite el ejercicio anterior, pero esta vez subiendo las escaleras de dos en dos.

7. Se suben las escaleras saltando dos peldaños y bajando uno. Hay que realizar cinco series y recuperar al bajar.

8. Se suben las escaleras corriendo, apoyando tres veces los pies en cada escalón y procurando mover las piernas lo más rápido posible. Hay que realizar dos series y hacer una pausa hasta recuperarse totalmente.

9. Se sube a la pata coja saltando los peldaños de uno en uno y de dos en dos. Deben realizarse dos series y hacer una pausa hasta recuperarse totalmente.

10. Se suben las escaleras en diagonal, saltando como en el triple salto de atletismo. Deben realizarse dos series y hacer una pausa hasta recuperarse totalmente.

11. Parado, frente a las escaleras, se flexiona una pierna y se coloca el pie en el escalón siguiente como si se estuviese a punto de iniciar el ascenso. Nos impulsamos con la pierna flexionada y, una vez en el escalón superior, cambiamos de pierna y bajamos la otra. Este ejercicio se realiza permaneciendo siempre en el mismo escalón, y deben hacerse diez repeticiones para cada pierna.

12. Se salta desde una altura de dos o tres escalones (según la medida) hacia un rellano. Al caer, las piernas quedan con las rodillas en ángulo recto y se mantiene la posición durante unos dos segundos. Conviene repetir el ejercicio diez veces.

Cómo fortalecer los abdominales

Los abdominales desempeñan un papel fundamental en lo que concierne al equilibrio global del cuerpo, ya que por un lado albergan y protegen los órganos internos y, por otro, al ser el punto de unión entre cadera y tronco, sostienen el cuerpo cuando está en movimiento. Los abdominales que están insertados en las vértebras lumbares (transverso, oblicuo interno y cuadrado lumbar psoas iliaco) son especialmente importantes para el equilibrio postural y en movimiento de la columna. El trabajo de la musculatura abdominal es fundamental en la preparación física de base.

La inactividad física forzada, debido a una lesión, un accidente, una intervención quirúrgica u otras causas, comporta la disminución del tono muscular general. En la recuperación de la forma física es imprescindible tonificar la musculatura abdominal.

LA RESPIRACIÓN

La respiración es un elemento fundamental para realizar correctamente los ejercicios de potenciación de los abdominales: la espiración coincide con el momento de la contracción muscular y la inspiración con el retorno a la posición de partida. Si no se respira bien durante los ejercicios se produce una falta de coordinación en los movimientos y aparece antes la sensación de fatiga, con la consiguiente dificultad para completar los ejercicios.

QUÉ ABDOMINALES SE TRABAJAN

Los **abdominales superiores (S)** intervienen al realizar una flexión del tronco en dirección a las piernas. El ejercicio más elemental recibe el nombre de *crunch*.

Los **abdominales oblicuos (O)** trabajan cuando se flexiona el tronco en dirección a las piernas, y simultáneamente se imprime un movimiento de rotación hacia un lado.

Los **abdominales inferiores (I)** actúan especialmente cuando se produce una flexión de las extremidades inferiores hacia el abdomen. Conviene saber que en el recto abdominal predominan las fibras rápidas, que se entrenan con series de diez a quince repeticiones rápidas. En cambio, en los oblicuos y el transverso predominan las fibras lentas y, por tanto, la ejecución de los ejercicios es más lenta.

EN EL GIMNASIO

Los abdominales puede hacerse en casa con una esterilla, en el césped del jardín o de un parque y también en el gimnasio. En este último caso, además de poder disponer de una buena colchoneta, tendremos la posibilidad de realizar ejercicios con pesas o con aparatos. Ambas opciones tienen sus ventajas y sus inconvenientes, que veremos a continuación. Los *pesos libres* exigen más coordinación neu-

Factores que intervienen en la formación de la barriga

El hecho de tener barriga no depende solamente de las carencias de la musculatura abdominal, derivadas de la falta de ejercicio, sino también de los desequilibrios alimentarios y la irregularidad en el horario de comidas y de la acumulación de grasa en el abdomen.

No olvidemos que trabajando solamente los abdominales no se adelgaza. Para que el entrenamiento sea eficaz se debe combinar con una dieta controlada.

Grupo 1

1. Crunch con manos en las rodillas (S)

• *Posición inicial:* espalda apoyada en el suelo, rodillas flexionadas, plantas de los pies en contacto con el suelo, brazos extendidos y manos en las rodillas.

• *Movimiento:* al espirar levantamos el tronco un máximo de 30°, deslizando las manos por la parte anterior de la rodilla.

• *Series:* 3.

• *Repeticiones:* 12.

• *Tiempo de recuperación:* 30 segundos.

2. Rotaciones de la pelvis (O)

• *Posición inicial:* espalda apoyada en el suelo, piernas flexionadas y levantadas del suelo. Brazos en el suelo, en extensión, un poco separados del tronco y con las palmas vueltas hacia arriba.

• *Movimiento:* al espirar, efectuamos una rotación de la pelvis manteniendo las piernas juntas y flexionadas; primero hacia un lado y luego hacia el otro. La espalda no debe perder el contacto con el suelo y las piernas no deben llegar a tocar el suelo.

Al pasar por la posición central, efectuamos una breve pausa, inspiramos y reanudamos lentamente el movimiento.

• *Series:* 3.

• *Repeticiones:* 12.

• *Tiempo de recuperación:* 30 segundos.

3. Crunch invertido con apoyo de piernas en la pared (I)

• *Posición inicial:* espalda apoyada en el suelo, piernas flexionadas y levantadas del suelo, con las plantas de los pies apoyándose en la pared, brazos extendidos a los lados del cuerpo.

• *Movimiento:* al espirar, aproximamos lentamente las rodillas hacia el pecho, aprovechando el empuje final de las piernas para levantar la cadera.

• *Series:* 4

• *Repeticiones:* 12

• *Tiempo de recuperación:* 40 segundos.

Nota: ejercicio recomendado a personas propensas a sufrir dolor de espalda.

Grupo 2

1. Levantar el tronco (S)

• *Posición inicial:* espalda apoyada en el suelo, rodillas flexionadas, plantas de los pies en contacto con el suelo, brazos extendidos y manos detrás de la cabeza.

• *Movimiento:* al espirar, levantamos completamente el tronco, casi hasta tocar las rodillas con la cabeza.

• *Series:* 2.

• *Repeticiones:* 15.

• *Tiempo de recuperación:* 40 segundos.

2. Torsiones de tronco con piernas cruzadas (O)

• *Posición inicial:* espalda apoyada en el suelo, pierna izquierda flexionada con la planta del pie apoyada en el suelo, pierna derecha cruzada sobre la rodilla izquierda, brazos extendidos en el suelo.

• *Movimiento:* al espirar, levantamos el tronco y extendemos el brazo izquierdo hacia el lado derecho, haciéndolo pasar por el hueco que forman las piernas.

• *Series:* 3.

• *Repeticiones:* 12.

• *Tiempo de recuperación:* 30 segundos.

3. Inversiones (I)

• *Posición inicial:* sentado, con el tronco erguido, manos en la nuca y rodillas flexionadas con las plantas de los pies apoyadas en el suelo.

• *Movimiento:* al espirar, bajamos lentamente la espalda, empezando el apoyo por la zona dorsal, los hombros y la cabeza. Volvemos a la posición inicial ayudándonos con las manos.

• *Series:* 2.

• *Repeticiones:* 12.

• *Tiempo de recuperación:* 40 segundos.

romuscular, hacen trabajar más los músculos y el sistema nervioso central y, como consecuencia, se necesita más tiempo para asimilar la técnica de ejecución. Por otro lado, son beneficiosos porque educan la conciencia corporal, es decir, la percepción del propio cuerpo, y el equilibrio.

La principal ventaja de las *máquinas* es que permiten trabajar los abdominales también a los principiantes y no requieren una coordinación neuromuscular especial, porque las trayectorias de los movimientos son obligadas. Presentan la ventaja de que la técnica de ejecución se asimila más rápidamente y, por otro lado, permiten realizar algunos ejercicios a personas con problemas lumbares o cervicales.

EJERCICIOS PARA FORTALECER LOS ABDOMINALES

A continuación se presentan cinco grupos de ejercicios. Cada uno está constituido por tres ejercicios para trabajar los abdominales superiores, oblicuos e inferiores.

Estos grupos pueden representar un trabajo complementario de abdominales para una

Grupo 3

1. Isométrico lumbar (S)

• *Posición inicial:* espalda apoyada en el suelo, rodillas flexionadas, plantas de los pies en contacto con el suelo, brazos extendidos al lado del cuerpo, con las palmas vueltas hacia arriba.

• *Movimiento:* al espirar, efectuamos una contracción del abdomen empujado al máximo la espalda contra la colchoneta durante cinco o diez segundos, manteniendo la cabeza apoyada en el suelo y relajada.

• *Series:* 3.

• *Repeticiones:* 12.

• *Tiempo de recuperación:* 30 segundos.

Nota: ejercicio recomendado a personas con propensión a sufrir dolor de espalda.

2. Crunch con piernas alzadas (O)

• *Posición inicial:* espalda apoyada en el suelo, piernas flexionadas y levantadas del suelo, formando un ángulo recto entre cadera y muslo, y manos en la nuca.

• *Movimiento:* al espirar, levantamos el tronco al tiempo que efectuamos una torsión con la que llevamos el codo a la rodilla del lado contrario.

• *Series:* 3.

• *Repeticiones:* 12.

• *Tiempo de recuperación:* 40 segundos.

3. Elevaciones verticales de piernas (I)

• *Posición inicial:* espalda apoyada en el suelo, manos debajo de los glúteos, piernas juntas extendidas perpendicularmente a la línea del suelo.

• *Movimiento:* al espirar, levantamos la cadera y las piernas verticalmente, y las hacemos descender lentamente.

• *Series:* 2.

• *Repeticiones:* 12.

• *Tiempo de recuperación:* 30 segundos.

sesión de entrenamiento. En cada ejercicio se indica el número de series y las repeticiones de las que consta cada serie. Estos valores son indicativos y al principio se pueden reducir proporcionalmente.

Al principio, si no se es capaz de completar todas las series, es preferible empezar realizando una serie de cada ejercicio y luego pasar a dos series con menos repeticiones, luego a tres, etc., en lugar de completar todas las del primer ejercicio y omitir las otras. Es recomendable dedicar entre dos y cuatro sesiones semanales al trabajo de abdominales. Previamente se habrá realizado un calentamiento general (correr o caminar) de diez o quince minutos, seguidos de unos ejercicios de movilidad de tronco y brazos.

Al finalizar la tabla de abdominales es conveniente ejercitar también los músculos antagonistas (los de la espalda), en particular los lumbares. Esto no significa que si se ha hecho un total de cien repeticiones de abdominales, haya que hacer otras cien de lumbares. Se trata simplemente de ejercicios compensatorios y, por lo tanto, 20 ó 25 serán suficientes.

Grupo 4

1. Crunch con piernas flexionadas y apoyo en la pared (S)

• *Posición inicial:* espalda apoyada en el suelo, piernas flexionadas y levantadas del suelo, con las plantas de los pies apoyándose en la pared. La pelvis y el muslo, el muslo y la pierna, y la pierna y el pie forman un ángulo recto.

• *Movimiento:* al espirar, levantamos los hombros hasta que la separación de los omóplatos con respecto al suelo sea de cinco a diez centímetros, manteniendo en todo momento los codos en línea. Mantenga la posición unos segundos.

• *Series:* 3.

• *Repeticiones:* 12.

• *Tiempo de recuperación:* 30 segundos.

Nota: ejercicio recomendado a personas con propensión a sufrir dolor de espalda.

2. Crunch con piernas estiradas (O)

• *Posición inicial:* espalda apoyada en el suelo, piernas juntas extendidas perpendicularmente a la línea del suelo y manos en la nuca.

• *Movimiento:* al espirar, levantamos el tronco y simultáneamente efectuamos una torsión que nos permita llevar el codo de un lado a la rodilla del lado contrario.

• *Series:* 3.

• *Repeticiones:* 10.

• *Tiempo de recuperación:* 40 segundos.

3. Tijera vertical (I)

• *Posición inicial:* espalda inclinada con apoyo de codos en el suelo y piernas extendidas formando un ángulo de 30° con respecto a la línea del suelo.

• *Movimiento:* al espirar, efectuamos el movimiento de tijera vertical que muestra la fotografía.

• *Series:* 3.

• *Repeticiones:* 12.

• *Tiempo de recuperación:* 30 segundos.

Grupo 5

1. Levantar el tronco a tocar las puntas de los pies (S)

• *Posición inicial:* espalda apoyada en el suelo, piernas estiradas, brazos extendidos a ambos lados de la cabeza.
• *Movimiento:* al espirar, levantamos el tronco y los brazos hasta tocar con las manos las puntas de los pies.
• *Series:* 2.
• *Repeticiones:* 10.
• *Tiempo de recuperación:* 30 segundos.

2. Crunch isométrico cruzado (O)

• *Posición inicial:* espalda apoyada en el suelo, pierna derecha flexionada con la planta del pie apoyada en el suelo, pierna izquierda cruzada sobre la rodilla derecha y brazos en la nuca.
• *Movimiento:* al espirar, levantamos el tronco completamente y efectuamos una rotación hacia la izquierda, buscando la rodilla con el codo. La contracción debe durar entre ocho y diez segundos; seguidamente volvemos lentamente a la posición inicial e inspiramos.
• *Series:* 3.
• *Repeticiones:* 10.
• *Tiempo de recuperación:* 30 segundos.
Nota: ejercicio recomendado a personas propensas a sufrir dolor de espalda.

3. Tijera lateral (I)

• *Posición inicial:* espalda inclinada con apoyo de codos en el suelo y piernas extendidas formando un ángulo de 30° con respecto a la línea del suelo.
• *Movimiento:* al espirar, efectuamos el movimiento de tijera lateralmente. Movemos las piernas sin precipitación y buscamos el ángulo de trabajo correcto.
• *Series:* 3.
• *Repeticiones:* 12.
• *Tiempo de recuperación:* 30 segundos.

Cómo instalar un pequeño gimnasio en casa

Muchas personas amantes del deporte se han planteado la posibilidad de habilitar una habitación, una buhardilla o incluso un trastero de grandes dimensiones como sala de entrenamiento donde completar su preparación, hacer estiramientos, tablas de gimnasia, etc.

Las características de esta parte de la casa dependerán de muchos factores, sobre todo arquitectónicos y familiares. Sea como fuere, el local deberá tener la máxima luz y aireación posible, y mucho mejor si tiene acceso directo a un jardín, terrado o terraza, de modo que se pueda trasladar fácilmente alguno de los aparatos. El suelo será preferiblemente de madera o corcho. Este último material amortigua bien los impactos y los ruidos, pero es menos resistente que la madera.

La bicicleta estática ocupa poco espacio y es fácil de usar.

Para conservar el suelo limpio y sin rayar, es aconsejable utilizar un calzado que destinaremos exclusivamente a aquel local.

Si en casa hay niños, es posible que éstos utilicen ocasionalmente el «gimnasio» para algunas de sus actividades, por ejemplo organizar una merienda o un pase de vídeo con los amigos un día lluvioso, o una carrera de *scalextric*. En previsión de ello, habrá que prever la instalación de un armario con llave en donde se puedan guardar los instrumentos con los que no deseamos que jueguen, como por ejemplo las mancuernas o los tensores, así como también los libros y las fichas de entrenamiento, las toallas y otros complementos.

INSTRUMENTOS

En las tiendas especializadas se venden muchos productos para el entrenamiento. Quizá nos preguntemos si realmente tienen alguna utilidad o si se convierten rápidamente en trastos. Que esto último ocurra no depende del precio, ni del diseño de los productos, sino básicamente de la «capacidad de amortización» del usuario. En este apartado veremos de una serie de aparatos (unos más económicos y otros menos) que pueden servir para realizar gran cantidad de ejercicios.

Cardiovasculares

Las máquinas para el trabajo cardiovascular pueden ser las máquinas de remo y de brazos, la cinta rodante, las bicicletas estáticas, el rodillo y el *stepper*. Sirven para realizar un trabajo aeróbico de base, ya que mejoran la capacidad respiratoria y favorecen la reducción de tejido adiposo. Son adecuadas para el calentamiento previo a otros ejercicios de fuerza y elasticidad. Actualmente casi todos los modelos permiten un control programado del esfuerzo gracias a las resistencias electromagnéticas que dan la posibilidad de realizar trabajos específicos de fuerza, de resistencia y otros programas personalizados.

En caso de un uso prolongado de estos aparatos hay que tener en cuenta que el carácter estático del ejercicio provoca un aumento de la temperatura corporal superior al trabajo en el exterior, debido a la falta de enfriamiento a través del aire. Esto hace que se sude mucho y que, por lo tanto, sea necesario beber mucho durante el entrenamiento; más que si se realizara la misma actividad en movimiento al aire libre. Es recomendable el uso de un ventilador y llevar siempre camiseta para recoger la humedad.

A continuación describiremos las principales máquinas que conforman este grupo. En un gimnasio «casero» bastará con tener una de ellas.

• El **remo** es interesante si se practica regularmente. Con esta máquina se puede trabajar un gran número de músculos. Existe otro tipo de máquinas para mejorar la capacidad respiratoria potenciando los músculos de los brazos y los hombros, que consisten en un movimiento rotativo alternativo de brazos.

• La **cinta rodante** es una máquina para caminar y correr, con un control preciso del esfuerzo, la velocidad, el tiempo, las pendientes, el consumo calórico, etc. Hoy en día es frecuente encontrar este tipo de aparatos en los gimnasios. Conviene aclarar que su uso es quizá más restrictivo que el de las bicicletas estáticas, pues hay más diferencias entre

correr en un espacio abierto y correr en una cinta rodante que entre ir en bicicleta y pedalear en una bicicleta estática. La explicación es fácil: cuando se monta en bici, entre el deportista y el camino que éste recorre hay una máquina (la bicicleta), y cuando se entrena con una bicicleta estática sigue habiendo una máquina de características similares. En cambio, por lo que respecta a la carrera, entre el atleta y el suelo no hay ninguna máquina, por lo que cuando el atleta se sube a una cinta, la máquina se convierte en un elemento nuevo. Prueba de ello es que hay más ciclistas que en determinadas circunstancias utilizan una bicicleta estática que atletas que utilicen la cinta rodante. La cinta rodante no es para hacer kilómetros, sino para calentar cuando se sigue un programa de fitness; para mejorar la posición del cuerpo y el movimiento de la zancada. Personalmente, me gustaría que al finalizar un programa de carrera en cinta rodante, además de la información sobre las

En un gimnasio casero no es necesario instalar máquinas demasiado sofisticadas.

calorías consumidas, las millas recorridas, la velocidad de promedio, etc., apareciera una frase del tipo: «¡Felicidades! Usted ha sido capaz de correr 2 millas en 17' 04" (es decir, a 5' 20" el km) sin moverse de sitio. Ahora pruebe correr alrededor de un lago al caer la noche o por un sendero que atraviese un bosque al amanecer». A favor de este tipo de aparatos se puede decir, en cambio, que son útiles para la rehabilitación al salir de una lesión y para el entrenamiento de transiciones muy cortas para triatletas y duatletas porque proporcionan un control exacto de los ritmos de trabajo. Por lo que respecta a su posible instalación en un domicilio particular, son muy caras, grandes (unos dos metros de longitud) y pesadas (doscientos kilos aproximadamente).

El rodillo permite realizar una gran variedad de ejercicios.

• El **stepper** es un simulador de escaleras que sirve para muscular las piernas y los glúteos, trabajando el ritmo y la coordinación. Los aparatos más modernos permiten seleccionar programas de distintos niveles y duración, pero su precio es un tanto elevado.

• La **bicicleta estática** es quizá la más conocida y fácil de usar. Ocupa poco espacio y hay modelos de todos los precios, con resistencia magnética o mecánica. Con ella se puede trabajar la fuerza y la resistencia del tren inferior, las piernas y los glúteos. Quizá sus únicos inconvenientes son la monotonía (es interesante equipar la sala con un aparato de música o una radio) y la posición de trabajo, que para los aficionados al ciclismo es demasiado erguida.

• Una variante de la bicicleta estática es la **bicicleta con asiento de respaldo reclinable**. El tipo de ejercicio es parecido al de la bicicleta estática, pero con una posición más estirada y con apoyo en la espalda que evita los dolores de espalda. Ocupa más lugar que la bicicleta estática.

• El **rodillo** es un aparato de concepción muy sencilla al que se acopla una bicicleta convencional, de modo que la rueda trasera no está en contacto con el suelo, sino que hace girar un rodillo de metal, con diferentes mecanismos de resistencia, según los modelos. Los hay incluso que permiten conectarse a aparatos de entrenamiento computerizados. Se puede utilizar simplemente para calentamiento y entrenamiento aeróbico o también para trabajar la cadencia y los intervalos de distinta duración en una posición prácticamente igual a la que lleva el ciclista en su bicicleta de carreras. Otra aplicación del rodillo es la contraria al calentamiento, ya que permite soltar las piernas después de una competición o de un entrenamiento fuerte rodando con muy poca resistencia durante diez o quince minutos.

El único inconveniente es que el cilindro desgasta muy rápidamente el neumático (lo deja «cuadrado»), hasta el punto de que un neumático con el que se ha llevado a cabo un par de sesiones de rodillo ya no puede ser utilizado después para la carretera. La solución es tener una rueda trasera completa para entrenamiento o también una bici antigua montada permanentemente en el rodillo.

Al igual que la bicicleta estática, las sesiones no deben prolongarse más de treinta o cuarenta minutos. Hay rodillos que se pueden guardar en una caja de 50 x 50 cm.

OTROS INSTRUMENTOS

• El **banco para abdominales** es una banqueta acolchada con una estructura muy estable. En uno de los extremos tiene un brazo extensible con dos rodillos para bloquear las rodillas, lo cual permite aislar perfectamente el trabajo del músculo. Además, en uno de los lados la pata también es extensible. Gracias a ello se puede trabajar con más o menos inclinación.

• El **banco para lumbares** es una estructura diseñada para apoyar el cuerpo en posición inclinada hasta la altura de las caderas. Es regulable en altura y, al igual que el banco de abdominales, posee un sistema de bloqueo del talón.

• La **colchoneta** es un elemento muy útil para ejercicios de suelo y *stretching*. Conviene que sea bastante gruesa para que el trabajo pueda

Una simple cuerda proporciona un entrenamiento muy completo.

realizarse con mayor comodidad. Para que no se deforme ni se ensucie, hay que dejarla colgada o apoyada en la pared.

• La **barra telescópica** es un sencillo artilugio consistente en un tubo cilíndrico extensible que se fija a presión entre dos paredes. Sirve para hacer ejercicios que exigen un trabajo con barra (dominadas, abdominales inferiores, etc.). Dado que puede fijarse a diferentes alturas, también puede utilizarse para ejercicios de fuerza (por ejemplo, bíceps) o para estiramientos.

• Las **mancuernas** ocupan poco lugar y sirven para trabajar la fuerza de los músculos de los brazos y los hombros.

• Los **tensores** son instrumentos muy sencillos. Consisten en dos partes rígidas unidas por unas gomas elásticas de diferentes durezas. Permiten realizar varios tipo de ejercicio.

• La **comba** es el instrumento más sencillo, pero las virtudes del ejercicio de saltar a comba son muchas, tanto desde el punto de vista cardiovascular, como de trabajo muscular de pies, piernas y glúteos.

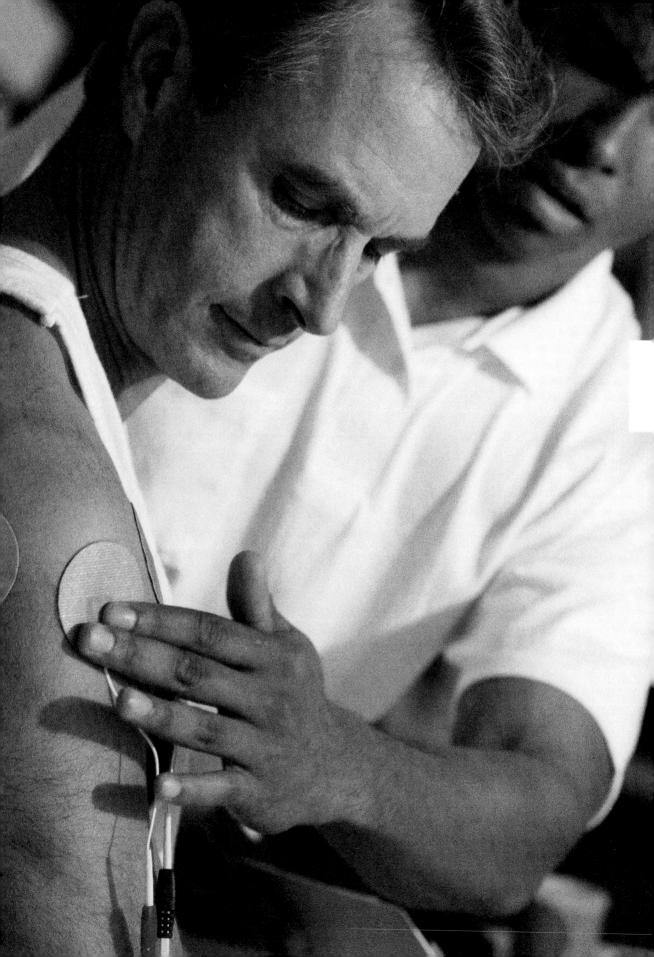

La electroestimulación

12 Una nueva técnica para la salud y la condición física
Funcionamiento del electroestimulador
Nociones prácticas
Electroestimulación y contracción voluntaria
Aplicaciones en el entrenamiento de un deporte
Entrenamiento en fitness y estética
Tratamiento del dolor
Programas de recuperación
Programas de rehabilitación

Una nueva técnica para la salud y la condición física

La electroestimulación muscular (EEM) es una técnica de entrenamiento que comienza a tener una mayor difusión entre los deportistas profesionales y aficionados. En un principio, se utilizaba para la rehabilitación médica y la reeducación postquirúrgica, así como en tratamientos para aliviar el dolor. Posteriormente, a finales de la década de 1960, el profesor Kotz comenzó a aplicarla en los programas de entrenamiento desarrollados en los países del este de Europa. Sin embargo, el sistema pronto dejó de utilizarse a causa de ciertos fallos técnicos, ya que los deportistas se quejaban del dolor que producían los electroestimuladores e incluso, en algunos casos, llegaron a sufrir quemaduras.

A principios de la década de 1990, la técnica, completamente mejorada, comenzó a probarse en Italia. Muy pronto los deportistas de elite utilizaron aparatos médicos portátiles para el entrenamiento. En 1996 apareció el primer electroestimulador de calidad concebido para el entrenamiento del deportista, el *Compex Sport 1*, fabricado en Écublens (Suiza).

Desde entonces la electroestimulación aplicada al deporte ha experimentado un importante salto cualitativo: el uso de este tipo de aparatos ya no se limita al ámbito de la reeducación, sino que se adapta a las necesidades del deportista «sano». Empieza a ser bastante habitual ver a deportistas (profesionales o no) utilizando la electroestimulación como una parte más de su entrenamiento habitual voluntario. Hoy en día, a nadie le sorprende ver entrar a un cliente de un centro de fitness con su electroestimulador para trabajar algunos grupos musculares con él y complementar así el trabajo voluntario en la sala.

Funcionamiento del electroestimulador

El principio de funcionamiento de la electroestimulación es muy simple y reproduce fielmente el mecanismo de una contracción muscular ordenada por el cerebro. Cuando una persona realiza un movimiento, el cerebro emite una orden eléctrica que se propaga a gran velocidad a lo largo de las fibras nerviosas. Al final del recorrido, estos influjos excitan el nervio motor que lleva la información a la fibra muscular y se desencadena la contracción muscular.

Cuando se utiliza un electroestimulador, el estímulo se produce directamente sobre el nervio motor, a través de impulsos eléctricos *óptimos*, que deben ser eficaces (han de tener la potencia suficiente para garantizar la participación del mayor número posible de fibras musculares), seguros y confortables. La potencia debe estar perfectamente controlada para evitar dolores y quemaduras durante su uso. En la actualidad, este riesgo se ha reducido al mínimo gracias a la calidad y al desarrollo de los componentes electrónicos.

Mediante este procedimiento, el músculo no puede distinguir una contracción voluntaria (provocada por el cerebro) de una contracción electroinducida, por lo que el trabajo, en ambos casos, será el mismo.

El desarrollo de los electroestimuladores de calidad ha requerido años de investigación, a lo largo de los cuales se han realizado muchos tipos de pruebas en colaboración con médicos deportivos y, sobre todo, con deportistas de alto nivel. A la hora de trabajar con uno, hay que saber distinguir entre los aparatos de calidad, que ofrecen un rendimiento y una fiabilidad probados, de los numerosos sucedáneos que se encuentran en el mercado, de menor eficacia y, en ciertos casos, incluso peligrosos para el usuario. Generar la respuesta muscular con un impulso eléctrico es muy sencillo, pero muy pocos electroestimuladores logran que esta respuesta sea como queremos, es

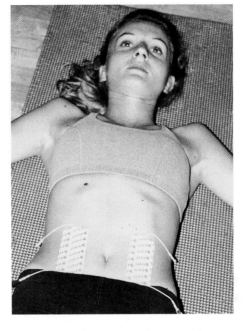

Un duro trabajo de abdominales puede sustituirse por electroestimulación.

decir, con la frecuencia, el tiempo de contracción y reposo, el número de repeticiones, el impulso óptimo y las medidas de seguridad deseados.

Nociones prácticas

A la hora de realizar los diferentes programas de electroestimulación, hay que tener en cuenta ciertos detalles. Aunque no son indispensables para utilizar un electroestimulador, nos informan de qué está pasando debajo de los electrodos.

La electroestimulación depende de cuatro principios:

• **La frecuencia del impulso.** Equivale al número de impulsos por segundo que recibe el músculo (concretamente el nervio motor) y se mide en hercios (Hz). Cuanto más alta

sea la frecuencia, la fibra trabajará más rapidamente.

• **La duración de la contracción.** Indica el tiempo durante el cual se mantiene la contracción muscular. Suele oscilar entre uno y diez segundos. Para estimular la fibra rápida, se emplean tiempos de contracción cortos, ya que la fatiga aparece muy pronto, mientras que el trabajo de las fibras lentas requiere tiempos de contracción más prolongados..

• **La duración del reposo.** Es el tiempo de descanso entre dos contracciones. Cuando se trabaja fibra lenta y resistente, suele ser de dos segundos, mientras que para la fibra rápida y potente hay que dejar al menos medio minuto.

• **Número de repeticiones.** Equivale al número de veces que repetiremos un ciclo de contracción y reposo. Por lo general, oscila entre las treinta y las doscientas repeticiones.

Frecuencia (Hz)	Tiempo de contracción	Tiempo de reposo	Repeticiones	Efectos
1-10	–	–	–	Relajantes. Descontracturantes. Aumento del riego sanguíneo.
10-20	8	2	200	Mejora de la resistencia aeróbica.
20-40	8	6	100	Tonificación muscular. Rehabilitación. Estética.
40-70	8	4	70	Mejora de la fuerza resistencia y aumento del volumen muscular.
70-100	4	30	40	Mejora de la fuerza máxima.
100-120	3	30	30	Mejora de la fuerza explosiva y de la velocidad de contracción.

Electroestimulación y contracción voluntaria

Muchas personas se muestran reacias a utilizar un artilugio electrónico para desarrollar su musculatura. El hecho de conectarse un aparato que «haga el trabajo por nosotros

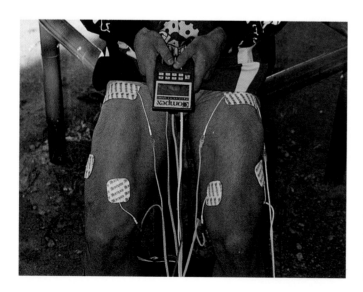

mismos» todavía produce el desconcierto y el escepticismo en quienes consideran que sólo con el ejercicio físico pueden conseguirse buenos resultados. Una sesión de entrenamiento con pesas puede ser —al juicio de estas personas— más provechosa que una de electroestimulación.

Esta afirmación no es correcta, pues uno de los problemas principales que se derivan de la actividad física con pesas es la sobrecarga a la que se someten las articulaciones. Este tipo de entrenamiento provoca un desgaste prematuro del cuerpo que afecta a la vida deportiva de la persona. En cambio, con la electroestimulación, al trabajar en isometría (es decir, sin movimiento), se evita cualquier tipo de desgaste articular. Además, la electroestimulación permite trabajar sin tener que realizar pausas debidas a lesiones o sobreesfuerzos.

La fatiga psíquica es el factor principal de limitación del entrenamiento voluntario, ya que impide que el músculo no rinda más en el transcurso de una sesión. La electroestimulación no genera fatiga psíquica, con lo cual el músculo puede trabajar mucho más (hasta cinco veces más) y mejor que de forma voluntaria. De este modo, la persona que utiliza correctamente un programa de electroestimulación alcanzará sus objetivos en menos tiempo, sin tener que dedicar tantas sesiones al entrenamiento.

Por otra parte, a diferencia del entrenamiento voluntario, la electroestimulación no comporta ningún trabajo cardiovascular y, en consecuencia, se evita cualquier problema cardíaco que pueda ocasionarse con un aumento brusco de las pulsaciones. Además, está demostrado que el trabajo de pesas voluntario aumenta el grosor de la pared cardíaca, lo cual provoca la disminución del volumen de expulsión de oxígeno hacia los músculos (nada recomendable en deportes de resistencia).

Usos de la electroestimulación

- Entrenamiento de un deporte.
- Fitness y desarrollo de las aptitudes físicas.
- Estética.
- Tratamiento del dolor.
- Recuperación después del esfuerzo.
- Rehabilitación después de una lesión.

Aplicaciones en el entrenamiento de un deporte

La mayoría de deportistas de competición ya utiliza la electroestimulación como complemento de su entrenamiento. Se trata de una técnica más dentro de su sesión de trabajo, análoga a los ejercicios de pesas y balones medicinales o el entrenamiento en cuestas, por poner algunos ejemplos.

PROGRAMAS DE RESISTENCIA AERÓBICA

Los deportes en los que la resistencia aeróbica tiene un papel fundamental exigen el mantenimiento de una *intensidad media durante un tiempo relativamente largo*. Se trata de programas largos, que requieren un esfuerzo de una intensidad media y una gran cantidad de trabajo y que imponen a los músculos estimulados un régimen de trabajo para la fibra lenta. Los electroestimuladores complementan este tipo de entrenamientos y mejoran la capacidad de las fibras musculares para consumir el oxígeno que aporta la sangre.

Asimismo, ofrecen la posibilidad de reducir la duración global de los entrenamientos de resistencia aeróbica, lo cual permite, por ejemplo, limitar las salidas largas y, en consecuencia, reducir los traumatismos osteotendinosos que a menudo provoca este tipo de entrenamiento. En los atletas de resistencia aeróbica bien entrenados (ciclistas, corredores de cross, maratonianos, triatletas, etc.), las fibras musculares de los cuádriceps pueden consumir una cantidad cuatro veces mayor de la que consumen las personas sedentarias.

PROGRAMAS DE FUERZA RESISTENCIA

Los electroestimuladores son muy importantes en los deportes que trabajan a intensidades elevadas (pero no máximas) que se mantienen durante un periodo de tiempo más o menos prolongado, como las carreras de 400 a 800 m en atletismo, las carreras de 100 a 200 m de natación, algunas pruebas de mountain-bike, ciclismo en pista, etc.

En estos deportes se lleva los músculos al máximo de su capacidad anaeróbica láctica. Por lo tanto, los entrenamientos que permiten mejorar esta capacidad son muy intensos y muy duros, tanto desde el punto de vista físico como psíquico. Con la electroestimulación se pueden utilizar los programas de fuerza resistencia que tienen contraccio-

nes máximas relativamente largas y reposos activos muy cortos. De esta manera, se impone a los músculos estimulados una gran cantidad de trabajo y a una intensidad fuerte, para llevarlos hasta el límite de su metabolismo glicolítico. Para llegar a niveles comparables en un entrenamiento convencional, hay que llevar a cabo entrenamientos agotadores. De ahí el gran interés de estos programas de fuerza y resistencia, porque permiten bien sustituir las agotadoras sesiones de entrenamiento o llevar más lejos aún los entrenamientos de fuerza y resistencia voluntaria.

PROGRAMAS DE FUERZA

Estos programas mejoran la *fuerza máxima* del deportista, es decir, lo capacitan para «mover» más kilos. Son interesantes para deportes que exigen niveles de fuerza elevados, en los que una mejora de fuerza repercute automáticamente en el rendimiento en su especialidad deportiva, como puede ser el esquí, pruebas cortas de atletismo, lanzamientos, etc.

Los electroestimuladores trabajan sobre todo las fibras rápidas. Su principal interés reside en el hecho de que, para realizar este tipo de entrenamiento con un método convencional que proporcione los mismos beneficios, hay que utilizar cargas pesadas que acortarán la vida del deportista y pueden causarle lesiones en las articulaciones.

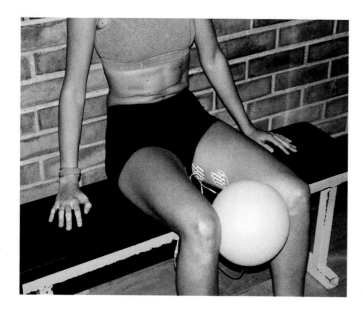

Trabajo de aductores con el electroestimulador

	Lunes	Martes	Miércoles
Cuádriceps	1 sesión de fuerza de resistencia	–	1 sesión de fuerza de resistencia
Isquiotibiales	1 sesión de fuerza de resistencia	–	1 sesión de fuerza de resistencia
Gemelos	–	1 sesión de fuerza de resistencia	–

PROGRAMAS DE FUERZA EXPLOSIVA

Con estos programas el deportista conseguirá una mejora en la *velocidad de contracción* y un aumento de su nivel de fuerza máxima en menos tiempo. Son interesantes para deportes muy cortos y explosivos, como los lanzamientos en atletismo, los saltos, las carreras cortas, etc. Tienen un interés considerable, ya que imponen regímenes de actividad a las fibras musculares que habitualmente sólo se pueden conseguir de forma voluntaria con esfuerzos excesivos y de fuerza máxima, es decir, muy traumatizantes.

La tabla de la parte inferior de estas dos páginas reproduce un programa de electroestimulación preparado para un corredor de mountain-bike.

PROGRAMAS DE HIPERTROFIA

Son idóneos para las personas que quieran aumentar su volumen muscular. Aunque se beneficiarán más quienes practiquen culturismo, tampoco hay que olvidar a todas aquellas personas que quieren aumentar el volumen de sus bíceps, sus pectorales, etc.

PROGRAMAS DE FIRMEZA Y DEFINICIÓN

Estos programas están pensados para personas que desean tonificar sus músculos, endurecer sus fibras y darles una forma más definida. Si además se combina el programa con un trabajo cardiovascular y una dieta hipocalórica, el resultado será excelente.

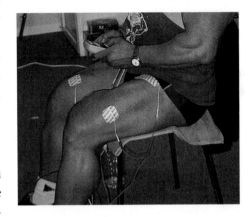

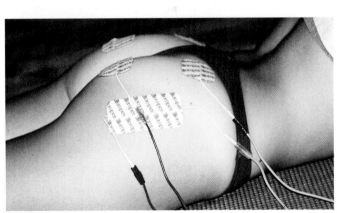

Distintas aplicaciones de la EEM: fuerza explosiva (arriba), hipertrofia (centro) y estética (abajo).

Jueves	Viernes	Sábado	Domingo
–	Capilarización	Recuperación activa o descontracturante en toda la pierna	Recuperación activa o descontracturante en toda la pierna
–	–	–	–
1 sesión de fuerza de resistencia	–	–	–

Entrenamiento en fitness y estética

Dentro de las muchas aplicaciones que la electroestimulación puede tener en fitness y estética, destacan tres áreas del entrenamiento.

EL TRABAJO DE ZONAS DIFÍCILES

La falta de técnica o de fuerza, o la localización de ciertos músculos, hace que la realización de algunos ejercicios resulte compleja y, en muchos casos, no sea totalmente eficaz. La electroestimulación es fundamental para trabajar estas zonas.

Más de un deportista se habrá sentido frustrado tras ver que su trabajo con ciertos grupos musculares no da, en apariencia, los resultados que esperaba.

Un ejemplo muy claro se da en los gemelos o los tríceps de los culturistas, que son unas zonas muy difíciles de trabajar. Con la electroestimulación apreciarán pronto cambios muy favorables.

Por otro lado, esta técnica también es muy adecuada para el trabajo de glúteos y los tratamientos de estética o de imagen personal.

Ejemplo de un entrenamiento de firmeza en glúteos

Lunes	Martes	Miércoles	Jueves	Viernes	Sábado	Domingo
Programa de firmeza en glúteos	Trabajo cardiovascular, según el nivel de la persona (puede ser una clase dirigida, aeróbic, spinning, etc.)	Programa de firmeza en glúteos	Trabajo cardiovascular, según el nivel de la persona (es interesante variar este tipo de ejercicio para que el cuerpo no se adapte)	Programa de firmeza en glúteos	Descanso	Descanso

EL AUMENTO DE VOLUMEN EN ZONAS DETERMINADAS

Otro de los objetivos más buscados en las salas de fitness es el aumento de volumen localizado.

Para conseguirlo hay que imponer una carga de entrenamiento importante, que a menudo nos puede llevar a producir lesiones de mayor o menor importancia, y que nos obligarán a detener el entrenamiento durante cierto tiempo, con la consiguiente pérdida de parte de lo que habíamos conseguido.

Si añadimos la electroestimulación, estamos aumentando mucho la carga de trabajo, pero sin forzar las articulaciones; tan sólo haciendo un trabajo muscular, con lo que podemos seguir desarrollando el músculo más allá del entrenamiento convencional. La combinación de estos dos tipos de ejercicio deberá hacerse de la manera siguiente:

• En principio, habrá que alternar las fases de trabajo voluntario con las fases de electroestimulación. Por ejemplo, pueden hacerse cuatro semanas de trabajo voluntario, otras cuatro de electroestimulación y así sucesivamente.

• Posteriormente, dentro de la misma sesión, puede realizarse un ejercicio voluntario (el press banca, por ejemplo) y, a continuación, la electroestimulación sobre el área muscular implicada (en este caso, los pectorales).

• Si se desea, también puede utilizarse la contracción voluntaria y la electroestimulación de forma simultánea. Se trata de un método recomendado sólo a personas muy entrenadas y desaconsejado a quienes no hayan utilizado nunca la electroestimulación como método de entrenamiento, ya que la carga de trabajo impuesta al músculo es muy elevada. Un deportista novel, tras una sesión, sufriría unas tremendas agujetas.

PARA CORREGIR DESCOMPENSACIONES MUSCULARES

Otro problema muy importante son las descompensaciones musculares que sufrimos y que pueden llevarnos a problemas crónicos.

Es habitual ver una persona con escoliosis (o una cifosis, lordosis, etc.) que, en lugar de corregirla, adopta una posición antiálgica (es decir, para evitar el dolor) que acaba por producirle una atrofia de la musculatura y que agrava todavía más la descompensación. De este círculo vicioso es difícil salir si no se pone remedio.

Por eso es importante trabajar la musculatura correspondiente sin que la persona note dolor y corregir de este modo las descompensaciones.

La descompensación también se da en deportes asimétricos, como el golf, el tenis, el padel, etc., donde la repetición de un gesto asimétrico crea ciertas lesiones que pueden impedir la práctica deportiva. Por eso es muy importante no esperar a que se produzca esa descompensación e intentar paliarla con la electroestimulación.

Ejemplo de un entrenamiento de hipertrofia en bíceps (combinado)

Lunes	Martes	Miércoles	Jueves	Viernes	Sábado	Domingo
Bíceps 3 x 8 de curl en banco Scott y programa de body-building en bíceps	Trabajo de hipertrofia de otros grupos musculare.	Bíceps 12-10-8 de curl alterno con mancuernas y programa de body-building en bíceps	Trabajo de hipertrofia de otros grupos musculares	Bíceps 3 x 8 de curl martillo y programa de body-building en bíceps	Trabajo de hipertrofia de otros grupos musculares	Descanso

Tratamiento del dolor

Cualquier persona puede realizar programas de electroestimulación para aliviar el dolor.

Deportistas o no, todos hemos sufrido alguna vez dolores cervicales, lumbares, contracturas musculares, ciáticas, tendinitis, etc. Este dolor nos impide desarrollar nuestras actividades cotidianas con normalidad; de ahí que sea tan importante aliviar estas molestias e, incluso, mejorar antiguos problemas como los producidos por una mala postura.

Las malas posturas que adoptamos en nuestra vida diaria nos acarrean problemas que acaban por producir dolores o lesiones en ciertas zonas.

La mayoría de personas pasa muchas horas en la misma posición, ya sea delante de un ordenador o realizando cualquier otra actividad, lo que acaba siendo muy perjudicial. Por tanto, nuestros esfuerzos deben ir dirigidos hacia la prevención, con ejercicios que nos permitan evitar o, por lo menos, reducir estas dolencias. Pero si los dolores ya han aparecido, es posible tratarlos aplicando los programas que brinda la electroestimulación.

Veamos los principales tratamientos contra el dolor que se aplican con esta revolucionaria técnica.

«TENS» (ESTIMULACIÓN ELÉCTRICA TRANSCUTÁNEA DEL NERVIO)

Se trata de un programa destinado a tratar los síntomas del dolor y que se aplica en dolores localizados, agudos o crónicos. El objetivo de esta aplicación es la de eliminar la sensación de dolor, responsable principal de crearnos el malestar general. Actúa directamente sobre la médula espinal a base de estímulos de sensibilidad táctil y bloquea la entrada de los influjos nerviosos del dolor.

TRATAMIENTO ENDORFÍNICO

Cuando se produce un dolor muy intenso en nuestro cuerpo, el cerebro segrega de forma natural unas sustancias narcóticas que proporcionan alivio. Estas sustancias reciben el nombre de *endorfinas*.

El objetivo de este programa es aumentar la producción de endorfinas y encefalinas en el hipotálamo, así como del flujo sanguíneo, para disminuir la ansiedad y el dolor, y permitir un estado de relajación que garantice el bienestar general.

Así como el programa anterior (TENS) es idóneo para problemas agudos, éste se recomienda sobre todo para dolencias crónicas.

TRATAMIENTO DESCONTRACTURANTE

Otra forma de tratar dolores puntuales pero intensos es el programa descontracturante, que permite eliminar la tensión muscular. De este modo se consigue relajar y descontracturar el músculo que, ya sea por esfuerzos límite en el caso de los deportistas o por dolores musculares recientes y localizados, aumenta el tono muscular y provoca una sensación de dolor. La aplicación directa sobre los músculos afectados relajará la tensión y aumentará el bienestar general.

Las malas posturas de la vida diaria pueden acabar produciendo lesiones.

Programas de recuperación

Todos sabemos que después de una actividad intensa es conveniente realizar una vuelta a la calma. Contrariamente a la práctica de la vuelta a la calma «voluntaria», la electroestimulación no aporta un suplemento de fatiga general ni cardiovascular. No exige esfuerzo físico ni tampoco impone una sobrecarga de molestias osteotendinosas.

El primer efecto que se observa es una reducción de ácido láctico, responsable de la fatiga muscular. Los procedimientos que aceleran su eliminación permiten, pues, una mejor recuperación muscular. Con los programas de recuperación activa aplicados con la electroestimulación se produce una actividad de intensidad decreciente. Los primeros minutos de estimulación imponen una actividad a las fibras musculares a un porcentaje relativamente elevado de su consumo máximo de oxígeno, que decrecerá progresivamente. La técnica respeta todos los requisitos de la recuperación activa aeróbica, sin por eso presentar sus inconvenientes (aumento de fatiga psíquica, muscular, cardiovascular y osteo-tendinosa).

El segundo efecto es un aumento del riego sanguíneo, lo que permite una restauración más rápida de la función y del equilibrio celular, así como del líquido intersticial. Finalmente, se aporta un efecto descontracturante local en las masas musculares sometidas a la estimulación. Este efecto descontracturante o tonolítico local se mantiene durante varias horas después de la estimulación y permite un mejor control de los movimientos efectuados con los músculos en cuestión.

Programas de rehabilitación

En caso de haber sufrido alguna lesión, debe ser el médico quien prescriba el ejercicio que se debe hacer. Los parámetros normales de trabajo después de una rehabilitación deben ser éstos:

• **Recuperar el tono muscular perdido.** Después de una larga inmovilización, el músculo se queda atrofiado y la primera actuación se dirige a recuperar esa tonicidad. Se utilizan programas como los de amiotrofia.

• Una vez recuperado el tono muscular, hay que **recuperar el volumen**; es decir, equilibrar las descompensaciones musculares de la extremidad «buena» a la «mala». Utilizaremos programas de remusculación para ganarla.

• La tercera fase irá encaminada a recuperar la fuerza necesaria para que esta persona desempeñe su actividad normal. Si es una persona sedentaria, necesitará un menor nivel de fuerza que si es un deportista. Para ello se utilizarán los programas de fortalecimiento.

Una vez concluidas estas fases, la persona debería estar en condiciones de aplicar un entrenamiento normal.

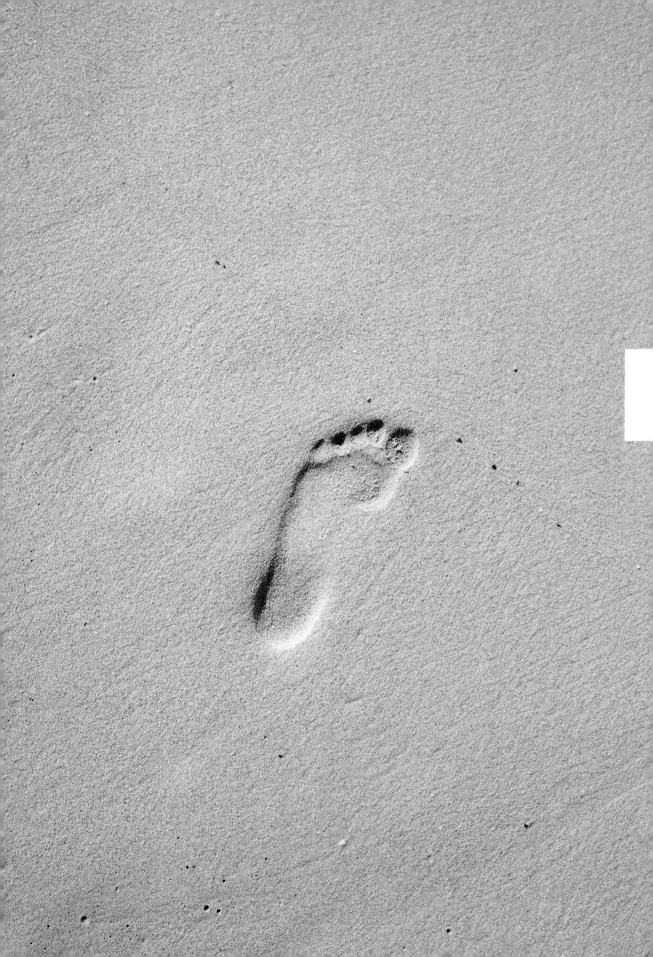

Los pies: huella y carrera

13 | Los cimientos del cuerpo
La bóveda plantar y la superficie de apoyo
Efectos de la carga en la bóveda plantar
Fases del contacto del pie con el suelo
Desequilibrios y repercusiones
La corrección del apoyo

Los cimientos del cuerpo

En este capítulo veremos cómo está constituido el pie, su mecánica en el movimiento de carrera, los problemas más habituales y su posible solución. Los pies son la base principal para conseguir el funcionamiento perfecto de las piernas sin desaprovechar energía y, en consecuencia, obteniendo el rendimiento máximo. Para que la base sea estable (y el deportista se sienta seguro en sus movimientos) los arcos fisiológicos del pie deben estar estabilizados y la superficie de apoyo debe ser la mayor posible. Al caminar o al correr se produce un fenómeno de estabilidad-inestabilidad generado por el propio movimiento que se registra en el pie, afecta a las articulaciones involucradas directamente en el movimiento (articulaciones de las piernas) y repercute en el equilibrio corporal. Esto afecta a los músculos y a sus puntos de inserción porque realizan un doble trabajo: en unos casos es un trabajo activo (la contracción que participa en la creación de un movimiento determinado), y en otros es un trabajo pasivo (el músculo se limita a mantener su posición).

Ambas acciones requieren un consumo de energía y, como es lógico, la energía que se destina a mantener la posición se resta de la energía consumida para la creación del movimiento. Este aspecto es especialmente importante cuando el deportista exige a sus piernas un esfuerzo máximo.

En la mayor parte de los atletas, los soportes plantares (las «plantillas») son útiles para mejorar el equilibrio, optimizar el trabajo muscular y reducir así el consumo energético.

Los pies son la base para sacar el máximo rendimiento al trabajo de las piernas.

La bóveda plantar y la superficie de apoyo

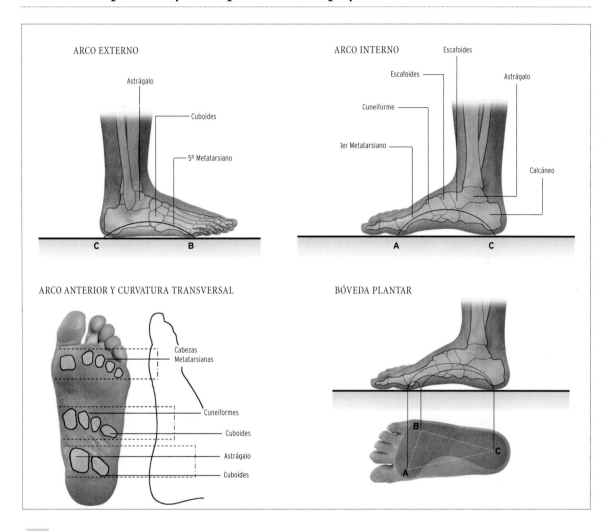

La base del pie está constituida por los tres arcos que describimos a continuación:

• **El arco interno.** Es el más dinámico y de él parten casi todos los problemas de desestabilización. No forma parte de la huella. Conserva su concavidad gracias a los ligamentos y los músculos que actúan como tensores. Las piezas óseas que lo forman son el primer metatarsiano, el cuneiforme, el escafoi-des, el astrágalo y el calcáneo. Los músculos relacionados son el tibial posterior, el peroneo lateral largo, el flexor propio del primer dedo, el flexor común de los dedos y el aductor del primer dedo.

• **El arco externo.** Junto con el talón, forma la mayor parte de la huella plantar. Este arco es más rígido que el interno (debido a la acción de un importante ligamento plantar) para poder transmitir el impulso motor.

Las piezas óseas que lo forman son el quinto metatarsiano, el cuboides y el calcáneo.

Los músculos relacionados son el peroneo lateral corto, el peroneo lateral largo y el abductor del quinto dedo.

• El arco anterior y la curvatura transversal.
El arco anterior es un arco teórico que pasa por la cabeza de los cinco metatarsianos. La parte central está más elevada, pero al caminar o correr el arco queda en contacto con el suelo en toda su longitud. Este arco se desploma a menudo, lo que origina distensiones y ensanchamientos entre los metatarsianos.

La curvatura del arco anterior se mantiene en los huesos cuneiformes (en la parte central del pie) que, por el contrario, no contactan en ningún momento con el suelo.

Los músculos que mantienen la curvatura transversal son el abductor del primer dedo, el peroneo lateral largo y las expansiones plantares del tibial posterior.

Efectos de la carga en la bóveda plantar

Cuando se produce la carga del peso del cuerpo, los arcos sufren diversas modificaciones:

• Se aplastan (se reduce la distancia con respecto al suelo).

• Se alargan (efecto de estiramiento y recuperación gracias a la fuerza de los músculos).

• Se deforman (la recuperación es cada vez menor, de modo que se van estirando y desestabilizando progresivamente).

Así por ejemplo, en el arco anterior el aplastamiento puede llegar a producir un ensanchamiento de 12 mm.

Sin embargo, el movimiento de máxima desestabilización se produce en el arco interno, concretamente en el astrágalo, que se desplaza hacia dentro por diversos motivos: agotamiento muscular, calzado, patología del apoyo, vicios, compensación de lesiones, etc.

Esta deformación conlleva unas compensaciones musculares y un desgaste articular que originan la gran mayoría de lesiones y limitaciones de los deportistas.

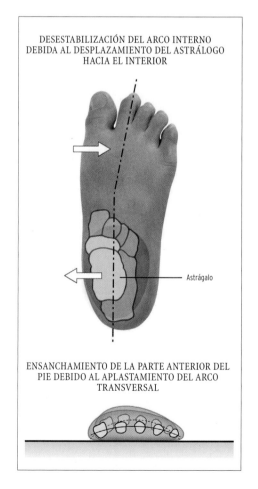

DESESTABILIZACIÓN DEL ARCO INTERNO DEBIDA AL DESPLAZAMIENTO DEL ASTRÁLOGO HACIA EL INTERIOR

Astrágalo

ENSANCHAMIENTO DE LA PARTE ANTERIOR DEL PIE DEBIDO AL APLASTAMIENTO DEL ARCO TRANSVERSAL

Fases del contacto del pie con el suelo

S e establecen cuatro fases: 1) Toma de contacto del talón con el suelo; 2) Máximo contacto del pie con el suelo; 3) Primera impulsión motriz; y 4) Segunda impulsión motriz.

TOMA DE CONTACTO DEL TALÓN CON EL SUELO

Es el momento de máximo choque y también de máxima inestabilidad, tanto en la rodilla como en el resto del cuerpo. La carga que recibe el pie se distribuye a través de la polea astragalina.

En este momento la contracción de los músculos tibial, extensor común de los dedos y extensor propio del primer dedo evitan el choque del antepié, y el cuádriceps estabiliza la rodilla. La flexión de las tres articulaciones de la pierna (tobillo-rodilla-cadera) permiten la amortiguación, ya que en el momento de la toma de contacto, se carga aproximadamente el 120 % del peso del cuerpo en el talón. Tan pronto como el pie contacta con el suelo se produce la acción estabilizadora lateral del tibial posterior con el fin de evitar una caída interna del pie, que arrastraría así a todo el cuerpo.

MÁXIMO CONTACTO DEL PIE EN EL SUELO

Al pasar de la primera a la segunda posición mediante la flexión del tobillo, el peso del cuerpo incide totalmente en la polea astragalina, lo que produce el aplastamiento de la bóveda plantar. En el momento de la flexión de la rodilla, es decir, del apoyo del pie durante la carrera, se produce la mayor carga para el pie y el tobillo. Al mismo tiempo, la contracción de los músculos plantares junto

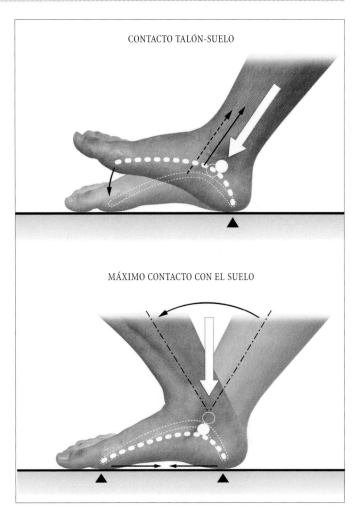

CONTACTO TALÓN-SUELO

MÁXIMO CONTACTO CON EL SUELO

con el tríceps sural se oponen al aplastamiento. En este momento intervienen los músculos estabilizadores de la rodilla y del tobillo.

PRIMERA IMPULSIÓN MOTRIZ

La carga del cuerpo pasa del talón al arco anterior por la contracción de los músculos extensores del tobillo (en especial del tríceps sural) y la contracción de los extensores plantares (que son los que evitan el aplastamiento del arco y actúan con efecto amorti-

Al pasar de la primera a la segunda posición se aplasta la bóveda plantar.

La segunda impulsión motriz se produce en la carrera, no en el caminar normal.

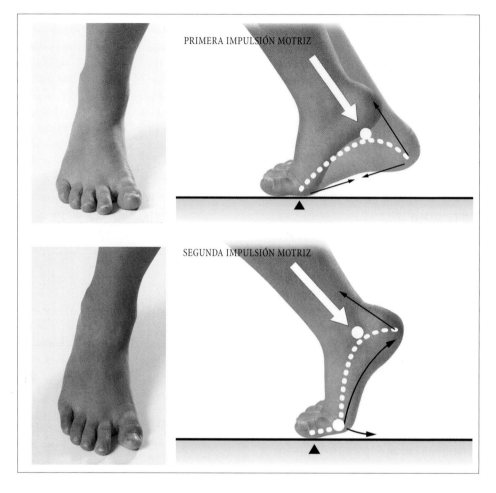

PRIMERA IMPULSIÓN MOTRIZ

SEGUNDA IMPULSIÓN MOTRIZ

guador). En este momento se produce la separación máxima de las cabezas de los metatarsianos. La estabilización de la pierna se mantiene por la zona de los metatarsianos y los dedos, sobre todo del primero.

Esta fase se caracteriza por una acción intensa de los músculos flexores plantares. La aponeurosis plantar se tensa en el momento en que se flexionan las articulaciones metatarsofalángicas (sobre todo la del primer dedo), y todos los ligamentos interóseos plantares mantienen sólida la bóveda plantar.

El estabilizador de la pierna sobre el pie es el sóleo interno. El sóleo externo, menos potente que el interno, ejerce una acción estabiliza-

dora continua y los gemelos actúan como reserva de potencia auxiliar del sóleo.

SEGUNDA IMPULSIÓN MOTRIZ

Continuación del impulso aportado por el tríceps y la inercia del cuerpo, el segundo impulso motriz está generado por la contracción de los flexores de los dedos, de los músculos sesamoideos y del flexor propio del primer dedo.

El apoyo de impulso se concentra principalmente en los tres primeros dedos, y en especial en el primero, que asume la estabilización del cuerpo. Este impulso se produce exclusivamente en carrera, no en la deambulación normal.

Desequilibrios y repercusiones

EN EL ARCO INTERNO

Pueden estar originados por defecto, hundimiento, vicio o agotamiento muscular. El hundimiento del arco (Fig. 1) provoca una rotación interna de la pierna y un valgo del pie (Fig. 2), y posiblemente también en las rodillas con el tiempo, lo cual da origen a diferentes lesiones musculares y articulares. La pronación del calcáneo también sobrecarga el tendón de Aquiles y las inserciones del ligamento lateral interno de la rodilla.

La reacción estabilizadora puede ocasionar lesiones tan frecuentes como son los esguinces maleolares externos.

EN EL ARCO EXTERNO

La falta de apoyo exterior del pie cavo (Fig. 3) provoca una inestabilidad funcional, que se traduce en dolores plantares, molestias maleolares e inseguridad al andar o correr.

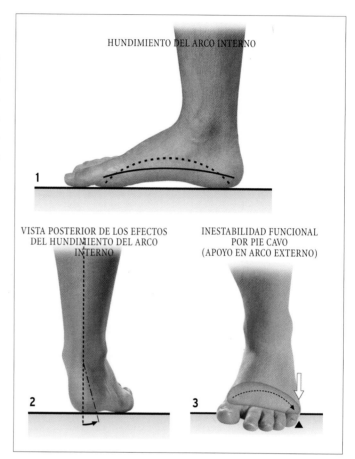

HUNDIMIENTO DEL ARCO INTERNO

1

VISTA POSTERIOR DE LOS EFECTOS DEL HUNDIMIENTO DEL ARCO INTERNO

INESTABILIDAD FUNCIONAL POR PIE CAVO (APOYO EN ARCO EXTERNO)

2

3

El equilibrio del pie reduce las probabilidades de lesión

Los desequilibrios del arco interno y del arco externo dan lugar a desviaciones de la pierna en relación con el eje ideal de equilibrio.

En el primer caso la rodilla se desplaza hacia la parte interior y en el segundo, hacia el exterior del eje. Sin embargo, la acción de las plantillas no es igual en ambos casos. Cuando se produce la caída del arco interno, la plantilla actúa como sostén del arco y proporciona un reparto de la presión en toda la superficie del pie, con lo cual la mejora del apoyo es inmediata. En cambio, cuando el pie se apoya excesivamente en el arco externo (pie cavo), la

corrección no consiste en el proceso inverso, es decir, el soporte plantar no se coloca debajo del arco externo del pie (porque el desequilibrio no se produce por el aplastamiento de dicho arco), sino que se busca equilibrar la bóveda plantar de modo que la distribución de las presiones en la planta del pie sea lo más uniforme posible.

La consecuencia de esta mejora en el equilibrio es la disminución progresiva de las tensiones de autocompensación, lo cual influye en una reducción de las sobrecargas y del riesgo de lesión.

El arco anterior puede experimentar diferentes reparticiones de la carga.

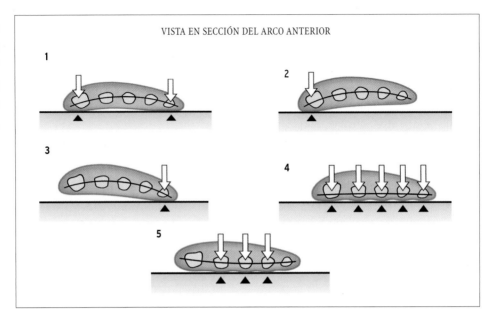

VISTA EN SECCIÓN DEL ARCO ANTERIOR

EN EL ARCO ANTERIOR

Los problemas del arco anterior pueden ser propios o consecuencia de compensaciones de otros puntos débiles o dolorosos de las piernas. A grandes rasgos, son los siguientes:

1. Exceso de curvatura (poco frecuente).

2. Sobrecarga del primer dedo (frecuente en pies con problemas de arco interno, planos, valgos, cavos o por autocompensaciones).

3. Sobrecarga de la cabeza del quinto metatarsiano (frecuente en pies cavos y valgos por compensaciones).

4. Pie plano anterior (distensión total del arco anterior con sobrecarga de todas las cabezas de los metatarsianos).

5. Pie «ancestral» o arco anterior invertido (se sobrecargan las cabezas de los metatarsianos centrales).

Adaptacines del pie en movimiento

Al desequilibrarse el **arco interno**, el pie reacciona con la tensión de los músculos plantares, la rodilla efectúa un movimiento de rotación interna y el primer dedo realiza un apoyo con mucha más presión de la que sería deseable.
Al desequilibrarse el **arco externo**, el pie reacciona con una inclinación hacia fuera. Al mismo tiempo se produce un sobreesfuerzo del maleolo interno y la pronación en valgo del calcáneo que se intenta corregir por sí mismo. En estos dos defectos, el arco anterior en su zona de contacto es el punto de apoyo máximo por el cual pasan todas estas correcciones.

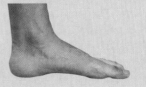

La corrección del apoyo

l estudio de la base de apoyo del pie, de las adaptaciones a los desequilibrios y del eje biomecánico del tren inferior consiste en una exploración estática de las alineaciones de los ejes mecánicos, las simetrías, la forma de apoyo de los dedos, etc., y en una exploración dinámica en la que se observan las contracciones para la estabilización, compensación y corrección a partir del punto de contacto del pie en el suelo, la longitud del paso, la forma de tomar contacto con el suelo, los movimientos del tobillo y la rodilla.

LA ACCIÓN DEL SOPORTE PLANTAR

El soporte plantar permite la mejora de la estabilidad del pie y proporciona una base de sustentación óptima en la fase de impulso, tanto en los atletas sin patología, como en la mayor parte de los casos con patología, así como también en la población no deportista. Colocar un apoyo longitudinal en el arco interno (la protuberancia de la «plantilla») evita el giro hacia el interior tan frecuente del astrágalo y la consiguiente compensación, lo cual se traduce en amortiguación y estabilidad.

En la fase de impulsión motriz el soporte facilita el impulso de la zancada. El soporte personalizado proporciona una superficie de apoyo en las zonas de los arcos naturales, que se traduce en un aumento de la superficie de apoyo. Así por ejemplo, repartir la presión en las cabezas de todos los metatarsianos descarga la presión del primer y del quinto metatarsiano, lo cual redunda en una marcha más relajada. La acción correctora o de descarga de las plantillas es indispensable para el tratamiento de un número significativo de lesiones:

• Sobrecargas musculares en la región lumbar, unilaterales o bilaterales.
• Periostitis por continuas contracturas del músculo tibial anterior.
• Contracturas del gemelo interno.
• Metatarsalgias.
• Fascitis plantar.
• Tendinitis del músculo flexor y extensor largo del primer dedo.
• Talalgias continuas.
• Tendinitis y tenosinovitis aquílea.
• Tendinitis rotuliana.

Indistintamente del calzado utilizado, la inclusión de un soporte plantar adecuado produce diversos beneficios:

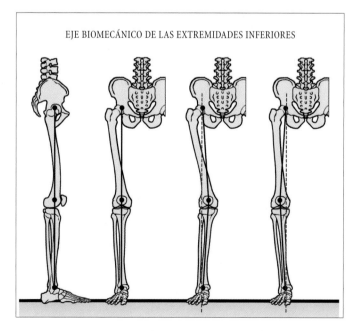

EJE BIOMECÁNICO DE LAS EXTREMIDADES INFERIORES

Cómo se desarrolla la visita al podólogo

En la exploración estática se observan varios puntos: la alineación de los ejes mecánicos (por ejemplo, si existe rotación lateral de las rodillas), la alineación de los huesos de los pies, las posibles disimetrías entre ambos miembros, y posibles manifestaciones de las autocorrecciones en el desarrollo muscular, la forma de apoyo de los dedos, la formación de callosidades (en las cabezas de los metatarsianos o en el talón). Asimismo, se consulta el historial de lesiones, especialmente repetitivas, del pie, y se valora el tipo de deformación del calzado, deportivo o incluso de calle.

La exploración dinámica, en movimiento, consiste por un lado en la realización de una podografía en la que se refleja el reparto de las cargas en la planta del pie y, por otro lado, en la observación de una serie de valores durante la marcha sobre una cinta rodante, caminando normalmente o en carrera.

Los puntos más significativos son: la facilidad de desplazamiento (aparición de movimientos incontrolados o de inestabilidad), las contracciones para la estabilización, compensación y corrección a partir del punto de contacto del pie en el suelo, la longitud del paso, la forma de tomar contacto con el suelo, los movimientos del tobillo y la rodilla, y posición de esta última en el momento de la toma de contacto con el suelo.

• Ahorro de energía, debido a las disminución de la inestabilidad y de los efectos de compensación.

• Resolución de las lesiones provocadas por sobrecarga debida a un trabajo muscular pasivo innecesario.

• Estabilidad general del cuerpo a causa del aumento de la superficie de apoyo.

• Corrección de vicios adquiridos por tener que compensar ciertos movimientos en carrera.

• Se evitan microtraumatismos producidos por diferentes esfuerzos de compensación innecesarios, lo cual podría deriva en lesiones crónicas.

Los soportes plantares

La función de los soportes plantares (las «plantillas») es la siguiente:

• Aumentar la base de superficie de apoyo y ayudar a la recuperación del aplastamiento que sufre por la carga de la marcha.

• Proporcionar al pie una base mayor de sustentación en la fase de impulso, de modo que mejore su estabilidad corporal.

• Se alarga la vida deportiva.

• Se proporciona un apoyo seguro a la zona más débil de formación, como es el arco anterior formado por los metatarsianos.

• Se evitan fracturas de metatarsianos por sobrecarga, sobre todo en atletas de alta competición.

LOS TIPOS DE PLANTILLAS

En el mercado se encuentran plantillas de varios tipos, de materiales y funciones diferentes. Sin embargo, no todas están concebidas para la corrección del desequilibrio del pie y para sustentar los arcos naturales.

• **Las plantillas de porex.** Similares a las que llevan las zapatillas en su interior, proporcionan una sensación de absorción del impacto que dura hasta que el material se aplasta y pierde esta capacidadn. Algunos modelos de plantilla están diseñados con un material más resistente en el centro del talón que distribuye la carga. Otras plantillas llevan una pequeña alza en el arco interno del pie, pero se trata de una elevación estándar hecha con materiales blandos, que en ningún caso tienen un efecto estabilizador.

• Las plantillas rígidas. Corrigen el aplastamiento de los arcos plantares en estática, pero no son útiles para la carrera y para la práctica deportiva en general porque, al ser rígidas, no favorecen el efecto amortiguador de la presión. Además, son pesadas.

• Plantillas realizadas a partir de moldes fenólicos. De introducción más reciente, son los moldes de espumas fenólicas, que se obtienen con la presión del propio pie, y a partir de este molde se confeccionan las plantillas.

Este sistema proporciona un aumento de la superficie de apoyo, pero en realidad no es más que un molde del pie en posición de deformación, razón por la cual no mejora el equilibrio biomecánico de las extremidades inferiores.

• Las plantillas fabricadas informáticamente. Para que el soporte plantar tenga efectos real-mente correctores de la estabilidad del pie, los materiales utilizados deben ser consistentes, pero a la vez muy flexibles y elásticos, es decir con un factor de recuperación rápido, atraumáticos (a diferencia de lo materiales utilizados en las plantillas rígidas) y tan ligeros como sea posible. Una buena plantilla se fabrica a partir de una toma de datos informática de las presiones del pie, de una exploración estática y un estudio dinámico, y ha de tener en cuenta la evolución en el tiempo del equilibrio del pie de cada atleta.

De todo lo expuesto hasta el momento se deduce fácilmente que una plantilla es una herramienta totalmente personal, que no podemos encontrar ya fabricada, ni podemos construir nosotros mismos. El estudio del pie es competencia del podólogo, que antes de «recetar» unas plantillas explora la base de apoyo del pie del deportista, las posibles adaptaciones a los desequilibrios y el eje biomecánico del tren inferior. La visita consiste en una exploración estática y una exploración dinámica.

Más información

EL CALZADO Y LOS PIES
Dres. Pedro Ródenas,
Manuel Mendoza
y Eduardo Alfonso
Revista Integral núm. 4

LA RESPUESTA ESTÁ
EN LOS PIES
(Reflejoterapia podal)
Dr. Frederic Viñas
Ed. RBA Integral

Visión
y deporte

14 Las lentes de contacto
Medicina deportiva y visión
Las gafas de sol

Según unos estudios recientes sobre las principales enfermedades de la vista, el veinte por ciento de la población española padece algún problema de visión, en especial defectos congénitos como la miopía, la hipermetropía o el astigmatismo. Llevar gafas ha supuesto hasta no hace muchos años un impedimento –cuando no un riesgo– para la práctica de la gran mayoría de deportes.

En el patio del colegio, los niños que llevan gafas correctoras difícilmente son los porteros del equipo, no rematan de cabeza y bajo el aro de baloncesto saltan al rebote con menos convicción, preocupados por preservar su integridad facial. En la clase de gimnasia muchos guardan las gafas junto a la carpeta del profesor, y en el cursillo de natación los miopes deben seguir la fila y recordar dónde han dejado sus cosas porque al entrar en el recinto de la piscina se les han empañado las gafas.

Normales o graduadas, las gafas son un elemento imprescindible en natación.

Los deportistas aficionados han probado diferentes soluciones: gomas de sujeción de las varillas, gafas de sol con cristales graduados, pantallas con filtro solar, máscaras de esquí con diseño interno que permite llevar las gafas graduadas en el interior, gafas de buceo graduadas, etc. Y una práctica muy común entre las personas con pocas dioptrías ha sido resignarse a ver un poco más borroso.

El mundo de la óptica ha ideado varillas flexibles, monturas más ligeras, cristales inastillables, irrompibles, cromáticos, antirreflectantes. Sin embargo, todas estas soluciones sólo permiten la práctica lúdica de la mayoría de deportes, pero no a un nivel de alta competición.

Pongamos como ejemplo las gafas de natación graduadas. En efecto, solucionan parcialmente el problema. Su precio es dos o tres veces más elevado que el de las normales y la variedad de formas es escasa, pero al menos permiten realizar un entrenamiento en una piscina pudiendo controlar los tiempos en el reloj de la pared o nadar en el mar sin confundir un windsurf con un catamarán, ni equivocarse de sombrilla al salir del agua. Sin embargo, su campo visual es limitado y no solucionan el problema en otros deportes como el esquí acuático, el waterpolo (por el campo visual y los golpes) o el triatlón (el triatleta se quita el gorro y las gafas al salir del agua, pero le queda por recorrer a pie el tramo hasta los boxes, de piso no siempre liso y donde al miope le esperarían sus gafas graduadas y su bicicleta, que debería distinguir entre centenares).

Esquiar con gafas graduadas no deja de ser un «apaño», porque siempre llega un punto en que la montura se mueve, la mayor parte de modelos no están cerrados lateralmente (excepto los de montañismo), y los días que hace mal tiempo se empañan. Además, en el caso concreto de niños y corredores, las gafas con varillas, graduadas o no, son incompatibles con el casco.

Incluso en deportes en los que llevar gafas no parece ningún impedimento, como por ejemplo el tenis de mesa, en la realidad se acaba convirtiendo en un problema: el sudor empaña los cristales; éstos aumentan los reflejos causados por una iluminación deficiente o una pintura de la mesa de poca calidad; la montura patina nariz abajo (con lo cual el jugador tiene que secarse constante-mente el rostro o detener el juego para limpiar las gafas); y en algunos casos, se originan tics como subirse las gafas con un dedo y secarse la mano en el pantalón antes de cada resto o servicio.

Es evidente que, en muchos casos, este problema ha incidido negativamente en la futura vida deportiva de muchos niños de una determinada época. Durante muchos años, la única ventaja que suponía para un deportista el hecho de padecer algún defecto en la visión era la posibilidad de librarse del servicio militar a partir de un cierto número de dioptrías...

Las lentes de contacto

La situación dio un giro radical con la introducción de las lentes de contacto en el mundo del deporte. Gracias a ellas un atleta con muchas dioptrías puede saltar vallas; el base de un equipo de baloncesto que juega en defensa, darse de bruces contra el pívot del equipo contrario sin romperse las gafas; un esquiador, explotar al máximo su particular relación con la velocidad; una gimnasta, hacer su ejercicio en las barras asimétricas, etc.

Desde que en la década de de 1930 aparecieron las primeras lentes de contacto hasta nuestros días, es obvio que se ha experimentado una gran evolución. Las primeras lentes de contacto sólo podían ser utilizadas unas horas, eran poco adaptables, tenían mucho peso y un diámetro demasiado pequeño, y el grado de satisfacción de los pocos usuarios era escaso. Más tarde, la lente rígida permeable mejoró en cuanto a comodidad y calidad de visión, pero es poco apta para el deporte y requiere un proceso de adaptación por el que no todo el mundo está dispuesto a pasar. Otro tipo lo configuran las lentes «blandas», quizá más cómodas, pero con otros problemas de permeabilidad del ojo. Estos tipos de lentillas pueden caerse del ojo accidentalmente (¿cuántas veces se ha visto la imagen de un grupo de jugadores buscando, sin mover los pies, la lentilla de uno de ellos?). De ahí que algunos jugadores de baloncesto carismáticos usaran gafas protectoras que, sin embargo, se subían a la frente para los lanzamientos libres

Finalmente tenemos las lentes desechables que, a mi entender, sí han mejorado sustancialmente la vida del deportista.

Las lentes de contacto desechables se venden en paquetes de seis unidades, en previsión de un tiempo determinado, que oscila entre 24 horas y un mes (sumando el total de las horas

Las lentes de contacto son la solución para muchos deportistas.

El requisito fundamental para el uso de lentillas es respetar las normas higiénicas.

de uso). En la actualidad, el alto nivel de oxigenación y permeabilidad a los gases de los materiales usados permite llevarlas día y noche. Cuando se deterioran, se cambian por otras. La adaptación es prácticamente inexistente, al igual que el mantenimiento (funcionan con una solución única y no deben hervirse ni limpiarse con detergentes químicos) y lo único que debe aprender el usuario es a manipularlas sin romperlas y respetando las pautas sanitarias. La caducidad del producto hace que el coste de cada unidad sea mucho más bajo que el de las lentes rígidas, lo que implica una de sus ventajas principales: la pérdida o la rotura accidental de una o ambas lentes no supone un gasto significativo y, además, siempre es posible tener a mano un par de repuesto (en cambio, perder una lente rígida genera un problema doble: encargar una lente nueva que suele tardar unos días… y el disgusto por el precio). Un ejemplo ilustrativo sería el del ciclista que, por frotarse el ojo un día de viento, pierde una lentilla a 80 km de su casa. Si usa desechables y lleva una de repuesto encima,

solventa el problema inmediatamente y por un coste no superior a los 6 €. En cambio, si se le rompen las gafas o pierde una lente de contacto rígida, el problema adquiere otras proporciones.

En cuanto al uso de lentes de contacto entre la población infantil, el único requisito es que la persona sea capaz de respetar las pautas imprescindibles de higiene en su manipulación. Por lo general, se suele proponer el uso de lentillas a partir de los doce o trece años, ya que la omisión de las normas higiénicas podría derivar en problemas sanitarios de más o menos gravedad. Sin embargo, nada impide su uso a un niño de menos edad, cuyo nivel en algún deporte haga deseable la supresión de las gafas, siempre y cuando se le explique lo importante que es seguir los pasos correctos y un adulto supervise el mantenimiento de las lentes y esté atento a la posibilidad de irritaciones, conjuntivitis, sequedad del ojo o cualquier otro problema.

De hecho, es frecuente que el usuario de lentes de contacto muestre síntomas del denominado *ojo seco*. Este último problema puede tener diversas causas, como las condiciones ambientales particulares, la ingesta de medicamentos, las enfermedades en curso, el mantenimiento insuficiente de las lentes o simplemente el período demasiado prolongado de uso. En definitiva, las lentes de contacto representan una solución cómoda y muy válida para el deportista, pero no excluyen la necesidad de una serie de atenciones constantes, aparte del gasto fijo de por vida. Por esta razón, la corrección de los defectos de visión mediante cirugía se ha consolidado como una alternativa muy atractiva para el deportista.

Medicina deportiva y visión

Normalmente la medicina deportiva se asocia con el tratamiento de las lesiones musculares y articulares originadas por la actividad deportiva. Sin embargo, la medicina deportiva también abarca todas aquellas partes de la medicina que permiten aumentar el rendimiento deportivo, lo cual incluye la evaluación y la mejora de las habilidades visuales. De este modo, una parte de la medicina deportiva se ocupa de la visión y todos sus esfuerzos están orientados al desarrollo de las habilidades visuales susceptibles de mejorar a través del entrenamiento. Está demostrado que un buen entrenamiento visual permite mejorar habilidades de gran importancia en la práctica deportiva. Gracias a ello el deportista puede reconocer más fácilmente imágenes en movimiento (agudeza visual dinámica); consigue enfocar a diferentes distancias más rápidamente (flexibilidad acomodativa); y aprende a memorizar con una rápida mirada la situación de sus compañeros de equipo (memoria visual). También es susceptible de mejora el tiempo de reacción entre la información visual y la respuesta del deportista. En general, puede afirmarse que todas las habilidades visuales pueden mejorarse mediante el entrenamiento para aumentar el rendimiento final.

El estudio de la película lagrimal

Los estudios realizados sobre los cambios experimentados por la película lagrimal como consecuencia de la práctica de distintos tipos de deporte permiten determinar cuál es la lente de contacto más adecuada para cada deporte, y fijar el tiempo máximo de uso según el esfuerzo y las condiciones ambientales.

La tónica general es que después de un entrenamiento, la calidad y la cantidad de la película lagrimal disminuyen. Si se comparan las modificaciones sufridas por la película

Ejercicios para potenciar la visión periférica

1. Sentados, extendemos el brazo con un dedo estirado. Mientras tanto, movemos la cabeza hacia ambos lados, dirigiendo la mirada en la dirección que marca la cabeza, pero sin disminuir la atención visual sobre el dedo inmóvil.
Duración del ejercicio: 1 minuto.

2. Nos sentamos frente al televisor, y extendemos el brazo y un dedo ante los ojos. La tarea consiste en fijar la mirada en el dedo mientras se es consciente de lo que ocurre en el televisor. Para aumentar la eficacia de este ejercicio, no está de más pasar un vídeo de la disciplina deportiva que practicamos.
Duración del ejercicio: 2 minutos.

3. Nos sentamos frente a una pared situada a unos tres metros, en donde se proyectan diapositivas a un lado y otro de una señal marcada en la pared. Deberemos mirar atentamente dicha señal mientras describimos las imágenes proyectadas.
Duración del ejercicio: 5 minutos.

4. Colgamos en una pared unos carteles con distintas letras, y trazamos una trayectoria que recorreremos andando, al tiempo que leemos las letras de la pared.
Duración del ejercicio: de 5 a 10 minutos.

lagimal en una prueba de atletismo de fondo y en una sesión de tiro deportivo, se puede afirmar que el esfuerzo visual propio del tiro altera más la película lagrimal que las condiciones ambientales, que pueden afectar el ojo del atleta probablemente por la disminución de la frecuencia del parpadeo. Por tanto, en deportes como el tiro deben evitarse las lentes delgadas y con un alto contenido de agua porque se deshidratan con más facilidad.

Un caso bien distinto es el de los nadadores, a quienes se recomienda las lentes con un gran contenido de agua y poco espesor central, ya que el hermetismo de las gafas de natación previene la deshidratación de la lente. La alteración que se registra en el caso de los tenistas se debe probablemente a la evaporación, lo cual requeriría el uso de lentes con poco porcentaje de agua y, en el caso concreto de este deporte, que se practica a pleno sol, con protección a la luz ultravioleta (UV).

Más información
VER BIEN SIN GAFAS
Dr. Ramón Roselló
Revista Integral núm. 11

EL ARTE DE VER BIEN
Ejercicios y tratamientos oculares
Dr. Joaquín Peleteiro
Rev. Integral núms. 21-24

El entrenamiento de la visión periférica

La visión periférica permite percibir los movimientos que tienen lugar en las zonas laterales, superior e inferior del campo visual. Gracias a ella, un futbolista que está mirando las acciones de la defensa contraria puede conducir el balón con los pies y detectar el desmarque de un compañero por un lado, sin tener que mirar directamente cada uno de los movimientos. El mayor o menor grado de percepción repercute en la toma de decisiones del jugador (si no ve al jugador que se desmarca, no le pasará el balón) y, naturalmente, en el desenlace final de la jugada. La visión periférica tiene una menor sensibilidad visual con respecto a la visión central, pero en la práctica deportiva es muy importante porque permite identificar qué ocurre alrededor. Los experimentos en los que se han utilizado métodos restrictivos de la visión periférica se ha constatado un rendimiento inferior en la corrección y el tiempo de percepción.

Las gafas de sol

En España se venden casi trece millones de gafas de sol al año, aunque sólo tres millones son vendidas por profesionales. El resto se vende en puestos ambulantes y no siempre ofrecen las garantías de protección deseables. No hay que fiarse de las etiquetas que simplemente indican *UV protection*. En todos los casos, para realizar una buena compra hay que determinar previamente el uso que se va a dar a las gafas.

Las buenas gafas de sol para deportistas se caracterizan por los detalles siguientes:

• **La ligereza de la montura.** las gafas para deporte deben tener una montura ligera, cómoda y que no nos dañe en caso de impacto. Las gafas envolventes protegen de las radiaciones indirectas.

• **La especialización de las lentes.** Las lentes de unas gafas de sol para deportistas tienen que proteger de las radiaciones ultravioletas A y B (UV-A y UV-B); estar bien polarizadas para eliminar los reflejos y aumentar el contraste; y tener la misma calidad óptica que unas lentes graduadas. Para comprobar que no tengan aberraciones, se sujetan con el brazo extendido y se mueven para ver si distorsionan la imagen.

• **Colores específicos de las lentes.** Los tonos básicos (gris, verde y marrón) son los más regulares en términos de protección. El marrón es el más adecuado para personas miopes, mientras que los naranjas y los amarillos aumentan el contraste de las luces bajas.

Nutrición y deporte

15 La dieta en el deporte
El proceso de asimilación de los alimentos
Los nutrientes
El agua
Una aplicación práctica: la dieta de los ciclistas

El rendimiento deportivo depende de muchos factores: el entrenamiento, el estado psicológico del deportista, las condiciones ambientales, el horario del ejercicio, el tiempo de recuperación o descanso desde la última competición o entrenamiento, etc., si bien los aspectos más determinantes son el tipo de alimentación en las últimas semanas o meses, y los alimentos que se hayan ingerido el día anterior y el mismo día de la competición.

El entrenamiento ayuda al deportista a obtener los recursos energéticos de una manera eficaz, ya que aumenta las reservas de glucógeno y facilita la utilización de las grasas durante el ejercicio.

Los objetivos marcados, tanto en lo que se refiere al rendimiento como a ganar o perder peso (o a aumentar o definir la masa muscular) se cumplirán de forma mucho más rápida y segura si se sigue una pauta dietética correcta.

La dieta en el deporte

La alimentación adecuada mejora el rendimiento deportivo y mantiene un correcto estado de salud. La dieta del deportista deberá ser personalizada y adecuada al tipo de ejercicio, así como equilibrada, variada, continua y regular.
La alimentación del deportista presenta las características siguientes:

• Un gran contenido de hidratos de carbono de absorción lenta (pasta, arroz, legumbres, patatas, cereales, pan, etc.)
• Un aporte importante de proteína animal y vegetal, que se debería obtener de carnes bajas en grasas (pollo y pavo) y del pescado, además del queso (bajo en grasa), leche, yogures y proteínas de origen vegetal como las legumbres, la soja, los frutos secos, etc.
• Un aporte considerable de grasas, evitando las de origen animal (grasas saturadas) y decantándose por las de origen vegetal, sobre todo el aceite de oliva.

Además, la dieta variará en función de los siguientes factores:

• Duración del ejercicio.
• Intensidad (depende del consumo máximo de oxígeno, de las series y repeticiones, etc.).
• Tipo de entrenamiento (aeróbico, muscular, fuerza-resistencia, etc.).
• Condición física.
• Edad y sexo.

Un aspecto fundamental es definir la energía calórica total que debe ingerir el deportista, así como también su distribución en las diferentes comidas. Según los horarios de entrenamiento o competición hay que tener en cuenta, además, la calidad y el origen de las calorías.

Según el tipo de ejercicio y el objetivo propuesto con el entrenamiento, la distribución de los nutrientes varía:

Actividad	Hidratos de carbono (%)	Proteínas (%)	Grasas (%)
Aeróbica	60	15	25
Muscular	57	17-18	25
Sedentaria	50-55	12-15	30

Si el ejercicio es de tipo aeróbico, deben predominar los hidratos de carbono. Si es de fuerza-resistencia muscular, los hidratos de carbono y las proteínas. En las actividades mixtas (deportes aeróbicos con intervalos de anaeróbicos, como por ejemplo el tenis y el fútbol) y dependiendo de la actividad del jugador, el lugar donde juegue y su función en el equipo, se tendrán en cuenta los hidratos de carbono con variación de la proteína.

La distribución diaria de las calorías en las diferentes comidas se establece dependiendo de la hora del ejercicio o de la competición.

Distribución calórica diaria según el horario de competición

	Día normal	Competición por la mañana	Competición por la tarde
Desayuno	15 %	20 %	15 %
Media mañana	10 %	10 %	15 %
Comida	30 %	35 %	25 %
Merienda	15 %	10 %	15-25 %
Cena	25 %	25 %	25-30 %

Así, por ejemplo, en un deportista que sigue una dieta de 3.000 kcal, cuando compite por la tarde debería distribuir la ingesta energética tal como se indica a continuación para estar en condiciones de rendir al máximo.

- Desayuno: 600 kcal.
- Media mañana: 300 kcal.
- Almuerzo: 1.050 kcal.
- Merienda: 300 kcal.
- Cena: 750 kcal.

Para cumplir todos los objetivos del entrenamiento es necesario seguir una dieta personalizada.

Recomendaciones para comer mejor

- Respetar las indicaciones de un dietista, tanto en cantidad como en distribución de los alimentos.
- Comer regularmente sin saltarse ninguna comida, para evitar hipoglucemias.
- Evitar alimentos ricos en grasas y azúcares, dando preferencia a los alimentos ricos en hidratos de carbono de absorción lenta (pasta, arroz, legumbres, cereales, etc.).

- Tomar verduras, frutas y zumos naturales.
- Las mejores fuentes de proteínas son las legumbres y los lácteos desnatados.
- La grasa la más adecuada es el aceite de oliva.
- Evitar fritos, rebozados y cocciones con mucha grasa. Es preferible cocinar a la plancha, al vapor, hervido, al horno, en microondas, a la papillote, etc.
- Evitar la pastelería, helados, bollería, fritos, rebozados, comida rápida, bebidas azucaradas y gaseosas, embutidos, carnes grasas, mantequillas, salsas y alimentos azucarados.

- Beber agua, zumos y bebidas isotónicas si es necesario. Lo idóneo es beber unos 400 cl de agua antes del entrenamiento o de la competición y 200 cl cada 20 minutos si se puede. La temperatura de los líquidos ingeridos durante la competición debe ser templada para evitar molestias gástricas y problemas digestivos.
- Es muy importante no cambiar los hábitos alimentarios el mismo día de la competición para evitar alergias o alteraciones digestivas.

El proceso de asimilación de los alimentos

Una vez en el tubo digestivo, los alimentos se convierten en sustancias absorbibles que llamamos *nutrientes* gracias a la acción de los ácidos y las enzimas. Dichas sustancias se clasifican, según su función, en hidratos de carbono, lípidos (o grasas), proteínas, agua, vitaminas, minerales y oligoelementos. Estos nutrientes atraviesan las paredes intestinales y, a través de la sangre, llegan a las células y a los tejidos. Este proceso recibe el nombre de *metabolismo*.

Cada nutriente tiene una o varias funciones, que pueden ser:

- Plásticas o de construcción y reparación de tejidos (proteínas, lípidos, minerales, oligoelementos y agua).

- Energéticas (hidratos de carbono, lípidos y proteínas).
- Reguladoras de las funciones orgánicas (vitaminas, minerales, oligoelementos y agua).

Así pues, la energía que el ser humano necesita para mantener su actividad procede de los hidratos de carbono, los lípidos y las proteínas, que definiremos como macronutrientes. Esta energía se mide en kilocalorías (kcal) o kilojulios (kJ).

LA RESERVA DE ENERGÍA

La fuente esencial de energía en el organismo es la glucosa presente en la sangre, de donde pasa a las células. La glucosa se acumula en forma de glucógeno en los músculos y el hígado. Para optimizar el rendimiento, el deportista debe disponer necesariamente de unas grandes reservas de glucógeno, que son el resultado de un buen entrenamiento y de una alimentación correcta a lo largo de todo el día, pero se pueden mejorar aumentando el consumo de alimentos ricos en hidratos de carbono unos días antes de la competición. La última comida antes de la competición ha de ser rica en hidratos y pobre en grasas, evitando alimentos flatulentos y que provoquen una digestión pesada.

No está tan clara la conveniencia o no de un aporte de glucosa o fructosa inmediatamente antes de la competición. Las bebidas isotónicas podrían ser una buena solución. Con todo, la mejor solución consiste en tratar cada caso de forma individualizada.

Los nutrientes

LOS HIDRATOS DE CARBONO

Los hidratos de carbono, o glúcidos, constituyen la mayor fuente de energía en la alimentación humana. Además, son la forma de energía más económica y de asimilación más fácil. Son sustancias energéticas muy importantes para el organismo y se encuentran sobre todo en los vegetales. Los hidratos de carbono están compuestos por C, H y O en forma de glucosa. Son un sustrato energético privilegiado que puede ser utilizado por todas las células del organismo, sin excepción. Son muy importantes para el funcionamiento del cerebro, de los músculos y de los pulmones.

Los hidratos se clasifican en monosacáridos, disacáridos y polisacáridos.

• Los **monosacáridos** no necesitan digestión y se asimilan directamente en el intestino. Son hidratos de carbono de absorción rápida, pues sólo se tardan unos minutos en convertirlos en calorías o energía disponible.

• Los **disacáridos** son hidratos de carbono constituidos por dos moléculas de monosacáridos. El más conocido es la sacarosa, que está formada por glucosa y fructosa.

• Los **polisacáridos** están formados por más de dos moléculas de monosacáridos. Se los denomina *azúcares de absorción lenta* porque tardan una o dos horas en convertirse en energía. Los más importantes son la celulosa, el almidón y el glucógeno. La celulosa recubre las paredes de las células vegetales. El almidón es la gran reserva energética de los vegetales (cereales, tubérculos y legumbres), mientras que el glucógeno es la reserva energética de los animales. Se almacena sobre todo en el hígado y en los músculos. Está formado por moléculas de glucosa. Si tenemos un exceso de glucosa en la sangre, el sobrante se convierte en glucógeno. Por el contrario, si la tasa de glucosa en la sangre desciende por debajo de los valores normales, el glucógeno se descompone en glucosa para normalizar la tasa en la sangre. El glucógeno de los músculos se utiliza para proporcionar la energía que permite la contracción de las fibras musculares.

Otros polisacáridos importantes son las hemicelulosas, las pectinas, las gomas y los mucílagos.

Función de los hidratos de carbono

Su función esencial de los hidratos de carbono es la energética, ya que deben aportar entre el cincuenta y el sesenta por ciento de la energía total de nuestra alimentación. Son indispensables para la contracción muscular y también tienen una función plástica o formadora, ya que algunos de ellos forman parte de los tejidos del organismo. Tienen, además, una función de reserva gracias al almacenamiento en el hígado de unos 100 g aproximadamente, más la pequeña reserva muscular.

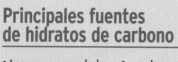

Principales fuentes de hidratos de carbono

- La sacarosa: remolacha, caña, verduras y frutas.
- La fructosa: frutos y miel.
- El almidón: cereales (pasta, arroz, pan), patatas y legumbres.

El exceso de hidratos de carbono se convierte en grasa (triglicéridos) con mucha facilidad, lo cual puede ser causa de obesidad o sobrepeso.

Digestión y metabolismo de los hidratos de carbono

A excepción de los monosacáridos, que se absorben directamente, los demás hidratos de carbono pasan por el proceso de digestión y son «atacados» por distintos enzimas que los descomponen en partículas cada vez más simples para ser absorbidos, atravesando la membrana o pared intestinal, y pasar a continuación al torrente sanguíneo que se encarga de distribuirlas a las células.

La glucosa tiene tres destinos:

- Almacenarse en forma de glucógeno.
- Convertirse en grasa y aumentar el tejido adiposo.
- Utilizarse directamente como energía (cerebro, músculos, pulmones, etc.).

Los hidratos de carbono son necesarios porque la energía que liberan es tres veces más rápida que la obtenida a expensas de la grasa. Las reservas en el cuerpo son pequeñas, por lo que el tiempo de ejercicio queda limitado. Si durante la práctica del deporte sobreviene el agotamiento de estas reservas, disminuye el rendimiento y obliga al uso de las proteínas para obtener energía, con lo que aumenta la producción de amoníaco y otros compuestos, y aparece la sensación de fatiga.

En el organismo, los hidratos de carbono se almacenan en largas cadenas de moléculas de glucosa que se depositan en el hígado y los músculos en forma de glucógeno.

La cantidad de glucógeno almacenado en el hígado es de 100 g aproximadamente y en los músculos, de unos 300 g.

El agotamiento de las reservas viene condicionado por:

- La intensidad del ejercicio.
- La duración.
- La forma física.
- La ingesta.

LAS GRASAS

Aunque son la segunda fuente de energía para los deportistas, la energía que proporcionan hace disminuir el rendimiento del atleta. Las personas habituadas (por el entrenamiento) a gastar parte de su grasa consiguen reducir el empleo de las reservas corporales de los hidratos de carbono y su rendimiento será mayor.

Las grasas, o lípidos, sea cual fuere su origen, poseen un alto valor energético, que es su función más importante. Además, forman parte de algunos fosfolípidos, lo cual también es importante porque el colesterol es precursor de hormonas y de la vitamina D.

Las grasas aportan los ácidos grasos esenciales, absorben las vitaminas liposolubles y proporcionan una sensación de saciedad mucho mayor que los hidratos de carbono o las proteínas.

Existen diferentes tipos de grasas: saturadas, monoinsaturadas y poliinsaturadas.

- **Grasas saturadas.** Son de origen animal (mantequilla, carnes, embutidos, nata, cremas y todos los productos que proceden del animal, como bollería, lácteos, etc.). Un exceso de grasa saturada hará aumentar el colesterol total y el LDL (colesterol «malo»). El consumo de ácidos grasos saturados y el

colesterol son las causas más importantes de enfermedades por lesión arteriosclerótica. Todos los alimentos de origen animal tienen colesterol. Algunos en concentraciones elevadas (yema de huevo, vísceras) y otros en cantidades medias (carne de ternera) o baja (leche). En cambio, las grasas de origen vegetal (aceite, frutos secos) no contienen colesterol.

- **Grasas insaturadas.** Las encontramos en el aceite de oliva. Su consumo es recomendable, aunque sin abusos para evitar una ingestión excesiva de calorías que provengan de la grasa. Este tipo de grasa ayuda a aumentar el colesterol HDL (el «bueno»).

- **Grasas polinsaturadas.** Tienen varias instauraciones en su cadena (pescado azul, frutos secos, algunos aceites de semillas).

La dieta del deportista debe aportar todos los nutrientes.

Ayudan a aumentar el colesterol HDL y disminuir el LDL. Con todo, el consumo excesivo de ácidos grasos polinsaturados puede favorecer la formación de cálculos en la vesícula biliar. Tienen un alto contenido en vitaminas A y E, ambas antioxidantes.

La proporción de grasas con respecto al total energético debería ser el siguiente:

- Saturadas: entre el 7 y el 8 %.
- Poliinsaturadas: un 10 %.
- Insaturadas: entre un 12 y un 15 %.

En consecuencia, hay que reducir las grasas de origen animal y mantener o aumentar las de origen vegetal.

Modelo de dieta equilibrada para el deportista

Desayuno
Fruta o zumo natural de fruta.
Yogur con cereales.
Tostadas con queso fresco y mermelada o miel.

Media mañana
Bocadillo de queso o tortilla.
Zumo de frutas.

Almuerzo
Pasta con tomate crudo, aceite y especias.
Tofu con ensalada.
Fruta y yogur.

Merienda
Puede escogerse entre dos yogures, leche con cereales

y fruta, un bocadillo de queso y fruta, o leche con galletas.

Cena
Verdura con patatas.
Salmón a la plancha con zanahoria cruda.
Pan.
Fruta y yogur o leche.

Bebida
Agua, zumos de fruta naturales y bebidas isotónicas.

Recuerde que la dieta variará según el tipo de ejercicio, la hora del entrenamiento y los factores ambientales e individuales.

LAS PROTEÍNAS

Son indispensables para el desarrollo de la masa muscular, la regeneración de los tejidos y otras funciones. Existen tres depósitos de proteína funcionales: el plasma sanguíneo, los músculos y las vísceras.

El aporte en atletas va de 1,2 g a 1,8 g por kilo de peso y día. Aunque se necesitan muchos aminoácidos para la producción de energía oxidativa, los suplementos de aminoácidos no están plenamente justificados a la hora de influir en la fatiga o la producción de hormonas.

LOS LÍQUIDOS

La pérdida de líquido corporal se produce por la respiración y el sudor, sobre todo si hace calor. Esto conlleva a una disminución del flujo sanguíneo de las extremidades inferiores y de todo el organismo en general y da lugar a una sensación de fatiga clara cuando la pérdida sobrepasa el litro y medio.

Una rehidratación adecuada con aporte de hidratos de carbono (80 g /l) retrasa la aparición de la fatiga.

Es importante hidratarse correctamente durante todo el día, sobre todo antes, durante y después del ejercicio.

LOS MINERALES

La pérdida de minerales se produce a través de la orina y el sudor. El déficit de cinc, hierro y magnesio provoca debilidad muscular y calambres.

LAS VITAMINAS

Debido a la oxidación y la formación de radicales libres que produce el ejercicio físico, es necesario que no hayan déficits de vitaminas A, C y E, de acción antioxidante.

El agua

El agua, que constituye casi un sesenta por ciento de nuestro peso corporal, desempeña diversas funciones en el organismo. Una de las más importantes (sobre todo por lo que respecta al atleta) es la de enfriar el cuerpo y garantizar el equilibrio térmico.

Durante el ejercicio, la acción de los músculos genera calor. Si éste aumenta demasiado, la temperatura del cuerpo también lo hace y el rendimiento disminuye. El cuerpo elimina el exceso de temperatura a través del sudor, lo cual contribuye a su vez a la pérdida corporal de agua, que debe recuperarse mediante la ingestión de líquidos para evitar la deshidratación y no alterar el mecanismo de enfriamiento. De ahí la importancia de beber antes, durante y después del ejercicio.

La deshidratación es uno de los factores principales que influyen en el rendimiento deportivo y que limitan la capacidad corporal para el ejercicio de alta intensidad.

Una pérdida de líquido por medio de la transpiración de sólo un dos por ciento puede representar una disminución del rendimiento deportivo de hasta un veinte por ciento.

El deportista no debe esperar a tener sed para beber. La sed está controlada por el cerebro, que reacciona a concentraciones de sal en la sangre. Aunque la transpiración contiene iones de sodio (Na^+), la concentración de este mineral en la sangre disminuye más lentamente que la cantidad de agua corporal. Una adaptación al calor da como resultado una menor concentración de sodio en la transpiración. Para recuperar mejor, es aconsejable añadir sodio después del ejercicio para que no disminuya la concentración de plasma. La rehidratación es mejor si el agua contiene hidratos de carbono. La adición de electrolitos de sodio y potasio reduce la orina, hidrata mejor y ayuda a mantener la hidratación corporal.

Si ha habido deshidratación, es muy importante añadir sodio al agua, ya que de lo contrario la rehidratación no será completa.

Es importante beber antes, durante y después del ejercicio.

Efectos del déficit de agua (porcentaje con relación al peso corporal)

Del 1 al 5 %	Del 6 al 10 %	Del 11 al 20 %
Dolor de cabeza	Alucinaciones	Delirio
Sed	Dolor de cabeza	Espasmos
Malestar	Respiración dificultosa	Dificultad para tragar
Rampas musculares	Volumen sanguíneo disminuido	Sordera
Anorexia	Concentración sanguínea alta	Visión dificultosa
Acaloramientos	Ausencia de saliva	Micción dolorosa
Apatía	Dificultad para caminar	Descamación de la piel
Somnolencia		Paro cardíaco
Fatiga		Colapso circulatorio
Pulso alto y débil		
Temperatura rectal alta		
Náuseas		

Si se toman alimentos junto con el agua, la producción de orina será mucho menor en comparación con la que se produce tras ingerir una bebida isotónica. El alcohol, en cambio, estimula la producción de orina y disminuye la rehidratación.

A pesar de la pérdida de sodio a través del sudor, no es necesario tomar suplementos en forma de pastillas, ya que se repone con la fruta.

El sodio se da en forma de acetato de cloruro para que se aumente la absorción.

Para evitar la deshidratación durante una competición, lo mejor es:

• Beber unos 600 ml de líquido una o dos horas antes del ejercicio.
• Beber entre 300 y 450 ml un cuarto de hora antes de iniciar la actividad.
• Beber de 90 a 180 ml cada diez o veinte minutos.

Rehidratarse con líquidos e hidratos de carbono retrasa la fatiga.

• En ambiente caluroso, y en caso de actividades de larga duración, se puede perder de 500 ml a 750 ml de fluidos en la transpiración por hora, aunque se mantenga la ingesta de líquido.
• La mejor manera para saber el líquido perdido consiste en pesarse antes y después de realizar el ejercicio.
• Por cada 500 g de peso perdido se necesitan de 480 a 500 ml de agua. Una pérdida de 2.500 g significa un déficit de agua de 2.400 a 2.500 ml.
• Si la pérdida de agua ha sido del cuatro al siete por ciento, se necesitarán unas 36 horas para rehidratarse de nuevo.
• Cuando el ejercicio es de larga duración, la rehidratación es más efectiva si el liquido va acompañado de electrolitos y de una fuente de hidratos de carbono.
• Por otra parte, si se mezcla fructosa con glucosa, el almacenamiento de glucógeno en el músculo será más eficaz.

Una aplicación práctica: la dieta de los ciclistas

En primer lugar, para determinar la dieta del ciclista hay que conocer la demanda energética, los hábitos alimentarios del deportista y las características del ciclismo de competición.

A grandes rasgos, el ciclismo se puede describir como un deporte aeróbico extenso de larga duración (entre cinco y siete horas) y gran intensidad.

La ingesta diaria debe ir entre las 4.000 y 7.000 kcal diarias, de las que el 58 o el 60 % son hidratos de carbono, del 15 al 17 % proteínas y el 25 % grasas.

La alimentación durante la semana previa a la competición será muy importante, aunque no menos que la que se haga durante la etapa de entrenamiento.

La carga de hidratos de carbono debe aumentar tres días antes de competir, aunque sin olvidar las proteínas, puesto que también se usan como sustrato energético.

Una semana antes de la competición, el aporte energético debe ser el siguiente:

• los tres primeros días de la semana: entrenamiento normal y dieta parecida a la que se ha seguido durante la época de entrenamiento;

• Los tres días últimos de la semana: se disminuye el tiempo y la intensidad del ejercicio y se aumenta la cantidad de hidratos de carbono para «rellenar» los depósitos de glucosa.

LA ALIMENTACIÓN DEL DÍA O LOS DÍAS DE CARRERA

Las calorías se deberán repartir adecuadamente durante el día, de manera que no lleguen a vaciarse los depósitos de glucosa y se mantenga la cantidad adecuada de glucosa en la sangre para evitar el desfallecimiento («la pájara») y retrasar la fatiga.

El desayuno es muy importante porque suministra la energía de la primera hora.

El desayuno debe tomarse unas dos o tres horas antes de empezar el ejercicio y debería corresponder a un 32 % de las calorías totales diarias.

Durante la competición, la ingesta debe llegar al trece por ciento de las calorías totales.

Se deben tomar bebidas con hidratos de carbono e incluso hidratos de carbono sólidos (pastelitos preparados especialmente, barritas energéticas, plátanos, etc.).

El hecho de pedalear de cuatro a ocho horas seguidas a gran intensidad hace que la demanda energética aumente mucho. Si no se dieran estos aportes energéticos, sobrevendría la fatiga, la «pájara», el dolor de cabeza, la falta de fuerza, etc. y sería muy difícil recuperarse para volver a pedalear al día siguiente.

Justo después de la competición y antes de que pase una hora, hay que ingerir el doce por ciento de la energía total diaria para recuperar el glucógeno gastado. Durante esa hora, los músculos captan la glucosa con más facilidad, pero no se les puede dar más calorías porque los ciclistas no suelen tener hambre. Es necesario que tomen hidratos de carbono de

Composición del desayuno

• Zumo de naranja, plátano.
• Cereales con yogur.
• Galletas.
• Pasta o arroz.
• Tortilla (de 4 o 5 claras) o atún.

absorción rápida, porque en este momento las reservas de glucógeno se llenan mucho mejor que si se espera a la cena.

Además, hay que cubrir las necesidades de líquidos y no descuidar el aporte de vitaminas y minerales.

LOS SUPLEMENTOS

Los suplementos de interés son los que nos proporcionan los macronutrientes (hidratos de carbono, proteínas y agua) y los micronutrientes (minerales, vitaminas y otros elementos secundarios).

El agua es una factor ergogénico muy importante, tanto para el rendimiento como para la vida.

Composición de la cena

Es la comida más importante y abundante. Representa el 43 % de la ingesta calórica total (es decir, entre 2.000 y 3.000 kcal) y debe consistir en:

• Caldo o zumo (según la temporada).
• Pasta o arroz.
• Pescado con verduras y patatas.
• Pan.
• Fruta, yogur o flan o helado o postre lácteo.
• Pastel, galletas, etc.

Antes de dormir, conviene tomar un suplemento de galletas o algo similar.

En las pruebas de larga distancia, la alimentación es un factor que debe preverse al detalle

Los **hidratos de carbono** o carbohidratos deben reponerse durante el ejercicio y después de éste. Es un factor energético muy importante en el deporte de competición porque representan el combustible del organismo. Hay que tener en cuenta la supercompensación de glucógeno los días de la prueba, así como en los anteriores y los posteriores.

Las **proteínas** son la base fundamental de la estructura muscular. En deportes de fuerza se recurre al consumo de aminoácidos, sobre todo los ramificados, porque sintetizan proteína muscular y aumentan la secreción de la hormona de crecimiento.

Por lo que respecta a las **vitaminas**, si se aumenta la ingesta de hidratos de carbono, hay que añadir vitamina B para mejorar la absorción de éstos. En deportes aeróbicos se recomienda un suplemento de vitaminas antioxidantes.

Por otra parte, también se recomienda aumentar la ingesta de varios **minerales**, como el magnesio, el calcio, el zinc y el hierro.

Asimismo, hay que tener en cuenta otros suplementos:

• **La creatina.** Es una sustancia que se sintetiza o se encuentra en el hígado y el páncreas. Se utiliza en deportes de fuerza. La creatina va al músculo, se une al adenosintrifosfato (ATP) y forma una sustancia de gran eficacia. No aumenta la fuerza explosiva como tal, sino que recupera los fosfógenos y permite que el músculo se recupere lo más rápidamente posible para contraerse de nuevo.

• **Los aspartatos.** El aspartato de sodio y magnesio facilita la introducción de estos minerales en el interior de la célula. También disminuye la concentración de amoníaco (NH_3) y sulfato de amonio (NH_4), lo que disminuye la fatiga celular.

Aunque no se ha comprobado todavía, se cree que los aspartatos pueden tener los siguientes efectos:

• Disminuyen la fatiga.
• Aumentan el glucógeno muscular.
• Oxidan los ácidos grasos (y, por lo tanto, ahorran glucógeno).
• Aumentan la actividad psicológica.

• **La carnitina.** En teoría, introduce ácidos grasos en el interior de la célula y aporta los elementos que sustituyen los hidratos de carbono, pero no existe ningún estudio fiable que demuestre la mejora en el rendimiento.

• **Los donadores de metilos.** Liberan CH_3 para formar creatina y ácidos nucleicos. Estos donadores podrían hacer que se formara cretina. Tampoco hay estudios fiables que demuestren la mejora en el rendimiento.

• **Los ácidos nucleicos (inosina y adenina).** Aumentan el ATP y la captación de oxígeno por parte de las células musculares. La inosina aumenta el ácido úrico (puede producir gota, artropatía gotosa), por lo que no se recomienda.

• **La gelatina.** Contiene glicina, que aumenta la creatina. No da buenos resultados a la hora de mejorar el rendimiento. Puede evitar lesiones del sistema muscular y el conjuntivo.

• **La cafeína.** Estimula el ahorro de carbohidratos o hidratos de carbono porque aumenta los ácidos grasos en sangre. El nivel de cafeína debería ser de 5 a 9 mg por kilo de peso.

El tiempo para que se registre un aumento de los niveles de ácidos grasos, con dosis de 1 a 1,2 mg por kilo de peso, es de unas dos horas y media.

Si se ingiere glucosa, el efecto de la cafeína disminuye.

• **El triptófano.** Es un aminoácido ramificado que estimula la hormona de crecimiento y contribuye al desarrollo muscular, pero con algún efecto secundario. Su ingesta, además, puede aumentar la síntesis de proteína muscular y reducir la fatiga.

Más información
ALIMENTACIÓN ENERGÉTICA
Gudrun Dalla Via
Ed. Océano

LOS NUEVOS DESAYUNOS NATURALES
Mercedes Blasco
Ed. Océano Ambar

ALIMENTACIÓN PARA DEPORTISTAS
M. Hamm y M. Weber
Ediciones Medici